ISIDRO LAPUENTE ÁLVAREZ

AUTODISCIPLINA Y LIDERAZGO
EN LA NUEVA NORMALIDAD

LAS 6 FUERZAS DEL PODER PERSONAL EN TIEMPOS DE
DISTANCIAMIENTO SOCIAL

DEDICATORIA

*A mi hija María, y como ella, a todas las enfermeras
y personal sanitario que han luchado contra
la pandemia del coronavirus en 2020.*

ÍNDICE

1. La nueva normalidad

"Es tan difícil hacer un largo confinamiento como salir de él".
Doñate, M., Pekin, 2020.

1.1. NO HAY VUELTA ATRÁS

"Es tan difícil hacer un largo confinamiento como salir de él" (Doñate, M.). Y de cada uno de nosotros depende que sea más fácil o más difícil estar fuera de él. La *"Nueva Normalidad"* es una realidad social nueva que será *"Normal"* en tanto en cuanto reconozcamos esa realidad como nuevo sistema social. Cuando aceptemos y asumamos del todo las nuevas normas de convivencia. Todo dependerá de la mayor aceleración en el proceso de normalización colectivo e individual de esta realidad social.

No hay vuelta atrás y no vamos a volver a una realidad igual a la anterior. La *"Nueva Normalidad"* es tan distinta que no se trata de *"volver"*, sino de *"ir"*, y desde un estado personal positivo. Debemos sentir que es *"avanzar"*, que estamos progresando a una situación agradable. No hay vuelta atrás. Algo similar a *"hundir las naves"* que hizo Hernán Cortés en Villa Rica de la Vera Cruz en 1519.

La *"Nueva Normalización"* sólo será normal cuando la normalicemos, que significa maduración colectiva e individual por asimilación y adaptación a la nueva forma de convivencia en el espacio y en el tiempo. En limitación de la libertad desde afuera y sobre todo desde dentro, desde una necesaria autodisciplina social y personal.

La *"Nueva Normalidad"* significa ir hacia una vida normal pero claramente diferente en forma, fondo, espacio y tiempo. La graduación amplia o pequeña, establecida por la propia sociedad en cuanto a instituciones y estructura de sistema, unido al mayor o menor cambio en la maduración socio relacional de cada persona incluida en este nuevo estado de distanciamiento social.

Debemos asegurarnos de cambiar paradigmas y de que estos desafíos se conviertan en acciones precisas que garanticen una vida mejor para todos los que poblamos este nuevo planeta. Vivir en esta "Nueva Normalidad", nos obliga a ser mejores.

Aceptar que la forma de enseñar, de aprender y de trabajar será ya para siempre en un ambiente diferente y en condiciones distintas. Y estamos mostrando que nos adaptamos y que podemos seguir progresando. En la *Nueva Normalidad*", no se trata de volver a estar como antes sino de normalizar lo nuevo donde nos encontramos ahora. Normalizar el nuevo contexto en el que hemos entrado después del confinamiento, al igual que se entra en una nueva realidad individual después de una crisis personal.

Si bien, más que crisis personal, es una crisis situacional, causada por situaciones imprevistas y repentinas que representan un cambio para el que no estábamos preparados. Crisis con elevada carga emocional que afecta profundamente nuestra capacidad para enfrentar los problemas.

Durante ese periodo, muchos de nuestros hábitos se desestabilizan y nuestras habilidades para responder de manera adaptativa al medio disminuyen considerablemente. Esto implica cierto grado de incertidumbre y, en muchos casos, la sensación de pérdida del control y de impotencia.

Pero una crisis personal o vital también representa una oportunidad para aprender algo nuevo, convertirnos en personas más resilientes y crecer. Las crisis nos permiten reflexionar y en muchas ocasiones promueven un cambio en nuestro sistema de valores y creencias. A menudo estas situaciones nos obligan a replantearnos nuestros objetivos en la vida.

Es importante que logremos recuperarnos de su impacto emocional y que tengamos el coraje de dar el paso que nos debe sacar de nuestra zona de confort.

En un primer momento se instaura la sorpresa por los acontecimientos y poco a poco comenzamos a sentir un aumento de la tensión que puede provocar irritabilidad y una sensación de impotencia. Se niega lo que está sucediendo, mecanismo de defensa que nos ofrece el tiempo necesario para reestructurar nuestros recursos psicológicos y poder hacer frente a la situación. Se comienza luego a aceptar desde el punto de vista racional lo que ha sucedido y nos planteamos algunas preguntas. Los sentimientos que predominan suelen ser el desconcierto y el miedo.

Después pasamos a la aceptación emocional, una etapa compleja en la que podemos sentirnos enfadados, nerviosos, deprimidos e incluso pueden aparecer problemas psicosomáticos. Terminamos por lograr superar la crisis personal y salir fortalecidos, pero, cuando nos estancamos de alguna forma en este proceso, podemos desarrollar trastornos adaptativos de estado de ánimo, de ansiedad, de emociones y comportamiento.

En esos momentos nos sentimos desbordados psicológicamente y necesitamos un tiempo, que podría considerarse como un periodo de transición, para poder adecuamos a las nuevas demandas, y lograr adaptarnos realizando varios cambios en el plano psicosocial. Debemos cambiar algunos de nuestros valores, convicciones o nos vemos obligados a reestructurar nuestros objetivos.

Esto nos hace pasar por una etapa de confusión. Durante este periodo podemos sentirnos perdidos y experimentar una sensación de vacío interior. Toda crisis personal-situacional casi siempre es una fase de reencuentro con nosotros mismos, de reestructuración de nuestro "yo" y de nuestras metas.

Como en toda crisis personal, hemos pasado por sentir negación tras el primer impacto, seguido de ira, enfado y, tal vez, ansiedad que nos ha llevado a miedo, culpa, depresión, entrelazando momentos de alegría y felicidad fugaces y, terminando con una aceptación, seguramente forzada por circunstancias, que deberá ser incorporada a la identidad como un aprendizaje madurativo.

Claro que en esta maduración y aprendizaje ha habido una travesía del desierto que ahora continua. Trayecto realizado en incertidumbre y la incertidumbre genera, en muchos casos, miedo.

Miedo atenuado, pues esta travesía ya la hacemos cargados de agua y alimentos. En esta etapa de *"Nueva Normalidad"*, somos mejores porque hemos aprendido más humildad, sencillez, unidad y humanidad. Nuestras limitaciones y potencialidades nos hacen ser, necesariamente, más solidarios.

En estos casos, también las organizaciones tienen que tener más capacidad de adaptación y mayor innovación para realmente aprovechar las oportunidades que se crearán en el mañana. En momentos de incertidumbre, hay que liderar y liderarnos por la transformación más rápida y eficaz que se da. La forma en la que actuamos responde al grado de responsabilidad que sentimos con nuestro entorno.

En la respuesta individualista, cada uno compite para vencer al resto. Pero ahora no podemos ganar solos. Lo que para uno puede resultar beneficioso, puede ser perjudicial para otros. Esta perspectiva requiere un gran cambio del yo y, sobre todo, de generar una respuesta interdependiente pues es la que asegura las mejores condiciones de sociedad. Se trata entonces de gran adquisición de cambio, pero en todos nosotros.

El Covid-19 nos ha demostrado una vez más nuestra interdependencia como seres humanos interconectados emocionalmente. Estamos tan conectados y globalizados que lo que pasa en un mercado de Wuhan en China afecta a todo el mundo, por más distancia que creamos que tenemos. Se hace necesario un futuro más inclusivo y sostenible. Una verdadera *"Nueva Normalidad"* que sea tan potente que desemboque en una anormalidad entendida de forma positiva con respecto a la forma de vida anterior. La *"Nueva Normalidad"* es tan distinta que es anormal. Es un progreso mejorado.

Nuestra principal respuesta ante la actual pandemia es aceptar la verdad de que en un mundo interdependiente solo juntos podemos ganar o perder. Debemos compartir para vivir. Una reprogramación del sistema tiene que pasar por nuevas creencias. Entender que la maximización del beneficio es proteger el sistema social y medioambiental en el que todos estamos inmersos.

1.2. NORMALIZAR

Normalizar el sistema individualista en el que nos encontrábamos o aceptar que somos seres interdependientes en un sistema interconectado, esta es la cuestión. Elegir ser agentes activos de ese cambio necesario. Elegir acelerar el cambio sociocultural, redefinir el sistema socio relacional y construir sociedades más inclusivas y sostenibles para el mundo.

La clave en cómo superar una crisis de este tipo está en que la persona acepte los acontecimientos, active sus recursos de afrontamiento y sus fortalezas y que logre reestructurar su *"yo"* para hacerle frente a las nuevas demandas de una manera más eficaz.

Aceptar la nueva situación minimizando su impacto emocional y, por consiguiente, logrando que sea menos dolorosa. Desarrollar habilidades de resolución de conflictos. Aportar mayor autoconocimiento y más confianza en nuestras capacidades. Adecuar nuestras expectativas a la nueva situación. Aceptar pérdidas y cambios como una parte inevitable de la vida. Salir fortalecidos al desarrollar una actitud más resiliente. Concentrarnos en aspectos positivos que, debido al impacto emocional, no habíamos visto antes.

Si, en algún caso, no estábamos satisfechos con algún aspecto de nuestra vida, ahora es el momento de cambiarlo. Es una oportunidad para replantearnos nuestra vida y hacer cambios importantes. Es un nuevo proceso para establecer y alcanzar nuevas metas para cambiar el rumbo de tu vida. De cada experiencia, por muy negativa que sea, se puede aprender.

Toda crisis situacional personal es una crisis emocional de estado temporal, de desorganización y desequilibrio. Situación que genera sufrimiento y que pone a prueba nuestros recursos personales.

Los problemas que nos trae la crisis nos va a provocar en un futuro incierto, nos provocan estrés, angustia, tensión, temor, etc. Emociones que hacen que nos irritemos fácilmente, que nos pueden volver agresivos y que nos pueden causar sentimientos de frustración, inseguridad, tristeza y depresión. Las crisis de cualquier tipo y las emociones que las acompañan, nos provocan problemas en nuestra salud, en nuestras relaciones, afectando nuestra autoestima y autoimagen y nos incapacita para tomar decisiones adecuadas.

Las crisis ponen a prueba nuestros recursos personales. Muchas son inevitables, pero de nuestra actitud y reacción depende buscar y encontrar la solución. Parece que no hay luz al final del túnel, pero cambiar la visión de la situación implica reconocerla, identificar las causas y asumirla. Entender que es un proceso de varias etapas, darle un significado distinto a la tormenta por la cual se está transitando, enfocarse en lo que sí se puede cambiar.

Aceptar la crisis constructivamente es el gran reto. Si lo que hacemos es negarla no saldremos de nuestra zona de confort. Las situaciones críticas se dan generalmente por cambios importantes e inesperados. Lo importante es entender que las cosas ya no son como estábamos acostumbrados, aprender a tolerar el estrés que una situación nueva genera buscando apoyo y acompañamiento. La clave es la compañía, los amigos, la familia, la comunidad. Una crisis emocional nunca hay que vivirla solos.

La forma de percibir o entender la vida ha cambiado. Las ideas pasadas y las expectativas del futuro son distintas. Nos planteamos nuevas preocupaciones y preguntas que todavía no tienen respuesta. Todavía nos sentimos perdidos, desorientados, y nos replanteamos las creencias y los valores.

Con tanta incertidumbre y preocupación, aparecen también sintomatologías ansiosas, dificultad para conciliar el sueño, apatía y falta de motivación, abulia y falta de energía, miedos e insatisfacción vital.

La pandemia de coronavirus ha creado, en esencia, un experimento forzado. Trabajar desde casa será más habitual después de la crisis. La *"Nueva Normalidad"* comienza con una nueva privacidad. Podemos y debemos disfrutar tanto de la privacidad como de la salud. Podemos elegir proteger nuestra salud y convivir en la *"Nueva Normalidad"* no con vigilancia totalitaria, sino empoderando a los ciudadanos.

No olvidemos que antes de iniciarse la pandemia estábamos ya asistiendo, a un cambio social, político, económico y cultural que no habíamos vivido desde la revolución industrial. Ahora estamos en ese momento, la reformulación de nuestros actuales dogmas sociales y políticos serán inevitables. No sirven las leyes para evitarla, porque somos seres vivos que tomamos decisiones en función de la percepción de nuestros sentidos. Hay que repensar cómo será la privacidad, porque no queremos que desaparezca frente a muchos tecnólogos que la dan por sentenciada.

El liderazgo se da en una realidad diferente. Porque difícilmente algo podrá ser como antes. Las personas estamos viviendo el mayor experimento de aprendizaje colectivo. Todos, sin exclusión, estamos en este nuevo escenario habiendo asimilado algo nuevo, habiendo hecho algo por primera vez.

Hemos vivido el impacto de la pandemia en primera persona. Hemos sido protagonistas en los medios de comunicación de nuestra propia película. Las personas hemos aprendido a relativizar y a diferenciar lo urgente de lo importante. A poner en valor muchas cosas de la vida cotidiana a las que habíamos quitado valor. Estamos aprendiendo a ordenar nuestras prioridades.

Las personas necesitamos seguir repensando cómo relacionarnos de nuevo con familiares, con compañeros de trabajo y con amigos. En una *"Nueva Normalidad"* de gran distanciamiento social, podemos caer en la tentación de mirar con recelo a alguien si rebasa el límite del metro y medio de distancia.

Las empresas, muy celosas antes de la pandemia de dar libertad para que sus profesionales trabajasen desde casa, han roto sus paradigmas completamente, otorgando una confianza, tal vez obligada en principio, pero que ha servido para eliminar la resistencia al cambio y han aprendido a que la adaptación es una necesidad real.

La *"Nueva Normalidad"* nos está condicionando a nuevos hábitos y comportamientos y nos empuja inexorablemente hacia una nueva forma de liderar. Un liderazgo que debe significar conversar, escuchar, apoyar, tranquilizar, empatizar, impulsar, reconstruir y, por supuesto, generar emociones positivas.

La *"Nueva Normalidad"* demanda personas que lideren la reconstrucción. Una reconstrucción, de instituciones y empresas, pero, por encima de todo, de las personas y sus emociones.

Generar liderazgo desde la creación de espacios para escuchar, concebir ideas que rompan procedimientos y operaciones encorsetadas. Posibilitar conversaciones poderosas con mayor permisividad para expresar emociones, otorgando mayor interés por comprender el fondo y menos presión para diseñar la forma.

Una *"Nueva Normalidad"* que está poniendo en valor la inteligencia emocional, para reconstruirnos a nosotros mismos y a los demás. Teniendo la mayor habilidad para generar confianza de forma natural y sensibilidad para entender nuestras emociones y las emociones de los demás.

Esta *"Nueva Normalidad"* en la que estamos inmersos, está confiriendo el mayor valor a las personas con vocación y capacidad de liderar a personas en su desarrollo y en el restablecimiento personal y laboral, pero más aún en liderarse a sí mismas con autodisciplina y sentido común.

La *"Nueva Normalidad"* ha traído consigo cambios radicales en la economía mundial, acelerando la innovación tecnológica y redefiniendo el papel de las empresas en la sociedad. Nuestros hábitos y maneras de relacionarnos tienen que cambiar aún más. La *"Nueva Normalidad"* tiene que ver con nuestros empleos, nuestras relaciones, nuestras formas de consumo y nuestras esperanzas.

Las incógnitas que surgen en esta *"Nueva Normalidad"* en la que, nos guste o no, ahora nos encontramos todos, pasa por tener una hoja de ruta clara que explique cómo vivir y cómo trabajar a partir de ahora. Una hoja de ruta en donde la aplicación de la tecnología desde una concepción humanista se convierte en esencial.

La *"Nueva Normalidad"* será "Normalidad Nueva" cuando sea aceptada e interiorizada por todos y cada uno. Cuando forme parte de nuestra nueva identidad personal y colectiva.

Si antes de la pandemia Covid-19 nuestra vida podía estar en algún grado en función de los demás, por accidentes de tráfico, consumo abierto de tabaco, etc., en estos momentos seguir vivos o morir, aumenta exponencialmente en función de la actitud y de la acción del resto de los que viven alrededor de cada uno de nosotros.

Ello va a requerir de mayor entendimiento de la situación y de mayor poder de influencia y de colaboración. Mayor grado de empatía y mayor sentido de asertividad, siendo capaces de poner límites a sujetos de nuestro entorno inmediato que tengan actitudes y acciones de negligencia relacionadas con el distanciamiento social y sobre la salud de los demás. Algo similar a lo que ocurrió con la ley del tabaco y los controles en aeropuertos después del 11S.

La *"Nueva Normalidad"* actual es más larga, más compleja, más confusa y por ello se exige una responsabilidad individual mucho mayor que la llevada a cabo en confinamiento. Mantener la epidemia bajo control requiere una mayor consciencia colectiva. En periodo de confinamiento los límites más claros de quedarse en casa contrastan con la mayor indefinición de una *"Nueva Normalidad"* donde los límites recaen, como no podía ser de otra manera en estado de derechos y libertades de un país democrático, en las personas que vivimos en esta sociedad. En cada una de las personas, tengamos el criterio, opinión e ideología que tengamos respecto al nuevo sistema sociocultural-económico.

Tenemos en estos momentos, por tanto, un papel mucho más activo y de más compromiso a nivel individual por el riesgo de brotes epidémicos intensos en un período muy largo. Tal vez durante varios años. Se trata, entonces, de gestionar la libertad individual. Se trata de seguir una conducta social de precaución sin que nadie te vigile ni te lo imponga. Y en muchos casos, con niveles de ansiedad muy altos ante la exposición a la incertidumbre. La nueva situación demanda autodisciplina y liderazgo en tiempos de distanciamiento social.

La Organización Mundial de la Salud (OMS) ha alertado de que ante el coronavirus "*el mayor peligro ahora es la complacencia*". Por ello, la sociedad debe seguir en tensión por un tiempo indeterminado con medidas, tal vez contrarias a nuestras costumbres y con cierto miedo, que están operando en nosotros como un factor determinante para la nueva forma de interrelación personal y social.

Arrojados, que diría Heidegger, en esta *"Nueva Normalidad"*, ciertamente salvaje en un primer momento, cada uno debe dictarse sus propios límites, debe autoimponerse una especie de *"confinamiento individual"*. Establecer una "*máxima moral absoluta*" y es la necesidad y obligación de que no te contagies tú y de que no contagies a nadie de tu alrededor. Ello pasa necesariamente por reorientar todo el comportamiento de una ciudadanía que debe madurar mucho en un corto espacio de tiempo.

En la época del mayor esplendor del VIH, con tomar *"algunas"* medidas higiénicas muy personales podía valer, y en todo caso te contagiabas tú y a alguien en un entorno de mucha intimidad. Hoy día, el contagio ya no se produce en intimidad sino en distancia personal pequeña y con resultados muy negativos. Por ello el distanciamiento social puede provocar un retroceso en la socialización general y en las interrelaciones personales y laborales más particulares.

En la *"Nueva Normalidad"*, convivimos personas que respetamos pautas y normativas, por muy ambiguas y difusas que sean, de una forma más o menos tranquila, con personas que viven dicha situación con un nivel de ansiedad y de miedo altos incluso cumpliendo a rajatabla las normas, o precisamente por ello, con otras personas que no cumplen para nada con el mínimo de autocuidado. Y ésta sensación exagerada de seguridad, indiferencia empática, o de no conciencia de protección social o tal vez todo a la vez, hacen que la negligencia se convierta en un arma de desajuste social muy perjudicial.

Para que ése contexto, en cierto modo pernicioso, se haga *"Normalidad"* nos obliga a conceptualizar y redefinir el tiempo y el espacio. Cumplir el distanciamiento social no es tarea fácil y requiere de mucho aprendizaje consciente.

Empezamos este período con incompetencia inconsciente, no sabíamos que no sabíamos. Éramos ignorantes de nuestra propia realidad y acontecer. Luego pasamos a una incompetencia consciente donde sabíamos lo que nos estaba pasando, pero no sabíamos cómo actuar. Continuamos después con una competencia consciente en la cual estamos ahora mismo, en pleno aprendizaje de conductas sociales nuevas, y donde tenemos cierto o mucho temor en cometer errores, en equivocarnos. Son momentos de incertidumbre, mucha activación no controlada, estrés e incluso ansiedad generada porque nos damos cuenta de que todavía no dominamos esta nueva situación ni a nosotros mismos. Y finalmente deberemos pasar, y estamos en ese tránsito, a una competencia inconsciente, donde realicemos todo con la mayor naturalidad, el mayor de los automatismos, la mayor inercia de acción y de sentido de identidad. Sólo en ese momento habremos creado, como sociedad, una *"Nueva Normalidad"* que ya no será nueva.

Poseer autocontrol, autoconcepto, autoestima, autoconfianza, responsabilidad, empatía, solidaridad en tiempos de distanciamiento social, necesita de capacidad de cambio, compromiso de cambio, adquisición de cambio, incremento de cambio, efectividad de cambio y momento de cambio. Necesita de las 6 Fuerzas del Poder Personal que nos aporte la **Autodisciplina y Liderazgo en la *"Nueva Normalidad"*.**

Autodisciplina social, como gran fuerza reguladora de la sociedad. Definida como el acatamiento cotidiano al conjunto de reglas para mantener el orden y la subordinación a las normas (legales y morales) entre los miembros de un grupo social. La disciplina aglutina múltiples valores. Y sobre todo autodisciplina personal o capacidad de pasar a la acción, aunque no tengamos motivación o, precisamente, por ello. Un buen recurso personal, seguramente el gran recurso personal y como tal podemos y debemos desarrollarlo más, si cabe, que cualquier otro de nuestros recursos, competencias y habilidades.

El mejor entendimiento de las 6 Fuerzas del Poder Personal en la *"Nueva Normalidad"* demanda un marco teórico interpretativo que argumente y relacione la aplicación de cada fuerza. La definición, explicación y discusión explicativa sobre los conceptos de *"Nueva Normalidad"*, de Distanciamiento Social, de Psicología Social-Ambiental viene determinada por el desarrollo de una nueva propuesta de conceptualización del Espacio y del Tiempo. Tanto como variables propias e independientes, como en su relación bidireccional factorizadas en unidad espaciotemporal. La *"Nueva Normalidad "*no existe, solo existe en nosotros, en nuestra mente colectiva.

La *"Nueva Normalidad"* es transformación de sociedad, es transformación de todos y cada uno de los que formamos esta sociedad. Exige aceptación, que no resignación, del nuevo orden. Exige en cada persona un cambio potencial, esencial y existencial duradero.

Como señaló la Primera Ministra de Nueva Zelanda, Jacinda Ardern, nada más terminar su periodo de confinamiento y con el mayor reconocimiento mundial sobre su liderazgo: *"Puede que no hayamos experimentado algo así en nuestras vidas, pero sabemos cómo cuidarnos unos a otros y, en este momento, qué podría ser más importante que eso"*, para terminar, pidiendo por favor:

"Sean fuertes, sean amables"

2. El espacio y el tiempo en la nueva normalidad

2.1. EL DISTANCIAMIENTO SOCIAL

Es importante permanecer físicamente separados, pero socialmente conectados. Las personas deben cuidar su salud mental y la de sus seres queridos durante la *"Nueva Normalidad"*. No debe de haber distanciamiento de la alegría, de la amistad, del cariño, de la solidaridad. El término *"distanciamiento social"* puede implicar una sensación de desconexión de los seres queridos, en un momento en que estar físicamente aislado de los demás puede afectar la salud mental.

El *distanciamiento social* es el aumento intencional del espacio físico entre las personas para evitar la propagación de una enfermedad. El *distanciamiento social* es también llamado "*distanciamiento físico*" y, en ese sentido, significa mantener un espacio entre personas tanto en la vía pública como en lugares cerrados.

La Organización Mundial de la Salud (OMS) prefiere de hecho el término *"distanciamiento físico"*. María Van Kerkhove, epidemióloga de enfermedades infecciosas de la OMS, anunció el 20 de marzo de 2020 que la organización se apartaría del término *"distanciamiento social"*. Por ello, la organización prefiere utilizar el término *"distanciamiento físico"* y recalcar la importancia de que las personas estén socialmente conectadas.

Podríamos decir que hay que realizar un *distanciamiento físico* de cada persona perteneciente en la sociedad, pero no distanciarnos en socialización cultural y emocional. Mantenerse físicamente alejado de los demás es una de las formas más efectivas en este momento para combatir la propagación vírica. Sin embargo, hacerlo supone una gran falta de conexión y contacto entre las personas lo que contribuye a sentimientos de ansiedad, soledad, miedo y dolor que pueden hacer surgir una crisis aun peor, una grave crisis de salud mental.

El contacto físico consensuado y las interacciones personales liberan sustancias químicas en el cerebro y el cuerpo, como son las endorfinas, la serotonina y la oxitocina, que hacen aumentar una sensación placentera, y reducir el dolor y el estrés. En definitiva, la interacción personal genera felicidad. Un abrazo, una mano alrededor de un hombro que dan consuelo, ahora, en tiempos de distanciamiento social, imbuidos en este momento de incertidumbre y miedo, puede poner en peligro la salud física de las personas. Esta es la gran contradicción. En tiempos de distanciamiento social, el afecto puede matar. Este es el gran trauma del ser humano en la *"Nueva Normalidad"*.

La ausencia de contacto físico y conexión humana puede tener un costo psicológico. Esa es una de las razones por las que se necesita reformular el *"distanciamiento social"* como *"distanciamiento físico"*.

El *distanciamiento social* sigue siendo el método más efectivo para inhibir velocidad a la propagación del Covid-19. El uso de mascarillas, gafas de protección y guantes, así como lavarse las manos con jabón e incluso los test de diagnóstico ayudan en limitar la propagación, pero solamente separándonos unos de otros podemos hacer que la pandemia desaparezca o cuanto menos, disminuya.

El *distanciamiento social* no es un descubrimiento del siglo XXI. Es una estrategia ancestral de salud para evitar los contagios por virus, bacterias y demás microorganismos. Siempre funciona cuando el vector contaminante es otro humano. No se pudo hacer con la peste bubónica que transmitían las ratas, pero sí con la gripe española de 1918. Lección, no bien asimilada, pues la mayoría de las veces no se ha aplicado por la necesidad de mantener la economía activa.

Pero *distanciamiento social* no es desconexión social y es, por ello, muy importante mantenernos conectados emocional e intelectualmente con el resto de nuestros familiares, amigos, compañeros de trabajo y resto de nuestra comunidad, sin que nos pongamos en riesgo a nosotros ni a los demás. Mantenernos a distancia no significa que debemos estar solos. Mantener la comunicación con los demás no solo ayuda a aliviar los sentimientos de aislamiento, sino que ayuda a combatir enfermedades. Las investigaciones muestran que las conexiones sociales fuertes pueden reducir el estrés, mejorar los resultados de salud y hasta llevar a una vida más larga.

La calidad de las relaciones sociales afecta la salud mental, el comportamiento de salud, el riesgo de mortalidad y, en un tiempo en el que se lucha contra un virus, es aún más importante preservar esa conexión social.

Sentirnos acompañados nos fortalece y promueve el espíritu de solidaridad.

2.2. PSICOLOGÍA SOCIAL-AMBIENTAL

Toda conducta tiene lugar siempre y necesariamente en un contexto ambiental. Toda inclusión en un contexto ambiental requerirá, por su parte, una asimilación y adaptación por parte del sujeto en desarrollo en dicho contexto. Mayormente cuando este contexto ambiental es nuevo, desconocido e incluso percibido como amenazante por el ser humano en proceso de cambio.

El estudio de las interacciones entre el contexto social y el sujeto en sociedad lo realiza la Psicología Ambiental que incluye una gran diversidad de ámbitos de investigación: análisis de los procesos perceptivos y cognitivos en relación con el espacio, el comportamiento y la interacción socioespacial, los aspectos valorativos, afectivos y simbólicos del entorno, las variables ambientales que inciden sobre la actividad humana, el análisis de los entornos urbanos, del medio natural, así como determinados entornos concretos de ámbito institucional.

La función del estudio desde la psicología ambiental y social es focalizar la atención sobre el papel que desarrolla el ambiente en la experiencia y el comportamiento humano, especialmente en el físico, en los sistemas físicos que por definición también caracterizan a estos ambientes.

El objeto de estudio de la psicología ambiental se concreta, entonces, en analizar la interrelación entre las personas y los ambientes físicos reales que éstas ocupan. Pero, frecuentemente, es difícil y artificioso aislar éstos ambientes físicos de sus dimensiones sociales, por lo que el objeto de análisis se denomina y conceptualiza mejor con el término ambiente o entorno sociofísico.

Desde la psicología ambiental se ha comprobado que el ambiente afecta al comportamiento de las personas, aun no siendo conscientes de su influencia. Las dimensiones intrapersonales y sociales son determinantes, en tanto en cuanto se relacionan necesariamente con mucha interdependencia con el contexto físico en donde se realiza toda conducta.

La psicología ambiental también ha aplicado sus conocimientos al estudio de "*escenarios conductuales*" como los que ha habido en el periodo de confinamiento y estado de alarma por el coronavirus. También ahora, en la "*Nueva Normalidad*".

Se trata de entender con el mayor éxito posible, por necesidad de convivencia, la interacción entre las personas y sus entornos, interacción enmarcada de forma inherente a un contexto social. De interacción social y por eso las transacciones de esta relación entre persona y entorno han de ser considerados sobre todo como efectos "*psico-socio-ambientales*". Por todo ello, la mejor forma de entendimiento del nuevo escenario social, en cuanto a distanciamiento personal físico en un nuevo entorno socio-cultural-eco-nómico-laboral-académico-familiar-etc., será mejor explicado desde la aportación de la psicología social ambiental. Para que la *"Nueva Normalidad"* deje de ser Nueva, esto es clave.

Entorno y psicología

Interacción persona-entorno se pude presentar desde cuatro perspectivas:

a) **Perspectiva individualista.** Es la perspectiva se centra en la **persona**, en sus procesos psicológicos, características cognitivas y rasgos de personalidad. De esta manera, las características personales (procesos cognitivos y rasgos de personalidad) forman la base del funcionamiento psicológico con independencia de las variables provenientes de los contextos físicos o sociales. Desde esta perspectiva se obvia el contexto físico y social en el que estos procesos tienen lugar.

b) **Perspectiva interaccionista.** La persona y el entorno son unidades separadas con interacciones entre ellas. Se estudian las relaciones causa-efecto entre variables para estudiar los efectos de la conducta sobre el ambiente.

c) **Perspectiva sistémica.** La clave aquí es la consideración holística tanto de la persona como del entorno, elementos dentro de un **sistema integrado** con interacciones entre las partes. El todo es más que la suma de las partes. La comprensión de un fenómeno psicoambiental pasa por analizar el funcionamiento del conjunto y es el conjunto el que da sentido a las partes.

   1. Sistema integrado por niveles biológico, psicológico, socio-cultural, considerados de forma holística (Wapner, 1981).
   2. El sujeto se relaciona activamente con el entorno en términos de objetivos y finalidades que son llevados a cabo a través de una variedad de significados.
   3. Las relaciones incluyen aspectos cognitivos, afectivos y valorativos.
   4. Sistema que opera en dinámico equilibrio orientado hacia objetivos a corto o largo plazo, de tal forma que una distorsión en una parte de este sistema afecta a las otras partes y a todo el sistema como conjunto.

5. El grado de desarrollo de un sistema depende del grado en que las partes del sistema, su significado y finalidades se encuentran jerárquicamente ordenadas e integradas en él.

d) Perspectiva transaccional. La perspectiva transaccional se define como el estudio de las relaciones cambiantes entre los aspectos psicológicos y ambientales de las unidades holísticas (eventos que implican personas, procesos psicológicos y ambientes). Se acentúa la importancia del tiempo y el cambio para comprender un fenómeno, por lo que estas variables deben convertirse en elementos necesarios de cualquier análisis psicoambiental. Es un modelo de filosofía de la ciencia con marcada orientación pragmática, ecléctica y relativista para el estudio de los fenómenos psicológicos. Se valoran los estudios de caso único. Los fenómenos no son necesariamente predecibles y repetibles.

En resumen, esta aproximación parte de cinco premisas básicas:

- La unidad de análisis es la persona "*en*" el entorno.
- Persona y entorno se transforman mutuamente a lo largo del tiempo, como un todo único interrelacionado profundamente.
- La estabilidad y el cambio coexisten continuamente.
- La dirección del cambio es emergente, no establecida de antemano.
- Importa saber las fuentes del cambio y la forma en que el cambio afecta a los otros niveles creando nuevas configuraciones de persona-entorno.

En esta perspectiva también hay que considerar de forma precisa las variables tiempo y cambio intrínsecas a los fenómenos. Así como relacionar los procesos de interacción social de privacidad, de territorialidad, de espacio personal, de apropiación del espacio e incluso el hacinamiento:

- Conocer qué es la privacidad.
- Conocer la territorialidad humana.
- Conocer el concepto de espacio personal y sus implicaciones en la regulación de la interacción social, tanto en sus aspectos espaciales como sociales.
- Conocer qué es la apropiación del espacio, los principales procesos implicados y su relación con los temas anteriormente mencionados, así como con los conceptos de arraigo, apego e identidad.
- Conocer qué es el hacinamiento, las principales teorías que explican sus consecuencias y su potencial carácter como estresor socio-ambiental.

Nuevos retos para la psicología ambiental

Cada vez en mayor medida, la evolución de los problemas de los seres humanos se plantea en relación con su entorno físico. La *"Nueva Normalidad"* desde el condicionante de Distanciamiento Social es muestra de ello. Desde esta perspectiva, algunos puntos de desarrollo actual centrales a tratar para una mejor convivencia en éste nuevo entorno físico-social son:

- El estudio e intervención sobre los vínculos psicológicos con el espacio próximo: identidad espacial y apego, identidad urbana, apropiación del espacio, aspectos socio comunitarios de nuestras relaciones con el entorno, así como los aspectos afectivos y emocionales vinculados a dichas relaciones.
- El estudio e intervención sobre el riesgo ambiental, su percepción, efectos y gestión: riesgos naturales, riesgos tecnológicos, riesgos urbanos, etc. Ver y saber la reacción de las personas ante riesgos y catástrofes.

Se puede considerar, incluso, como catástrofe el confinamiento, más o menos drástico según los países, de toda la población mundial. Condena compartida.

La concepción del entorno sociofísico.

Las sensaciones fisiológicos y psicológicos recibidas del entorno son integradas en unidades de contenido y significado que nos permiten reconocer, comparar o explorar dicho entorno, experimentando sensaciones y emociones que nos hacen actuar en consecuencia. La mejor integración de motivaciones e intereses personales, características ambientales y contenido social derivará en tener una experiencia ambiental más o menos positiva.

Los conceptos incluidos en nuestro esquema inicial mental, no puede separarse de los diferentes elementos que contribuyen a nuestra experiencia ambiental.

Por lo tanto, la sensación y percepción son determinantes en todo el proceso:

- La sensación es el resultado de la activación de los receptores sensoriales del organismo y de la intervención del Sistema Nervioso Central que decodifica los impulsos nerviosos procedentes de los diferentes órganos sensoriales.

- La percepción es un proceso psicológico de integración en unidades significativas de determinados conjuntos de informaciones sensoriales.

El proceso perceptivo es activo y complejo desde el punto de vista psicológico, la persona, como ser propositivo, busca y estructura sus percepciones implicando a la vez procesos cognitivos, emocionales, interpretativos y evaluativos que se asocian a estas percepciones. De esta manera, aunque pueda pensarse que ha habido tiempo suficiente en el periodo de confinamiento para estar preparados para la fase de distanciamiento social, tal vez no hemos previsto este escenario como muy amplio en el tiempo y no hemos preconcebido la interacción actual de modo efectivo.

El mapa cognitivo o esquema sociotemporal es un constructo hipotético del que inferimos su existencia al observar la conducta y los relatos introspectivos. Es una cuestión neuropsicología y no determinada de forma directa por nuestra práctica deliberada pero sí puede ser modificada moderadamente por nuestra voluntad.

2.3. LA PERCEPCIÓN SOCIAL DEL RIESGO

El riesgo es la probabilidad de que suceda un determinado evento multiplicado por las consecuencias potenciales negativas o peligrosas que implican al comportamiento humano. La "Nueva Normalidad" lo tiene, y mucho.

La gravedad de un riesgo puede depender de que se determine una alta probabilidad de que un evento catastrófico suceda, y de que se evalúe un como altamente perniciosas sus consecuencias. La gravedad, también, depende del tipo de percepción que se tenga sobre la potencial situación de riesgo, de la percepción del grado de incertidumbre del peligro que manifiesten los potenciales afectados por la situación, y del tipo de comportamiento que éstos desarrollen a partir de esta percepción.

Hoy día, todavía existe mucha incertidumbre sobre cómo cada persona puede sostener el mejor afrontamiento en el tiempo. Hay una gran incertidumbre social de cómo se está realizando la gestión de los riesgos personales en el nuevo entorno físico y social en la *Nueva Normalidad*.

La clave puede estar en el enfoque positivista para incluir apreciaciones sobre la construcción social de la realidad. En estas teorías hay implícito el hecho de que el riesgo no puede existir independientemente del contexto y que, por tanto, en cualquier contexto múltiple existen diversas interpretaciones que dependen de la experiencia del ambiente. Por ello, podemos centrar las posibles intervenciones psicosociales y de liderazgo compartido en posibilitar actitudes y valores a nivel individual, social o cultural, como potenciadores de satisfacción y tolerancia al riesgo entre grupos sociales. Autodisciplina de distanciamiento social.

Maximización o minimización de la percepción del riesgo

La amplificación social del riesgo puede proporcionar una meta-perspectiva apropiada para minimizar la percepción del riesgo. La percepciones individuales o sociales de riesgo y la conducta arriesgada son exageradas o atenuadas por procesos psicológicos, sociales, institucionales y culturales que interactúan con eventos relacionados con riesgo. De esta forma, el valor del signo y el grado de peligrosidad de un evento puede variar entre personas y a través de grupos sociales.

De hecho, ya en la etapa de confinamiento, la compartición de las penosidades y de la frustración cotidiana, minimizaba la percepción de peligrosidad con la continua interacción social-virtual de la gente. Esto incluye los medios de comunicación, las redes sociales, la experiencia personal y las instituciones comerciales o de gobierno. El impacto de la amplificación social depende del valor del signo de un suceso que tiene para un grupo social o cultural, o para una persona determinada pudiendo actuar sobre él un conjunto de mecanismos o procesos psicosociales de diversa índole y alcance.

La consistencia cognitiva

Las teorías cognitivas aportan la necesidad de integrar nuestras experiencias para componer una imagen coherente de nuestro mundo. Cuando esta coherencia se ve amenazada, bien por falta de información, bien por contradicciones entre informaciones, o bien por inconsistencia entre las informaciones y nuestra experiencia o nuestras expectativas, se ponen en funcionamiento una serie de mecanismos cognitivos que actúan como verdaderas leyes o principios explicativos. En el caso de la percepción del riesgo, tanto en época de confinamiento como este período estable de *"Nueva Normalidad"* imbuidos en distanciamiento social, provocan cantidad de sesgos y efectos cognitivos que actúan como fuerza explicativa.

Sesgo optimista

Se fundamenta en la creencia falsa de la persona de que a ella no le pasará nunca ninguna hecatombe. A menudo la perplejidad con la que afrontamos situaciones reales de crisis responde a la constatación traumática de este sesgo. Se tienden a recordar más los hechos positivos que los negativos, a percibir, a asociar, a realizar evaluaciones y formular predicciones positivas, símbolo del pensamiento positivo. En este sentido, parte de la población puede tener una sensación de protección por haber pasado con cierto éxito fases de confinamiento más o menos restrictivo. Como decía Ernesto Sábato: *"La frase 'todo tiempo pasado fue mejor' no quiere decir que antes no sucedieran cosas malas, sino que, felizmente, la gente las echa en el olvido"*

Familiaridad con situaciones de riesgo

En el caso de la percepción de riesgo, tenemos tendencia a considerar como más probable la ocurrencia de un evento con el que tengamos alguna familiaridad, básicamente por experiencia directa o bien porque se recuerda intensamente a través de otras generaciones. Cuanto más vivo tengamos un determinado evento más probabilidad consideraremos que suceda. La familiaridad con situaciones de riesgo modifica la percepción de éste, aunque no siempre incrementándolo, por efecto de adaptación al medio. De hecho, ésta es una defensa del ser humano ante el peligro y es base, así mismo de la propia definición de inteligencia, la capacidad del sujeto a adaptarse al entorno y a asimilar todo de él.

Efecto crisis

La percepción de riesgo se incrementa extraordinariamente justo después de suceder un determinado desastre, pero también decrece con igual espectacularidad. Una posible explicación de esta caída poco después de la crisis podría ser, como veremos posteriormente, como reacción ante un incremento de la disonancia cognitiva durante la crisis. Las primeras salidas a la calle después del confinamiento no fueron, precisamente, de alta responsabilidad seguramente por una bajada en la percepción del riesgo.

Las teorías del control

La percepción del riesgo depende del grado en el que nosotros percibimos que podemos ejercer un cierto control bien sobre la fuente del riesgo o bien sobre los sus efectos. Control que puede ser cognitivo, afectivo o conductual:

a) El control cognitivo se fundamenta en un conjunto de creencias convenientemente estructuradas que generan la creencia más amplia de que se puede controlar situaciones de riesgo o de peligro potencial. Recursos para mantener intactos nuestros esquemas cognitivos, por discrepancias entre diferentes creencias sobre una misma situación o entre una creencia y una constatación incompleta.

b) El control afectivo se basa en la capacidad de controlar nuestros sentimientos o reacciones emocionales ante una percepción de riesgo o de una situación de peligro manifiesto. El control de la angustia, el miedo, la inseguridad, u otras emociones adversas pueden contribuir a reducir la percepción de riesgo o a comportarnos con más eficacia ante una determinada situación.

c) El control conductual por la gran cantidad de comportamientos que percibimos como adecuados a una situación de riesgo real o potencial.

Las teorías de la comunicación social

- Credibilidad. El emisor y la fuente deben ser percibidas como creíbles. Ejemplo de radios como Radio Nacional y CadenaSer durante el periodo de confinamiento, en oposición a bulos por redes sociales con WhatsApp y otras.
- Atractivo. Hace referencia a la inteligencia interpersonal del emisor y la inteligencia interpersonal o empatía y establecer relaciones de mutua confianza.
- Solvencia. El emisor debe generar la percepción de que es un experto, es decir, que tiene conocimientos importantes sobre aquello de lo que está hablando. Claro ejemplo de los expertos en medicina entrevistados en televisión y/o radio.

La información o mensaje, así mismo debe ofrecer:

- Coherencia. No debe contener informaciones contradictorias.
- Repetición. El mensaje debe ser repetido para incidir sobre el receptor.
- Tipo de contenidos. Combinar adecuadamente contenidos de carácter racional con contenidos de carácter emocional.
- El canal. El tipo de situación de riesgo o de peligro real determina los canales más adecuados. En una situación como la de pandemia mundial e incluso la de distanciamiento social en la *"Nueva Normalidad"*, donde la información debe ser directa y al momento, la radio es el canal clave en el establecimiento de consignas y comportamientos de protección o evitación de la situación para la población.

2.4. LA PRIVACIDAD

La privacidad se refiere a la manera que tenemos de relacionarnos con nuestros semejantes. Uno de los conceptos más claramente psicosociales y determinantes en el proceso de restablecimiento de una *"Nueva Normalidad"* en periodo de distanciamiento social.La privacidad es el control selectivo del acceso a uno mismo o al grupo al que uno pertenece (Altman, 1975).

Altman aporta en la definición los dos aspectos esenciales de la privacidad:

- el control selectivo de la interacción social y
- el control selectivo de la información ofrecida a los otros, sin que signifique necesariamente aislamiento.

La privacidad, entonces, se entiende como la capacidad de la persona o grupo de personas de regular o controlar selectivamente la cantidad e intensidad de contactos o interacciones sociales en un contexto socioambiental determinado. También, como el flujo de información que se produce en tales interacciones en función de las necesidades concretas de la persona o grupo de relacionarse con el mundo social en un momento y situación determinados. Similar al momento actual de distanciamiento social, que se produce entre grupos de personas y entre personas físicas.

Las formas de la privacidad

Cuatro dimensiones de la privacidad: Soledad, Intimidad, Anonimato y Reserva.

Soledad y aislamiento. Control de la interacción por parte de la persona

- La soledad. La dimensión soledad se refiere a la acepción directa de *"estar sólo"*, estar en una situación donde el resto de la gente no puede acceder a lo que haces o dices. El control de la interacción depende de la capacidad y recursos que se tengan para mantener esta situación de retiro temporal. Soledad significa encontrarse sólo en una situación donde existe gente alrededor. En confinamiento ha habido muchas personas solas, si bien no necesariamente sintiéndose en soledad.
- El aislamiento. Se refiere a alejarse de los otros para obtener privacidad. Aislamiento implica irse lejos de la gente para estar sólo, como ir a vivir a la montaña o en un pequeño enclave de la costa, e incluso encerrarse en la habitación mientras el resto de la familia está presente en la vivienda. Esto último es típico de los adolescentes y, tal

vez por eso, se ha pasado el confinamiento en mejores condiciones. Los móviles y redes sociales, también han ayudado, con toda seguridad.

Anonimato y reserva. Capacidad de controlar selectivamente la información en situación de interacción

- El anonimato. Se refiere a involucrarse en una situación social determinada, pero sin permitir ser identificado, es decir, pasando inadvertido entre la multitud. Bulos y más bulos en red.
- La reserva. Se refiere a controlar informaciones de carácter personal en una interacción social, especialmente si nos relacionamos con extraños.

Intimidad. Privacidad que toma como referencia no a la persona sino al grupo.

- La intimidad. Toma como referencia no a la persona sino al grupo, cuyos miembros llevan al máximo sus relaciones personales y el flujo de información que se deriva de esta relación.
- Intimidad con la familia. Se refiere a estar solo con la familia y con exclusión de otra gente.
- Intimidad con los amigos. Referido al grupo de amigos, por ejemplo, en la celebración de una fiesta privada. Por eso la policía denunció a muchos sujetos en grupo celebrando fiestas en periodo de confinamiento. Es llevar al mayor grado la intimidad con amigos. Aunque sea con efecto negativo, o tal vez por ello.

Aquí, los comportamientos socialmente formales se sustituyen por códigos de comportamiento específicos del grupo (bromas, canciones, motes, etc.).

En todos los casos, se pretende la reducción del contacto con grupos externos a partir del incremento de la interacción intragrupal.

Privacidad como proceso dialéctico

El modelo de Altman pone especial énfasis en el proceso dialéctico que se establece entre la persona, sus necesidades y expectativas y el contexto socioambiental en el que ésta se encuentra inmersa, en un momento determinado y en unas circunstancias de interacción concretas. Como lo que ocurre en estos momentos con la sociedad en modo de *Distanciamiento Social*.

- la privacidad se trata desde una perspectiva teórica más amplia acerca de la interacción social.

- La teorización de la privacidad permite analizar otro tipo de conductas socio espaciales, entre las que se encuentran el hacinamiento, la territorialidad y el espacio personal.

El carácter sistémico conlleva entender el proceso en términos de equilibrio entre la privacidad deseada y la realmente obtenida. En este sentido, uno de los conceptos clave en este proceso dialéctico es el de acceso del yo a los otros.

La privacidad es pues, tanto una evitación de la interacción no deseada como una búsqueda de la interacción deseada, superando así la idea de privacidad como equivalente a exclusión o aislamiento. Se decide estar sólo, que no en soledad.

Mecanismos reguladores de la privacidad

Existen cuatro tipos de mecanismos que permiten la consecución de privacidad: verbales, no verbales, ambientales y socioculturales.

- Verbales: el propio contenido verbal, la pronunciación, entonación, ritmo o latencia sirven para expresar discrepancias entre la privacidad real y la deseada.
- No verbales: postura del cuerpo, la expresión facial o el contacto visual como formas de comunicar inclusión, exclusión, acercamiento o evitación de otras personas. Ahora los ojos cobran mayor fuerza, si cabe, con el uso constante de la mascarilla.
- Ambientales: tipo de vestimenta y adornos, el espacio personal o distancia interpersonal mantenida durante la interacción, así como elementos espaciales relacionados con la demarcación y defensa de un determinado entorno, manifestaciones en definitiva de territorialidad.
- Socioculturales: se refieren a normas sociales y modos culturalmente aprendidos y aceptados de regular la interacción con los demás. Aprendizaje de saludos sin tocarnos. Saludos de tipo más oriental.

Privacidad y medio físico

El espacio puede diferenciarse en función del grado de privacidad que, potencialmente puede ofrecer. Nos referimos a la capacidad mayor o menor que ofrecen los entornos para la regulación de la interacción, es decir, la privacidad.

1. Espacios privados
2. Espacios públicos

3. Espacios semi-privados/semi-públicos

Espacios privados

Espacio en el cual una persona o grupo de personas puede establecer una regulación consciente y efectiva de su interacción social con los demás. En estos espacios, los mecanismos de regulación de la privacidad son, o bien amplios en cuanto a repertorio, o bien efectivos en cuanto a su aplicación, o ambas cosas.

El coche, la oficina o el despacho son privados. La propia casa es el lugar privado por excelencia, regulando la interacción a través de elementos físicos sumamente efectivos.

Espacios públicos

Espacio en el cual la regulación de la privacidad es inexistente o escasa y, en todo caso, más débil o menos prolongada en el tiempo. La persona o grupo aquí están forzosamente abiertos a la interacción con los demás, a la mirada del otro, al abordaje social y con poca posibilidad de regular la información en lo que se refiere a la imagen externa e incluso al contacto físico.

El espacio público en términos de espacio no gestionado por ninguna persona o entidad privada y que generalmente se asocia a la vía pública: calles, parques, plazas y espacios similares (vestíbulo de una estación, grandes almacenes, etc.).

Espacios semiprivados o semipúblicos

Son espacios con un cierto grado de regulación de la privacidad, pero cuyos mecanismos no son ni todo lo amplios ni todo lo efectivos que resultan en un espacio privado.

Ejemplos de ellos son los jardines y zonas comunes comunitarias, vestíbulos de casas de vecinos o aulas de escuelas.

En función de cómo este espacio es interpretado por las personas y grupos que lo ocupan o lo gestionan, permite cualificar al espacio en relación con el tipo de interacción social que deseamos establecer en ellos. Precisamente, en las primeras salidas después del confinamiento, estos espacios estuvieron ciertamente en el limbo normativo.

2.5. EL ESPACIO PERSONAL

Introducción a los conceptos de espacio personal y hacinamiento

De entre los mecanismos ambientales implicados en las relaciones sociales, la distancia interpersonal es posiblemente uno de los mecanismos que utilizamos de manera más automática, aunque sin ser siempre conscientes de ello. Efectivamente, una manera de regular la interacción social con los demás es manteniendo más o menos distancia con la persona con la que hablamos, o simplemente con la que estamos compartiendo un determinado espacio. No mantenemos la misma distancia con alguien conocido que con un desconocido. La distancia física entre personas acaba siendo un elemento esencial de la interacción social.

El mantenimiento de una distancia óptima no siempre es posible. En estos casos las personas pueden sentirse invadidas por los demás y estresarse ante la imposibilidad de hacer una determinada tarea por falta de espacio. Es lo que llamamos hacinamiento o fenómeno cuyas consecuencias son realmente perjudiciales para la vida social, especialmente en entornos en los que el espacio es un bien preciado o bien necesario por necesidad de Distanciamiento Social, incluso para salvaguardar la vida humana como está ocurriendo en estos momentos de *"Nueva Normalidad"*.

Definición de espacio personal

La distancia interpersonal es espacio personal, nuestro espacio personal. El espacio personal es un área de limitación invisible que nos rodea. No vemos la línea de metro y medio o dos metros de distancia, pero ya la intuimos y tendemos a respetarla, en muchos casos con miedo, o por miedo.

- **Distancia íntima.** Se sitúa entre el medio metro y el contacto físico. Es la distancia a la que se expresan sentimientos intensos como la ternura, el amor, el enojo incluso. Es la distancia en la que tienen lugar las confidencias y las prácticas amorosas. Aquí entran en juego todos los sentidos de manera intensa (calor corporal, textura de piel, olor de transpiración o perfume). La voz puede tener un papel secundario y, en muchas ocasiones, no pasa del susurro.
- **Distancia personal.** Se sitúa entre medio metro y un metro y medio. El lenguaje no verbal tiene aquí un papel fundamental. El contacto físico solo se da cuando alguien deliberadamente lo provoca. Esta es la distancia en la que se da la interacción entre amigos íntimos y las conversaciones entre conocidos. Esta distancia es la que más se ha desechado en estado de distanciamiento social. Es la que mayor

riesgo tiene. En intimidad sabemos con quién estamos y sin podemos fiarnos de su salud. En cambio, la distancia personal se ha agrandado y prácticamente se pasa de la distancia intima a la distancia social. Podríamos decir que en estos momentos ya no hay, ya no tiene que haber distancia personal. O es distancia íntima, o es distancia social de más de un metro y medio.

- **Distancia social.** Se sitúa entre un metro y medio y cuatro metros. Es la distancia para los contactos sociales de carácter formal, relaciones entre desconocidos y reuniones de negocios. Ahora es la distancia de aseguramiento de la salud. El contacto físico es con esta última premisa, nulo y casi prohibido, y donde la actitud durante la interacción es más distante, llegando incluso a reparo y miedo al acercamiento.
- **Distancia pública.** Se sitúa entre tres metros y siete metros. Es la distancia para las audiencias, las exposiciones y los discursos.

Funciones del espacio personal

Regulación social

El espacio personal se adquiere a través del aprendizaje social y, convertido en norma social, a través de interacciones sociales confortables y ajustadas a cada contexto, contribuyendo al funcionamiento de la sociedad.

Cuando dicha regulación, precisamente es para producir distanciamiento entre personas por cuestión física, la confortabilidad acaba y puede dar paso a peor funcionamiento social.

Autoprotección: Ocurre, como en este estado de distanciamiento social, cuando el espacio personal es fundamental para controlar una amenaza real para la persona como es el contagio de enfermedades víricas. Nuestro nivel de activación se eleva cuando alguien se acerca más de la cuenta. Y en este periodo de distanciamiento social prolongado puede producir situaciones de ansiedad social o estrés. Si bien, un espacio personal adecuado permite establecer interacciones en las que la persona pueda sentirse segura y confortable y establecer una buena regulación de la privacidad. A ello ayuda precisamente llevar mascarilla, guantes y conocer a la persona.

Comunicación: El espacio personal es una forma de comunicación no verbal. En función de la distancia que mantengamos con el otro ofrecemos más o menos información y nos comunicamos de manera más o menos efectiva y ajustada a la situación. Las distancias cortas sugieren un interés de la persona por continuar la interacción mientras que distancias mayores suelen ser interpretadas como un deseo de evitar la interacción. La interrelación en distanciamiento social, incluso entre personas conocidas puede tenderse a evitar, por lo menos en tiempo, por cuestiones de seguridad para ambas partes.

Determinantes del espacio personal

Las distancias interpersonales se encuentran influidas por factores de carácter social, situacional, personal, cultural y de salud o seguridad. El prolongado periodo de confinamiento ha podido llevar a muchas personas a tener cierta indefensión en el nuevo escenario situacional. Un contexto ciertamente de incertidumbre y de tomar medidas dolorosas, pero necesarias para tener máxima seguridad en la interacción. la norma de distanciamiento social es norma de distanciamiento físico en sociedad y no debería distanciarnos socioafectivamente de la gente de nuestro alrededor, amigos, vecinos, conocidos, etc.

- **Variables sociales/situacionales.** Uno de los principales determinantes del espacio personal es la manera en que las personas en interacción definen socialmente la situación en la que están involucrados. Las variables sociales como el nivel de atracción y proximidad percibida también influyen en el espacio personal.
- **Variables personales.** El género o el rol sexual es una de las variables de carácter personal que más se ha relacionado con el establecimiento del espacio personal. Los hombres tienden a mantener más distancia interpersonal que las mujeres. La gente mayor requiere de más distancia interpersonal que las personas adultas, aunque los factores situacionales, espaciales y culturales interactúan con la edad para definir estos efectos.
- **Variables culturales.** Los países más fríos climáticamente hablando y con menos horas de luz diurna suelen definir una mayor distancia interpersonal en sus interacciones que los países que se sitúan cerca de las zonas ecuatoriales con días más largos y cálidos. Las posibilidades de interacción social fluida dependen en parte de estos factores geoclimáticos y afecta a la interacción social y al espacio personal. Culturas como la japonesa tienden a ritualizar más las interacciones sociales y, por tanto, a mantener una mayor distancia interpersonal. Esta forma de distancia personal es la que está tendiendo a prevalecer, primeramente, por obligación normativa dentro del distanciamiento social y, también, por estar quedando como hábito dentro del contexto situacional generado en la *"Nueva Normalidad"*.

- **Variables espaciales.** El entorno físico y sus características tienen un papel determinante en las interacciones sociales. Cuanto más se reduce el espacio, más aumenta la necesidad de ampliar la distancia interpersonal. El mismo efecto aparece en relación con la altura del techo.

Estudios y aplicaciones en relación, al espacio personal

La naturaleza aversiva de la invasión del espacio personal se constata en situaciones de riesgo físico elevado como contagios víricos. Esta naturaleza se socializa en hábito sistematizado en el tiempo al ser normativizado y a la vez asumido e interiorizado tanto socialmente por el conjunto de la sociedad, como personalmente por el individuo.

- **Espacios sociópetos.** Espacios que facilitan la interacción social y que ofrecen amplias posibilidades de regular la privacidad y el espacio personal. Son espacios de atracción y confluencia social. Bares, plazas y parques de escalas reducidas.
- **Espacios sociófugos.** Espacios que inhiben una interacción social normal y espontánea. Estos espacios tienden a expulsar actividad social más que a atraerla. Zonas descampadas o espacios como aeropuertos, estaciones de tren, etc.

Sin embargo, cuando los mecanismos de regulación del espacio personal fallan, lo que suele producirse es una situación de hacinamiento.

Estrechamente relacionado con la percepción de la distancia interpersonal, está el concepto de hacinamiento. Es un fenómeno muy vinculado con un estilo de vida urbana caracterizado por una alta densidad de personas en espacios restringidos. Esto lleva inicialmente a considerar como sinónimos densidad y hacinamiento. Hacinamiento se utiliza más para hacer referencia a los aspectos psicológicos o subjetivos de una situación, a la percepción negativa de la restricción espacial.

Una manifestación exitosa en la calle o un buen concierto de rock se caracterizan, sobre todo, por que atraen a una gran cantidad de gente que se ubican y relacionan en un contexto de altísima densidad, sin que por ello sea percibida la situación como negativa, sino más bien lo contrario.

En cuanto al Estrés ambiental, se puede definir como Estrés psicosocial relacionado con el ambiente y ocurre cuando se perciben excesivos indicadores amenazantes del bienestar o integridad de una persona. En el intento de dominar la situación se corre el peligro de que los recursos de afrontamiento se vean superados, llevando a una perturbación en el funcionamiento, dolor, enfermedad o incluso, muerte.

Se trata de una reacción de la persona ante una situación concreta en la que se presenta un conjunto de variables ambientales cuya disposición e intensidad hace que sean percibidas como aversivas para la persona. Es lo que puede ocurrir en momentos de necesidad de distanciamiento social por seguridad rigurosa y no poder ser realizado ese distanciamiento.

En esta reacción están implicados componentes fisiológicos, componentes cognitivos, componentes afectivo-emocionales, componentes comportamentales y componentes socio-culturales.

Pero debemos terminar proponiendo una serie de estrategias para mantener relaciones de calidad en tiempos de distanciamiento social que nos haga más llevadera la "Nueva Normalidad". Estas son, tener una gran positividad generando interacciones alegres que nos ayudan a animarnos y a animar a los otros; tener apertura relacional y así estar abiertos a los demás, hablar sobre cómo nos sentimos y cómo afrontamos esta nueva etapa social; también tenemos que escuchar de manera activa y mostrar interés en lo que los otros tienen que aportar; crear garantías sociorelacionales como clave para transmitir lo mucho que valoramos y queremos a lo demás; realizar tareas que hagan esforzarnos en tener contacto y relación con los demás, tareas y acciones concretas para llevarlas a cabo en un tiempo determinado; y, por último, manejar bien las redes sociales creando nuevas interacciones y conectando con personas con intereses comunes para hacer de la "Nueva Normalidad" una normalidad de felicidad.

2.6. EL PROBLEMA DEL TIEMPO EN LA NUEVA NORMALIDAD

La contextualización filosófica del problema del tiempo en Heidegger nos viene proporcionada por las lecciones de fenomenología de la conciencia interna del tiempo de Husserl, en la que se remarca el carácter intencional de la conciencia del tiempo como forma de auto-constitución del sentido y, por consiguiente, de toda intencionalidad. El tiempo fenomenológico en calidad de parte inmanente a las vivencias del yo entendido como autoconciencia.

El carácter de síntesis intencional de la conciencia del tiempo ocasiona una dificultad insuperable entre el afecto y la temporalidad. La vivencia sensible material es la iniciadora de la temporalización.

Heidegger altera los niveles de fundamentación en la relación *"ser y tiempo"*, estableciendo una nueva secuencia de originalidad entre ambos, tiempo de éxtasis, tiempo de trascendencia y tiempo intencional. Desde aquí puede entenderse el alcance del problema del tiempo como horizonte de la comprensión existencial del sentido del ser. Los tres niveles de aproximación a la cuestión de la temporalidad en *Ser y Tiempo* (Heidegger, 1927) son:

- nivel 1: el problema temporal de la trascendencia del mundo en el que aparece la delimitación del esquema horizontal.
- nivel 2: la temporalidad de la historicidad.
- nivel 3: el tiempo del mundo.

La trascendencia consiste, entonces, en la comprensión del ser y de sí mismo y la raíz de la trascendencia es la imaginación, pues son los esquemas transcendentales del tiempo los que forman el horizonte de la trascendencia. Todo conocimiento ontológico es por ende una determinación transcendental del tiempo, puesto que la transcendencia se temporaliza en el tiempo originario. La fundamentación de la metafísica se funda, de esta manera, en la temporalidad finita modelizada en esquemas horizontales.

Por todo ello, el ser humano (*ser-ahí*) se nos presenta como ser en el mundo que existe en constante trascendencia de sí mismo. Es siempre un poder ser y nunca está completo. Ocurre que, las posibilidades que el *ser-ahí* proyecta, siguiendo a Heidegger, corresponden a las posibilidades de su ser como un todo único integral que varía por esas posibilidades según se cumplan o no.

El *ser-ahí* puede se capta a sí mismo como una totalidad precisamente porque es finito y espera su final a través de su propia trascendencia. Posibilidad inevitable e intransferible, ya que si el *ser-ahí* viviese siempre no sería una totalidad proyectante. Es la muerte lo que permite que el *ser-ahí* se vea a sí mismo como totalidad que existe proyectando posibilidades. Y en este sentido el *ser-ahí* es *ser-para-la-muerte*. Pero esto significa también que la muerte es el límite de esa totalidad que es el *ser-ahí*, el fin de su ser en el mundo. La muerte no es una posibilidad entre otras del *ser-ahí*, sino su más peculiar posibilidad, la posibilidad de la más absoluta imposibilidad, la posibilidad tras la cual acecha la nada.

La existencia verdadera del *ser-ahí*, está, entonces, relacionada con el mundo según el modo de la posibilidad, como estructura que se proyecta constantemente, lo que implica que es o existe en el tiempo, que el tiempo es un constitutivo radical de la existencia humana.

Hay un tiempo cronológico, objetivo, neutro, que puede calcularse y se periodiza y hay un tiempo natural, instantáneo, de necesitar del pasado y del futuro sintetizados en un momento presente en el que acontece lo intemporal generado por la autoconciencia plena que el ser humano tiene de su acontecer histórico en esa situación concreta y presente.

Sobrepasando toda subjetividad, el *ser-ahí* se origina en ese *Ser* difuminado que piensa la eternidad a partir del instante y se proyecta, haciendo posible la llegada de lo infinito, que es la verdad esencial a partir de la cual surge la posibilidad emerger más historia acontecida. Porque la historia del *Ser* es un incesante progresar que vincula continuamente inicio y final inacabado, generando un circuito virtuoso de progreso y regreso de necesidad.

2.7. TEORÍA DEL TIEMPO EN LA NUEVA NORMALIDAD

Para Wilber (1979), el tiempo no existe como algo que esté allá afuera corriendo del pasado al futuro, sino que es una propiedad emergente que depende de la habilidad del observador de preservar información de los eventos experimentados. Éste autor, sugiere que el espacio y el tiempo son constructos de nuestros sentidos biológicamente limitados. El observador crea el tiempo.

Para los seres humanos, el tiempo se mueve en una única dirección que va desde la anticipación a la experiencia y a la memoria. El tiempo progresa linealmente del pasado hacia el futuro dejando consecuencias tangibles.

En ese sentido, una de las conclusiones que emergen de la teoría de la relatividad de Einstein es que el tiempo es, evidentemente, relativo, es decir, depende de la velocidad a la que se mueve en el espacio un observador, por lo cual se considera que es parte de un compuesto llamado tiempo-espacio. Pero, es la mente la que crea el tiempo. El tiempo no existe independientemente de la percepción.

La eternidad no es la conciencia de un tiempo perpetuo, sino una conciencia que se da por entero sin tiempo. El momento eterno es un momento intemporal, que no sabe de pasado ni de futuro, desconoce el antes y el después, el ayer y el mañana, el nacimiento y la muerte. Vivir con la conciencia de unidad es vivir en el momento intemporal, pues nada afecta más que la desintegración del tiempo. Pero, ¿qué es un momento intemporal? ¿Qué instante no tiene duración determinada? ¿Qué momento es fugaz, breve e incluso sin tiempo? Todos y cada uno de nosotros hemos conocido, vivido y sentido momentos, momentos infinitos, de culminación, que parecían no terminar. Momentos donde pasado y futuro se disolvían en la oscuridad.

El momento presente cuanto más intemporal sea, más eterno lo haremos. Hacer del presente un momento que no sabe de pasado ni de futuro, de antes ni de después, de ayer ni de mañana. Adentrarnos en este momento presente es sumergirnos en la eternidad, atravesar el espejo hacía el infinito que no acaba. Lo que es intemporal es eterno. La vida eterna pertenece a quien vive el presente de esta manera.

Nos quedamos en el ayer y estamos siempre idealizando el mañana, recuerdos y expectativas fugaces y difuminadas en el espacio y el tiempo. Energía perdida de la realidad. Nos preocupamos siempre por el pasado o por el futuro. Lamentamos muchas de nuestras acciones pasadas y nos estremecen sus consecuencias futuras.

El pasado y el futuro son simplemente los productos artificiales de una zona simbólica que se superpone a lo eterno. Un territorio imaginario que separa la eternidad en antes y después, en pasado y porvenir. Si bien, el intento de vivir en el presente intemporal exige tiempo. Exige prestar atención al presente y exige un futuro proyectado.

Así, tanto la memoria evocada como la expectativa generada en el aquí ahora forman parte de la experiencia presente. Son ya hechos presentes. Pasado, en cuanto recuerdo y futuro, en cuanto anticipación, son ambos hechos presentes. Su todo temporal existe en el aquí y ahora.

Cuando se ve que el pasado como recuerdo evocado, pensado y despertado, es siempre una experiencia presente. Y, de igual modo, cuando traemos al aquí y ahora el futuro a través de nuestras expectativas lo hacemos experiencia presente. De esta manera, el presente se expande hasta llenar todo el tiempo y así, el *"presente pasajero"* se agranda transformándose en presente eterno.

"Cómo reclamamos un futuro, vivimos cada momento a la espera, insatisfechos; vivimos cada momento de paso. Y precisamente de esa manera, el verdadero presente temporal 'estando', queda reducido al presente fugitivo pasajero que apenas dura un segundo. Esperamos que cada momento continúe en un momento futuro precipitándonos a un futuro imaginado. No queremos este ahora, sino otro, y luego otro y muchos más, mañanas y pasados. Y, de esta manera, paradójicamente, nuestro presente se empobrece y huimos con él al exigir constantemente que termine. Queremos que concluya para que pase al siguiente momento futuro que solo existirá en tanto en cuento no sirva para pasar al siguiente futuro deseado. Nos

ponemos fronteras de pasado y futuro cuando vida se limita a recuerdos y expectativas destruyendo la experiencia presente. Nos aferramos a la memoria del pasado y a lo por venir del futuro, para no enfrentarnos al momento que no nos gusta porque exige intemporalidad que no estamos dispuestos a gestionar. Ni sabemos hacerlo".

"La conciencia sin fronteras". Wilber

Lo que se propone desde esta posición espacio-temporal no es huir del tiempo sino abrazarle en su totalidad. El pasado en cuanto recuerdo no empuja al presente, y el futuro en cuanto expectativa no tira de él, pues está incluido ya en el presente sentido y pensado. incluye pasado y futuro, y por eso no deja fuera de sí nada que pueda empujar ni tirar. Cuando el pasado se funde con el presente, el ser humano atemporalizado ya, se funde con el presente. Ya no hay lugar fuera de este momento.

Así pues, ver todo recuerdo como experiencia presente es romper los límites de este momento presente, liberarlo de acotaciones ficticias, rescatarlo de la dualidad pasado- futuro. Así ya no habrá nada de tiempo detrás de uno ni delante tampoco. Estaremos insertos en el presente intemporal, en la eternidad.

El ser humano es itinerante, en tanto en cuanto avanza, camina, abre caminos. A más caminos, más recorridos. Ello implica mayor *yo trascendental* y mayor trascendencia por generar en el *sujeto histórico*.

Relacionamos, entonces, las metáforas *Faro, Brújula* y *Mapa* con *Futuro, Presente* y *Pasado* respectivamente sabiendo que, precisamente, el valor de dichas metáforas es la intemporalidad y, por tanto, que se insertan constantemente en las tres concepciones del tiempo. De esta manera, podemos aportar una mejor conceptualización de nuestro modelo espaciotemporal.

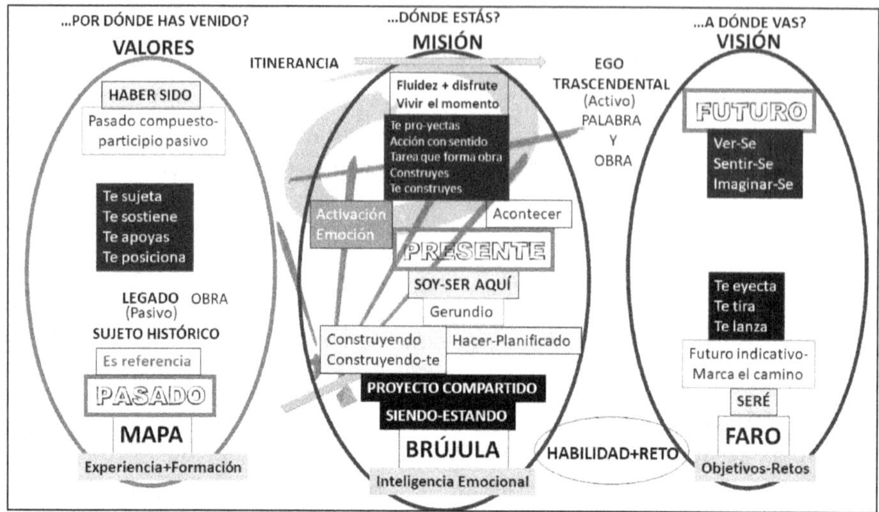

El *Pasado*, es referencia del ser humano, de nuestro acontecer. Tenemos una referencia de lo que somos ahora por lo que hemos sido, por integración de experiencia y formación. Es nuestro mapa. Elaborado desde nuestro nacimiento hasta el día de hoy. Somos ahí sujetos históricos. Ya tenemos legado, cierto legado. O mucho legado. El legado está determinado por nuestra obra, por lo que hemos realizado hasta el día de hoy. Tiene que ver con lo que hemos creado y con lo que hemos transmitido a los demás. Aquí están incluidos los hijos, nuestros proyectos cumplidos, nuestro trabajo visibilizado, la esencia y presencia unificada en ejemplo de vida y acciones.

El pasado, en cuanto a obra realizada, te sostiene, te posiciona, te apoyas en él para avanzar desde el presente. Inspira, pero, por sí sólo, el pasado no es activador ni motivador hacía un mejor futuro, ni siquiera te asegura un buen presente. Pasado es *Haber Sido*. Es saber por dónde has venido. Pero nada más, ni nada menos y, solamente si lo unimos de forma inherente a presente y futuro visualizaremos espacialmente y sentiremos ese tiempo como un todo. Aquí están los valores, ya como principios incorporados a nuestra identidad. Son cimientos fundamentales de nuestra estructura del *Ser-Aquí*, no sólo del *Haber Sido*. Valores que junto con la propia obra como experiencia y formación deben condicionar positivamente el presente para continuar proyectándonos.

Presente que es la gran misión del ser humano. Es desde donde me proyecto y desde donde me construyo. La activación y emoción unida a saber vivir el momento, con fluidez y disfrute, posibilitaran el mejor *hacer planificado*. Desde el presente realizo el *proyecto compartido*, aquí *soy y estoy*. Realizo acciones con sentido proyectado, tareas que forman obra. Suceden cosas y hago que sucedan. Presente es saber dónde estoy. Para ello la brújula, metáfora de inteligencia emocional, debe estar del todo presente, nunca mejor dicho. Acontecemos en este *momento-estado*. Acontecemos por palabra y obra activando nuestro *yo trascendental* con habilidades y retos propuestos que nos *arrojan* al futuro, que diría Heidegger, pero ya con el prefijo *"pro"* delante pues lo hemos preparado. Ya desde aquí, estoy proyectado de la mejor manera. Proyectado al futuro. *Futuro* que queremos, en un proceso efectivo, venga determinado de forma itinerante desde el pasado, desde el mejor pasado, para saber bien a dónde voy. Verme, sentirme e imaginarme en ese gran faro propuesto por mí mismo que me indica el camino de lo que seré. Este *seré* muy visualizado, tanto que lo toco y lo siento con el alma, es lo que me eyecta, lo que me lanza. Tira de mi haciendo del presente más intemporal, si cabe. Haciendo que el futuro pertenezca al presente, que ya ha tomado parte del pasado haciéndose muy amplio espacialmente. Pues de eso se trata, de hacer el presente tan grande y conectado al pasado y futuro que el momento del yo no tenga tiempo alguno, que cada momento sea intemporal y por tanto ETERNO.

3. La Ética en la nueva normalidad

- 45 -

3.1. LOS VALORES PERSONALES Y SOCIALES EN LA NUEVA NORMALIDAD

En tiempos de distanciamiento social y de *"Nueva Normalidad"*, el desarrollo de valores personales y sociales pasa por conseguir la mayor aceptación y respeto a las normas, ser respetuoso con los demás, ser tolerante, solidario y generoso, trabajar en equipo para la sociedad a la que se pertenece, asumir responsabilidades, ser exigente con uno mismo, ser perseverante, aprender de los éxitos y de los fracasos y sobre todo tener altas dosis de autodisciplina y liderazgo compartido.

El concepto de valor abarca contenidos y significados diferentes y ha sido abordado desde diversas perspectivas y teorías. Valor es lo que hace que un ser humano sea parte de la humanidad. El valor es excelencia y perfección, por eso se considera un valor decir la verdad y ser honesto. La práctica del valor desarrolla la humanidad de la persona, mientras que el contravalor lo despoja de esa cualidad e incluso lo puede corromper. Desde un punto de vista social y de trabajo, los valores son referentes, patrones o conceptualizaciones que orientan el comportamiento humano hacia la óptima transformación social y personal del ser humano. Son guías de orientación de conducta y de vida de los individuos en sociedad.

Todo valor supone la existencia de una persona que lo posee y de un sujeto que lo aprecia o descubre. Los valores no tienen existencia sino unidos a seres humanos socializados. En estos momentos de creación de una *"Nueva Normalidad"* se hacen del todo imprescindibles.

Los valores están presentes desde los inicios de la humanidad. Para el ser humano siempre han existido cosas valiosas: el bien, la verdad, la belleza, la felicidad, la virtud. Sin embargo, darles valor ha variado a través de los tiempos. Se puede valorar de acuerdo con criterios estéticos, sociales, costumbres, principios éticos o por su costo, utilidad, bienestar, placer y prestigio.

Los valores son producto de cambios y transformaciones a lo largo de la historia. Surgen con un significado y cambian o desaparecen en las distintas épocas. Nos hemos encontrado en periodo de confinamiento con valores que casi habían desaparecido de lo individual. Afortunadamente han estado presentes y han hecho más llevadero ese periodo.

Los valores no son el producto de la razón, ya que no tienen su origen y su fundamento en lo que nos muestran los sentidos. No son concretos, no se encuentran en el mundo sensible y objetivo, siendo sólo a través del pensamiento desde donde los valores se aprehenden y cobran forma y significado.

La escuela fenomenológica, desde una perspectiva idealista, considera que los valores son ideales y objetivos. En cambio, los realistas afirman que los valores son reales, valores y bienes son una misma cosa. Todos los seres tienen su propio valor. Las diversas posturas conducen a inferir dos teorías básicas acerca de los valores dependiendo de la postura del objetivismo o del subjetivismo.

La visión subjetivista considera que los valores no son reales, no valen en sí mismos, sino que son las personas quienes les otorgan un determinado valor, dependiendo del agrado o desagrado que producen. Desde esta perspectiva, los valores son subjetivos, dependen de la impresión personal del ser humano. La escuela neokantiana afirma que el valor es, ante todo, una idea. Se diferencia lo que es valioso de lo que no lo es dependiendo de las ideas o conceptos generales que comparten las personas.

Las características esenciales de los valores son:

a) Se desarrollan en condiciones muy complejas.

b) Son necesarios para producir cambios a favor del progreso.

c) Son posibles porque muchos seguimos creyendo en ellos.

d) No son ni pueden ser un simple enunciado.

Además, son:

- Independientes e inmutables: son lo que son y no cambian, como por ejemplo la justicia, la belleza, el amor.

- Absolutos: son los que no están condicionados o atados a ningún hecho social, histórico, biológico o individual. Un ejemplo puede ser los valores como la verdad o la bondad.

- Inagotables: no hay ni ha habido persona alguna que agote la nobleza, la sinceridad, la bondad, el amor. Por ejemplo, cada día de confinamiento nos preocupamos por dar lo mejor de nosotros en las ventanas y balcones.

- Objetivos y verdaderos: los valores se dan en las personas o en las cosas, independientemente que se les conozca o no. Un valor objetivo siempre será obligatorio por ser universal (para todo ser humano) y necesario para todo ser humano, como lo es la supervivencia. Las valores tienen que ser descubiertos por el ser humano y sólo así es como puede hacerlos parte de su personalidad.

- Subjetivos: los valores tienen importancia al ser apreciados por la persona, su importancia es sólo para ella, no para los demás. Cada cual los busca de acuerdo con sus intereses.

Criterios de jerarquía de los valores

1. Durabilidad: los valores se reflejan en el curso de la vida. Hay valores que son más permanentes que otros.

2. Integralidad: cada valor es una abstracción íntegra en sí mismo.

3. Aplicabilidad: los valores se aplican en las diversas situaciones de la vida según los principios y valores de la persona.

4. Flexibilidad: los valores cambian con las necesidades y experiencias de las personas.

5. Trascendencia: los valores trascienden dando sentido y significado a la vida y a la sociedad en su conjunto.

6. Dinamismo: los valores se transforman con las épocas.

7. Satisfacción: los valores generan satisfacción en las personas que los trabajan.

8. Polaridad: todo valor se presenta en sentido positivo y negativo, todo valor conlleva un contravalor.

9. Jerarquía: hay valores que son considerados superiores (dignidad, libertad) y otros como inferiores (de necesidades básicas o vitales). Las jerarquías de valores se van construyendo progresivamente a lo largo de la vida.

10. Complejidad: los valores desempeñan causas diversas, complicados juicios y decisiones.

3.2. LA TRANSMISIÓN DE VALORES EN LA NUEVA NORMALIDAD

El proceso de valoración del ser humano contiene una compleja serie de condiciones intelectuales y afectivas: toma de decisiones, estimación y actuación. Al formular metas y propósitos personales, las personas valoran preferir, estimar y elegir una cosa en lugar de otra. Las valoraciones se expresan mediante creencias, intereses, sentimientos, convicciones, actitudes, juicios de valor y acciones.

Desde el punto de vista ético, la importancia del proceso de valoración deriva de su fuerza orientadora en favor de una mayor moral del ser humano:

- Los valores son convicciones profundas de los seres humanos que determinan su manera de ser y orientan su conducta.
- Los valores involucran nuestros sentimientos y emociones.
- Los valores, las actitudes y la conducta están relacionados.
- Los valores se jerarquizan por criterios de importancia
- Los valores más importantes de la persona forman parte de su identidad, orientan sus decisiones frente a sus deseos e impulsos y fortalecen su sentido del deber ser.
- Los valores se aprenden desde la temprana infancia y cada persona les asigna un sentido propio.
- Los valores y su jerarquización pueden cambiar a lo largo de la vida.

Para vivir y alcanzar los valores:

a) Hay que conocer su Importancia:

Conciencia de los importantes que son. Una sociedad basada en individuos con valores es la llave para una convivencia más sana. Las leyes o normas no son suficientes. En ellas se establece lo elemental para asegurar una normal convivencia, pero no es suficiente con solo cumplir la ley. Los valores van mucho más allá de cumplir la normativa o el reglamento. Para vivir los valores, lo primero es ser consciente de que son vitales y que pueden cambiar verdaderamente a la persona, la familia, la sociedad y el mundo.

b) Analizar nuestro conjunto de Valores:

Analizar claramente qué valores son la base de nuestra vida: los que ya tenemos y los que queremos y tenemos que construir. También se debe hacer un esfuerzo y meditar detenidamente en cuáles son aquellos principios, normas y comportamientos que son fundamentales para ser mejor, para vivir mejor. Simplemente tratar de descubrir aquellos principios que consideramos fundamentales.

c) Valores objetivo:

Los valores concretos que se quiere alcanzar. Establecer los valores con la actividad diaria y hacer una reflexión sobre los resultados.

d) Examinarlos cada día:

Grado de cumplimiento de meta de valores, adquiridos, puestos en conducta o interiorizados. Este examen es vital para tener una identidad de sistema de valores. Analizar de manera realista como se viven e incorporan los valores a nuestra identidad personal.

e) Mantenimiento:

Lo fundamental es la constancia. Establecer prioridades y conseguir propósitos concretos. Si realmente se quieren vivir e incorporar los valores hay que analizar y plantear metas de manera ordenada y pequeñas acciones para lograrlo. Es mejor hacer una acción pequeña todos los días, que grandes acciones muy de vez en cuando. Además, hay que compartirlo con otras personas, especialmente que alguien de confianza ayude a establecer qué valores vendrían bien.

3.3. EL PROCESO DE SOCIALIZACIÓN EN LA NUEVA NORMALIDAD

Socialización hace referencia a la capacitación para desenvolverse con eficiencia en la sociedad. Las personas se socializan porque se adaptan a la dinámica de una sociedad determinada, vivir de acuerdo a unas normas, valores, preceptos y costumbres. Las sociedades aportan un orden concreto a través de la socialización. El proceso de socialización se desarrolla a lo largo de toda la vida y sólo así puede el individuo construir su identidad definiendo el papel que ocupa en el grupo en función de sus circunstancias.

Una persona apta para vivir en sociedad es aquella que ha desarrollado de forma eficiente una serie concreta de cualidades que evolucionan a lo largo de la vida:

1. Conformidad normativa. Aceptación de las normas, valores y formas de comportamiento dominantes en el medio social.
2. Identidad. Conformidad normativa en equilibrio con la propia individualidad. La persona debe conocer sus ideas y deseos y reconocerse a sí misma frente al entorno.

3. Autonomía individual. Sentimiento de identidad suficientemente sólido.
4. Solidaridad. Capaz de combinar identidad y autonomía individual con obligaciones sociales respecto a los demás. Ser solidario que armonice por completo con los propios valores y convicciones personales y siendo beneficioso para la colectividad.

Fases críticas del proceso de socialización:

1. Situación de aprendizaje: rasgos de personalidad, habilidades motrices, raza, edad, sexo, lugar de nacimiento.
2. Agentes socializadores: especialmente importantes padre y madre, amistades, ídolos, profesorado.
3. Situaciones sociales. momento y lugar de interacciones con los demás. Hogar familiar, escuela, organización de trabajo, lugar de trabajo, barrio, país.

La situación de distanciamiento social en esta "Nueva Normalidad" es una fase crítica del proceso de socialización para todos los seres humanos y más aún en los niños, insertos de forma inherente a una socialización permanente.

El ser humano nace sociable pero no socializado. Convertirle en socializado es tarea formativa. La filosofía existencial afirma que el ser humano es un ser referido a otros. Concepto de socialización es proceso mediante el cual el individuo acepta consciente o inconscientemente pautas de conducta, valores y formas de pensar más habituales en la comunidad en la que vive aprende a convivir con los demás:

- Proceso a la conversión del individuo en miembro funcional de la comunidad mediante la adquisición de la cultura que le es propia.
- Adaptación sociocultural en su medio ambiente.
- Conducta aprendida bajo el influjo y el control de la sociedad dónde vive.
- Apertura a los demás con los que ha de compartir su existencia.
- Interiorización de la mentalidad imperante a su alrededor.
- Personalización social cuando los rasgos más salientes de la personalidad moral en el contexto en el que se desenvuelve.
- Asimilación de los valores más aceptados en la sociedad.

La socialización es, por tanto, la asimilación consciente o inconsciente de las pautas costumbres y estilos conductuales en la sociedad.

En ese sentido, los valores sociales no pueden subsistir en la sociedad sin la aceptación de esos valores por los miembros de la sociedad. El proceso de aprendizaje en cuanto socialización es inseparable de los esquemas mentales, los prejuicios y los estereotipos y actitudes.

El conocimiento social está inmerso en irracionalidad, subjetividad de grupo esquemas mentales previos que oscurecen la racionalidad la intervención social. La fuerza transformacional en una sociedad plural es más compleja que en una sociedad uniforme.

La escala de valores, los prejuicios y los estereotipos, la información, las creencias, los principios éticos, la libertad y el respeto a los otros en este complicado equilibrio del comportamiento social es determinante. En una comunidad en la que prevalece el pluralismo, es más urgente y necesaria la fuerza transformacional social integradora de valores nuevos que una moralidad anquilosada.

Los valores, son entonces, esas cualidades que le dan forma a nuestra vida y son percibidas y manifestadas en forma de sentimientos y emociones. Los valores tienen, así mismo, su origen en la sociedad a la que se pertenece, valores comunes, compartidos, aceptados e interiorizados. Donde identidad, es el conjunto de creencias y valores que determinan quien soy y condiciona el sentido de mi vida.

Los valores son un aspecto capital para el liderazgo y la autodisciplina, ya que para poseer fuerza transformacional implica adquirir saberes, habilidades, comportamientos y actitudes valiosas. En todo acto de transmisión de conocimientos y de valores hay que conocer profundamente al sujeto, su historia, sus experiencias, sus capacidades, sus intereses, sus necesidades, sus motivaciones y, por tanto, su perfil de valores.

Los valores son, también definidos como fenómenos psicosociales intrapersonales conformados a partir de la interacción del sujeto con su ambiente, integrados por tres componentes: el cognitivo, el afectivo y el conductual. Los valores también actúan como autodisciplina de la conducta, anticipándose a ella, por lo que los juicios morales rigen la conducta del individuo.

En este contexto entra la moral que es construida a partir de la interacción con el medio y se define como el conjunto de comportamientos y normas que se pueden aceptar como válidos en un contexto sociocultural determinado. La ética, por su parte, es el modo de comprometer a todos en la realización de un mundo mejor.

El líder, por tanto, debe intervenir de forma directa y consciente sobre la ética y la moral de sus colaboradores. Debe realizar un cierto esfuerzo en ello. La fuerza transformacional será mejor cuanto más se pueda prescindir de imposiciones desagradables como son los castigos y cuanto más desee el sujeto la fuerza transformacional sin mayores estímulos ni recompensas. La virtud moral no se enseña, se aprende.

La fuerza transformacional exige querer formarse y supone esfuerzo y superación. Crear hábito de esfuerzo y libertad para el DEBER-SER. Transformar para la vida es hoy día, transformar para una sociedad dura, en la que la felicidad del ser humano reside en la mejor combinación de renuncia y placer.

La *"Nueva Normalidad"* nos pone una tarea difícil. Ser libres en una sociedad y en un microentorno que puede tornarse de desconfianza. Sólo desde la autodisciplina y el liderazgo compartido será posible.

3.4. LOS VALORES COMPARTIDOS ORGANIZACIONALES EN LA NUEVA NORMALIDAD

El proceso de gestión de una organización, de un equipo o de una comunidad, no es sólo un proceso de tecnología social, sino que debe estar desde el comienzo inspirado en valores. Se tiene que fundamentar en valores como la transparencia, la equidad, el desarrollo sostenible y el diálogo. Así, los fines se establecen derivados del análisis sistemático de la situación social. Estos fines tienen una carga importante de valores que coinciden con las necesidades de sus integrantes. La supervivencia institucional depende del mantenimiento de los valores y de una idiosincrasia propia (Peters y Waterman, 1982).

Los valores son ideales aceptados que van a delimitar el comportamiento y la forma de realizar el trabajo para alcanzar la excelencia. Cuando la organización o la comunidad define sus valores, supone definir la forma de orientar su actividad, sus comportamientos y sus relaciones, dentro y fuera del microcontexto.

La modernización organizativa se sustenta, por ello, en determinados valores ligados a compromisos estructurales e institucionales. Estos valores tienen la función de ayudar a la gestión de los conflictos de intereses, a la vez de influir en cambios estructurales de importancia (Garzón y Garcés, 1989).

Valores compartidos como el sentido de pertenencia, identidad, ilusión, equilibrio, implicación, motivación, coherencia, que tienden a condicionar el comportamiento del grupo, y que suelen persistir durante un largo período de tiempo, aunque se produzcan cambios en la composición de dicho grupo (Peters y Waterman, 1982).

El proceso de excelencia organizativa y comunitaria se ha de realizar bajo el paraguas de unos valores que orienten el desarrollo y concreten las distintas actuaciones: estrategias de inclusión social, alianzas con otras instituciones, organismos y comunidades, y una sociedad fuerte. Los valores se van constituyendo a través de las interacciones en el marco del proceso sociorelacional.

Hay que diferenciar, entonces, los valores propios de la colectividad y los valores que se fomentan desde instancias superiores. Existen valores producidos desde las expectativas del grupo y desde la propia dinámica organizativa, por esa confluencia de intereses, necesidades, expectativas y motivaciones.

La creación de un sistema de valores, no obstante, tarda en configurarse. Para ello, tanto en el nivel de gobierno de la organización como en el nivel técnico se tiene que realizar, no sin esfuerzo, una mirada sobre el futuro para tratar de configurarlos sobre el momento presente. Una acertada visión implica referencia de excelencia, de eficacia y de identidad de organización, con una fuerte implicación y participación de los todos sus componentes. Para autores como Peters y Waterman (1982), el conjunto de imágenes y metáforas es lo que permite la visión y lo que marca si el camino es correcto.

La construcción del significado implica la posibilidad de situar adecuadamente las cosas, los estados y las acciones en los contextos culturales de la realidad. Los significados están en la mente, pero su origen se sitúa en la cultura, lo cual asegura su negociación y, en último término, la comunicación. Así, desde ésta perspectiva, el conocimiento y la comunicación son dos procesos inseparables con un funcionamiento interdependiente: conocer es construir significados compartidos (Barceló, 2001).

La ética de la organización y de toda comunidad, se puede entender de la siguiente manera:

- El código de comportamiento, las normas y las reglas conducen a la realización de determinadas acciones
- Promueven la unión con sus miembros

- Entran en vigencia por sí solas
- Se fundamentan y acuerdan entre las partes mediando un proceso de comunicación

Tienen por objetivo limitar las consecuencias negativas del afán de lucro en decisiones de política organizativa. Ésta concepción supone que los preceptos éticos corresponden a la organización y no a la persona, y que los principios éticos en una organización pueden constituirse en preceptos éticos obligatorios para todos los miembros por igual. También, dentro de la organización y cuando se trata de acuerdos voluntarios debieran cumplirse algunos requerimientos éticos generales. Son fundamentales en una ética organizativa los aspectos siguientes:

- la transparencia en los procesos de toma de decisiones
- las normas de decisión democrática
- la argumentación racional
- la eficiencia de la utilización de recursos
- la clara orientación de los objetivos de decisión y acción

La ética de una organización se deriva de los preceptos éticos reconocidos en general. Los valores de la organización son los pilares más importantes de cualquier organización. Con ellos en realidad se define a sí misma, porque los valores de una organización son los valores de sus dirigentes y, especialmente, los de sus miembros.

Actualmente las organizaciones destacan la innovación y el medio ambiente como los valores más importantes:

- Innovación y medio ambiente son los valores corporativos más destacados

- Cultura de la personalización comparada con el trabajo en equipo que predomina a nivel internacional

- Calidad, innovación, satisfacción del cliente e integridad

- Creatividad, servicio, eficacia, rapidez, espíritu emprendedor, excelencia, desarrollo personal y ambición son valores corporativos relevantes para las organizaciones

Los valores son muy importantes para una organización porque son grandes fuerzas impulsoras del cómo hacemos nuestro trabajo:

- Permiten posicionar una cultura de la organización.
- Marcan patrones para la toma de decisiones.

- Sugieren topes máximos de cumplimiento en las metas establecidas.
- Promueven un cambio de pensamiento.
- Evitan los fracasos en la implantación de estrategias dentro de la organización.
- Se lograr una baja rotación de colaboradores.
- Se evitan conflictos entre el personal.
- Con ellos los integrantes de la organización de adaptan más fácilmente.
- Se logra el éxito en los procesos de mejora continua.

Los valores compartidos son los que deben guiar la conducta cotidiana de todos en la organización para realizar la misión, la visión y la identidad. Constituyen el cimiento de la organización y generan beneficios para las personas y organización que los aplican. Para poder establecer los valores es muy importante el trabajo en equipo y especificar:

- Los valores que tiene la organización.
- Los valores que no tiene la organización y necesita tener.
- Identificar y eliminar los antivalores de la organización.

Por ello la gran importancia de los valores compartidos:

- Con ellos es más fácil organizarse.
- Orientan la visión estratégica y aumentan el compromiso profesional.
- Son una herramienta que permite identificar, promover y legitimar el tipo de cambio organizacional, que ayudará a implementar una dirección estratégica de la organización.
- Ayuda a lograr y fortalecer el pensamiento estratégico en los líderes.
- Promueven el aprendizaje continuo y el compromiso de los miembros de la organización.

Una vez que se han definido los valores de una organización es importante entender que:

a) Forman parte de una decisión estratégica a largo plazo.

b) Son factores que definirán la manera de cómo debe vivir la organización.

c) La voluntad y perseverancia siempre serán necesarios para ponerlos en acción.

Los valores de una organización, por tanto, vienen marcados por distintas vías, en primer lugar, por la propia transformación de grupo humano, con componentes propios, endógenos, y con componentes exógenos que no dependen directamente de las acciones o virtudes de quienes lo gestionan y gobiernan, si no como consecuencia de su entorno socio laboral. El éxito en la transmisión de valores es fruto de un compromiso personal, sincero y sostenido que los líderes tienen con esos valores que tratan de implantar, unido a una extraordinaria perseverancia en la tarea de reforzar dichos valores (Peters y Waterman, 1982).

En ese sentido, un valor importante es el de crear una cultura sociorelacional sustentada en la participación activa en diversas actividades y eventos. La coherencia también es un valor fundamental. Las estrategias de los planes de desarrollo, la continuidad en la forma de gestionar, las líneas y los objetivos tienen una gran relación por coherencia y continuidad. Ésta es una de las claves de excelencia.

3.5. LA DIMENSIÓN ÉTICA DE LA AUTODISCIPLINA Y DEL LIDERAZGO

La dimensión ética de la autodisciplina y del liderazgo pasa por la mejor transmisión de valores positivos compartidos. Los valores son creencias que las personas hacen suyas de tal manera que guían el comportamiento cotidiano. Los valores son referentes de tipo ético que otorgan coherencia, credibilidad y respeto a las personas que los poseen. Los valores son a las personas como las raíces a los árboles, proporcionando estabilidad emocional y de razón y haciéndole más eficaces en su gestión integral de comportamiento.

Para la adquisición de autodisciplina y liderazgo esto es fundamental, pues deben poseer valores compartidos que rijan el comportamiento integral propio del grupo al cual influir. Se trata de transmitir por fuerza transformacional y formación, no por obligación. Un grupo humano con valores es un equipo con personalidad y con un comportamiento estable y coherente. Donde el líder no puede desprenderse de su rol personal en el ámbito profesional. Todo lo contrario, como profesional de un ámbito en donde las relaciones sociales son determinantes, la construcción de un equipo en base a unos valores apropiados es necesario. Estos valores deben ser de sentido de equipo, capacidad de esfuerzo, entusiasmo, superación personal y tendencia a la eficacia.

Así pues, quien asume la función de dirigir y liderar un equipo de trabajo, asume también la responsabilidad de facilitar y generar contextos apropiados en los que se trabaje bien, donde resulte fácil la convivencia y donde sea una oportunidad de bienestar psicosocial y de desarrollo emocional.

Desde la dimensión ética de la autodisciplina y el liderazgo hay trabajar cada día por lograr un clima socioemocional de calidad para el equipo que implica necesariamente una mayor generación de confianza mutua, de buena armonía y mejor disposición de todas las partes donde los valores sean del todo compartidos desde la asunción de mejora personal y de grupo.

Los valores, creencias y normas de conducta compartidos configuran la cultura del microcontexto social al que pertenecemos y son una parte esencial de la identidad y de la vida. Quienes dirigen el entramado cultural de un equipo de trabajo y por tanto lideran un proyecto que afecta a muchas personas, deben, necesariamente, construirlo desde una ética y comportamiento social muy consistente para desarrollar y fortalecer al grupo de personas desde ese proyecto común.

Tanto desde las redes formales como las informales, se debe crear un marco de referencia ético y de valores acordes con una sociedad que cada vez más demanda respeto y modelos de conducta tanto individual y grupal ejemplares. En esta aportación de ejemplaridad está el líder metido de lleno pues es el principal transmisor de la filosofía de la organización y de sus valores.

Los valores y norma del grupo se transmiten desde las experiencias comunes y compartidas de aprendizaje. La autoridad, prestigio moral y credibilidad del líder viene determinado, entonces, por su mayor ejemplaridad de comportamiento. La autoridad se debe ganar desde el comportamiento ejemplar cotidiano para tener y aportar respeto, reconocimiento, credibilidad y prestigio ético y moral.

La ética e integridad es absolutamente esencial al liderazgo. Integridad, ética y credibilidad fomentada en el itinerario vital de las personas. Construida en el día a día, gesto a gesto. Los colaboradores otorgaran la mayor potestad de liderazgo al líder cuando se convencen de que no les manipula, ni les explota, ni les miente. Cuando se constata de forma positiva y alta su calidad humana. En ese sentido el liderazgo es una constante búsqueda de la integridad. Los valores del líder serán los valores de la organización y del grupo. El comportamiento ético es definitivamente rentable y proporciona resultados óptimos desde la autoridad moral, la generosidad y la motivación colectiva.

El sentido ético del liderazgo compartido tiene que estar compuesto pues de responsabilidad, compromiso, sinceridad, sentido de justicia, ecuanimidad de decisiones, respeto a todos, firmeza y exigencia. Pues valor se define, también, como cualidad estructural que surge de las reacciones de un sujeto frente a las propiedades que se hallan en el objeto. Valor es la dignidad o perfección, real o ideal, que reclama la estimación y reconocimiento adecuados.

El ser humano no crea el valor, lo descubre al encontrarse con los ideales. Los valores identifican el ser ideal. En el ser humano existe siempre tensión entre el SER y el DEBER-SER. Hay que decidir constantemente en qué es lo más valioso para su DEBER-SER.

El líder es, necesariamente, el enlace entre el equipo y el resto de la organización, por lo que es fundamental que adquiera habilidades de comunicación, conocimientos sobre resolución de conflictos y llegue a tener grandes dotes de consenso. Los líderes deben favorecer aspectos que repercuten en las habilidades sociales mediante conductas que faciliten las relaciones y propiciando acciones de solidaridad y tolerancia. Las creencias, valores y expectativas personales que el líder tiene ante la vida, van a ser determinantes y van a influir en su forma de entender el trabajo y la relación con los colaboradores, los directivos y, en su caso, con los medios de comunicación.

Tanto en el apoyo social como en la conducta general del líder, se precisa por una preocupación individual por los colaboradores, por su bienestar y por un ambiente positivo para el grupo.

3.6. CONFIAR EN LOS DEMÁS EN LA NUEVA NORMALIDAD

El arte de confiar en los demás. Alianza: Madrid.
Pennebaker, J. W. (1994).

La confianza y la comunicación es la llave para la supervivencia humana después de un trauma compartido. Cuanto más se hable desinhibidamente sobre una cuestión, menos obsesionada estará con ella. Si las personas revelan con honestidad sus sentimientos sobre un tema dado, sus sentimientos son verdaderos. Confiar en los demás pasa, en muchos casos, por el acto de contar repetidamente nuestra experiencia, pues ello trae consigo una organización del hecho, así como una síntesis. En la "Nueva Normalidad" donde nos encontramos ahora mismo, debemos hablar mucho, debemos comunicarnos mucho y confiar más todavía.

La descripción del hecho gradualmente se acorta y resume, los aspectos centrales se recalcan y analizan. No hablar acerca de una experiencia inquietante es malo en sí mismo por el trabajo fisiológico de la inhibición. Es una lógica coherente ya aportada desde el enfoque de Rogers en su terapia humanista desde el proceso de terapia centrado en la persona.

El negar los sentimientos y las percepciones es negarse la persona misma. Varios estudios han encontrado que cuando las personas son castigadas por revelar sus experiencias traumáticas, su salud psicológica y física se resiente.

En cualquier tipo de relación, crear un clima de confianza lleva su tiempo. Vivir una mentira es vivir una vida de inhibición. La confesión, en ese sentido, se convierte en una fuerza psicológica muy poderosa. Cuando la gente revela dentro de un contexto determinado experiencias personales íntimas, posiblemente esté definiendo su personalidad, su yo de acuerdo con los valores del contexto. Escribir acerca de los pensamientos y sentimientos asociados a los traumas obliga a los sujetos a unir múltiples facetas de acontecimientos extraordinariamente complicados. La inteligencia y una educación clásica no garantizan a nadie una estabilidad emocional. El valor que tiene escribir y hablar de nuestros pensamientos y sentimientos estriba en reducir el trabajo de la inhibición, y en organizar nuestras complicadas vidas mentales y emocionales.

Hablar y escribir ayuda a mantener nuestra brújula emocional bien dirigida. Cuando las personas utilizan la oportunidad de confesarse y confiar en los demás sus miedos y preocupaciones, sus niveles de estrés decrecen.

- 60 -

4. El liderazgo compartido. Proyecto de nueva normalidad

4.1. CONOCIMIENTO COMPARTIDO Y LIDERAZGO

El concepto de liderazgo compartido, como poder en la *"Nueva Normalidad"*, consiste en explotar y desbloquear el potencial de la persona para maximizar su trabajo. En este sentido, el liderazgo compartido, consiste sobre todo en ayudar a asimilar más que en liderar. El liderazgo compartido aplicado a los equipos de trabajo, se concibe como una herramienta de formación, motivación y perfeccionamiento de las habilidades grupales tratando de compatibilizar todos los intereses, necesidades, expectativas y motivaciones individuales con los objetivos y necesidades del grupo como organización.

Los cambios generativos y regenerativos en el ámbito de trabajo requieren procesos de liderazgo compartido establecidos de forma especializada. Se prestan y solicitan tanto por el alcance de objetivos específicos de tarea, como por aplicar estrategias que solucionen problemas personales.

El término inglés *"Líder"* tiene su origen en dos acepciones: significa *"entrenar"* literal de *"to líder"* y también *"coche"* y *"carruaje"*. Un *"líder"* es literalmente un vehículo que lleva a una persona o a un grupo de personas de un origen a un destino deseado. El liderazgo compartido tiene que ser un proceso de ayuda y asesoramiento a una persona o equipo de personas para generar cambio en sus capacidades y rendimiento. Se trata de facilitar, en dicho proceso de cambio iniciado, las herramientas y los aportes necesarios para que el sujeto o grupo de sujetos supere las diversas barreras y limitaciones que tienen de forma inherente todo ser humano en sociedad.

El liderazgo compartido requiere de la condición previa de la toma de decisión de querer realizar el proceso, de la toma de conciencia de donde se está, así como de un establecimiento mínimo del objetivo deseado o lugar a donde se quiere llegar. El liderazgo compartido demanda tanto realizar énfasis en la tarea como de atención en la base de las relaciones interpersonales.

El liderazgo compartido es más que una herramienta, es una filosofía que ayuda a entender y entendernos, a conocer y conocernos. Nos posibilita el tener claro nuestros retos y objetivos y así comprometernos y motivarnos para conseguirlos de la mejor manera, tanto en el contenido como en la forma.

La importancia del liderazgo compartido radica, en gran parte, en la relación de valoración, respeto y confianza total que se da entre el líder y el sujeto en proceso de cambio. Sin límites de todo lo que interesa o preocupa en su tiempo y espacio de transformación.

El liderazgo compartido implica, entonces, valorar las competencias individuales de cada componente del equipo integrándolas en un desarrollo armónico para que la mejor y mayor consecución de objetivos y ejecuciones del equipo.

Aspectos claves que se emergen de la definición de liderazgo compartido son:

- Promover el descubrimiento
- Ofrecer ayuda objetiva y no directiva
- Estimular la comunicación
- Persuadir, inspirar más que orientación
- Delegar responsabilidades y tareas
- Transmitir conocimientos y habilidades

El liderazgo compartido, es entonces, un proceso de mejora en la acción, mediante un acompañamiento, con un compromiso mutuo entre líder y participante, para desarrollar las competencias y solucionar situaciones. Se trata de mejorar la eficacia en los resultados, la motivación y satisfacción personal propia y de los colaboradores y hacer confluir las metas individuales en el proyecto común de la organización.

El llamado acompañamiento es la solicitud de apoyo y la decisión de afrontar un proceso de transformación personal y nace del individuo, o de la organización con el consentimiento de éste. La primera acción en el acompañamiento es, principalmente, a través de la entrevista y la expresión de lo que se quiere para que el participante desarrolle a posteriori las competencias propias. El Líder no resuelve los problemas, sino que impulsa a las personas a resolver los problemas por sí mismas. El objetivo es el desarrollo de las competencias personales, así como el éxito en el desempeño de las nuevas situaciones profesionales. El Liderazgo compartido está más orientado al futuro que al pasado, a la acción más que al análisis.

La información obtenida del participante, a lo largo del proceso, será tratada confidencialmente de mutuo acuerdo entre participante y líder. El participante decide qué información confidencial se transmite a la empresa, si fuere necesario.

A partir de los objetivos y las competencias estratégicas del equipo, se establecen las competencias personales, técnicas y de liderazgo necesarias para el éxito del colaborador que va a participar en el proceso de cambio.

Los objetivos de la entrevista primera son, establecer una relación de confianza, no amenazante, marcar la confidencialidad del contenido de las sesiones, definir la situación actual, toma de conciencia, análisis y comprensión del contexto, así como comprobar si el participante está de acuerdo con los objetivos del liderazgo compartido, determinados por la dirección y entendidos por el líder. Finalmente, se obtiene compromiso para alcanzar la mejora.

En la primera sesión de liderazgo compartido se realiza el diagnóstico y se establecen unos objetivos básicos primeros: que el participante evalúe los niveles competenciales de entrada y los previsibles al finalizar; que evalúe sus recursos para afrontar con éxito los objetivos propuestos y el procedimiento a seguir; que se establezca un plan de acción específico para el desarrollo de esas competencias y establecer marcos temporales. Por último, hay que desbloquear y tomar decisiones.

En segunda y sucesivas sesiones de proceso de cambio, los objetivos versaran sobre la toma de conciencia de las conductas actuales y consecuencias, revisión del plan de acción, formulación de preguntas para descubrir las creencias limitantes, las emociones, así como en superar resistencias planificando acciones concretas. La conclusión de estas entrevistas y dinámicas procesual termina con la aportación de herramientas y valoración de mediciones del progreso para asegurarnos de que los cambios son reales y duraderos. Generar, si hace falta, un nuevo plan de acción.

Una premisa importante es tener en cuenta que el liderazgo compartido abarca la ética, los valores, los significados, la racionalidad, la toma de decisiones en situación de conflicto. En definitiva, toda una complejidad de la vida humana que debe referenciarse necesariamente con una mirada a la filosofía.

Desde el liderazgo compartido, nuestros colaboradores, necesitan sobre todo diálogo más que un diagnóstico. Que es determinante comprender nuestra propia filosofía para ayudarnos a resolver y abordar muchos problemas. Evaluar las ideas que sostenemos para modelar un punto de vista que nos favorezca un cambio de creencias limitantes.

Actuar, por tanto, como un guía para sacar a la superficie las ideas propias y sugerir otras nuevas. Un acto donde emergen y se generan ideas y proyectos compartidos. Un acto donde se ayuda a las personas a comprender con qué clase de problema se enfrentan y, mediante el diálogo, desenmarañar todas las implicaciones.

Tratarlo con un enfoque filosófico y vital compatible con su propio sistema de creencias y a la vez generando una nueva sabiduría que contribuya a una vida más exitosa y sana. Así como explorar cuestiones relacionadas con los valores, significado y ética de la vida.

El objeto de la intervención del líder, en un principio, es el diálogo, el intercambio de ideas en sí mismo, lo que resulta facilitador del mejor cambio. Se trata de realizar un viaje tan ligero de equipaje como sea posible, donde lo primero y fundamental es conocerse a sí mismo, poner énfasis en los detalles y ser conscientes de nuestra circunstancia más inmediata.

Como decía Sócrates, *"una vida sin reflexión no merece ser vivida"*. Defiende el filósofo una apreciación constante y esforzada para mejorarse a uno mismo continua e infinitamente. Proyectándose, que diría Heidegger, porque, ya que estamos ahí, lanzados, hay que preparar ese futuro inmediato y mediato. Descubrir la esencia más íntima de nuestro ser. Hacerse la pregunta más básica y metacognitiva de todas: *"¿Quién soy yo?"*.

Un buen líder ha de saber escuchar, empatizar, comprender lo que está diciendo la persona a la que se acompaña en el proceso de cambio. Debe tratar de generar nuevos puntos de vista y de que prevalezcan soluciones y esperanza. El liderazgo compartido es una manera de llegar a un acuerdo compartido sobre el problema en sí. Es un arte, más que una ciencia y siempre diferente para cada individuo.

Las condiciones sociales están estrechamente relacionadas con el modelo de sistema de trabajo e implican una determinada cultura sociocultural, algo básico pues adaptamos y contextualizamos debidamente nuestras referencias de gestión al territorio y condiciones socioculturales. Sistemas complejos multi-interactivos, núcleos de calidad donde las claves son la posibilidad de recursos, la suficiente dedicación, el apoyo técnico y científico adecuado y la estabilidad afectiva y perspectiva de futuro del sujeto en proceso de cambio.

El rendimiento viene, entonces, determinado por al ámbito personal, el ámbito de trabajo y por el entorno socio-ambiental. En el entorno socio-ambiental en donde pueden generarse entornos favorables por la creación intencionada de núcleos favorables dentro de una sociedad y ambiente de calidad.

Por su parte, el contexto social es uno de los aspectos más significativos en la formación eficaz. La excelencia viene determinada por un amplio abanico multifactorial donde los aspectos psicológicos, comportamentales y sociales son primordiales y cada vez tienen más influencia.

La necesidad de un conocimiento específico sobre el contexto es, pues, determinante para poder aportar un ambiente de excelencia. La premisa de un entorno de desarrollo del talento es que tenga una visión, propósito e identidad a largo plazo.

Las organizaciones como entidades culturales y simbólicas producen sus significados a través de su dimensión estructural, su ámbito cognitivo y su red asociativa.

La buena estructura organizativa puede proporcionar una amplia gama de oportunidades por la variedad de grupos de poder en la *"Nueva Normalidad"*. La forma de estructurar el poder en esta nueva situación social, define un clima motivacional contextual. Estos entornos que enfatizan el proceso de aprendizaje, la participación, el dominio de la tarea y la resolución de problemas tienden a fomentar la aparición de una orientación a la tarea. En los entornos de logro, los objetivos de logro gobiernan las creencias y guían de forma consecuente nuestro comportamiento.

Se trata entonces de posibilitar la creación de las condiciones sociales necesarias en riqueza y capacidad del contexto social para generar igualdad de oportunidades y posibilidades sociales en todos los niveles del entorno de trabajo, a través de una gestión excelente que neutralice variables condicionales negativas de estructura familiar y comunitaria.

Debemos procurar la capacidad para seleccionar los contextos donde podamos sobresalir y moldear el ambiente para adaptarlo a nuestras necesidades ya que esto es lo que se denomina como inteligencia contextual. Se requieren ciertas condiciones del ambiente para realizar una labor integral:

- Visión y objetivo a largo plazo.
- Proporcionar un refuerzo coherente.
- Metodología sistémica
- Trabajo específico del éxito y el fracaso.

- Ajustar expectativas, motivaciones, necesidades e intereses.
- Potenciar la responsabilidad y autonomía personal.
- Sistemas flexibles de poder en la *"Nueva Normalidad"*.
- Ajuste de objetivos de resultado.
- Valoración individualizada del progreso.

4.2. LIDERAZGO COMPARTIDO Y PRINCIPIOS DE PENSAMIENTO SISTÉMICO

El Liderazgo compartido busca virtudes más que aptitudes profesionales. El líder, entonces, detecta barreras que hay que tirar y sueños que pueden convertirse en realidad. El secreto está en descubrir el potencial oculto de las personas en proceso de cambio para hacerlo aflorar.

Es necesario ir directo a la búsqueda de soluciones, indagar en los sueños, preocupaciones o dudas que puedan tener. El principal objetivo es diluir barreras que impiden a ese sujeto dar la mejor versión de sí mismo y aumentar la motivación para ganar en gestión y rentabilidad sociolaboral.

El líder no enseña, no da consejos, no ejerce influencias, ni da reprimendas. Se limita a acompañar para buscar el mejor camino. Aflorar en las personas en proceso de cambio, habilidades que ni ellos mismos conocían. Conseguir que el otro saque la mejor versión de sí mismo. Conducir a alguien desde el lugar en el que está hacia el que desea estar. Ayudar a marcar metas, objetivos y acciones concretas.

- El líder es un espejo que devuelve observaciones de uno mismo y enfoca aspectos diferentes que nosotros desconocemos.
- El líder ayuda a despertar la conexión con su alma.

El liderazgo compartido conecta con nuestros valores y fortalezas para ser quienes realmente queremos ser y conseguir lo que realmente anhelamos. ¿Qué habilidades, entonces, ha de tener un líder?:

- escucha activa de lo que la otra persona dice y no dice
- preguntas poderosas, que lleven a ese individuo a la autoconciencia y la exploración
- capacidad de ayudar al cliente a definir metas, objetivos y acciones concretas
- paciencia para mantener el silencio, pues ahí también ocurren muchas cosas

El líder escucha para descubrir qué quiere el colaborador, cuáles son sus sueños y mejores aptitudes para sacar así a la luz lo mejor de sí mismo. El líder no tiene por qué conocer ni ser un experto en la profesión de la persona a la que acompaña en este viaje, es más, cuantos menos conocimientos tengamos sobre su trabajo, más posibilidades hay, en muchos casos, de alcanzar las metas deseadas.

Todo proceso es un continuo de influencia mutua. Cada acción tiene su causa y su efecto y los efectos inciden a su vez en todo el sistema. Unas veces ocurren los efectos deseados, aunque al mismo tiempo eso mismo puede causar consecuencias no deseadas en otra parte del sistema.

Todo sistema es la misma cosa y no se puede dividir. Para poner en marcha soluciones eficaces deben tenerse en cuenta todas las partes del organismo. Causa, efecto, tiempo, espacio. Así, causa y efecto se hacen intemporales en el espacio. El síntoma de un problema no es el problema y, por ello, no hay que resolver pues la consecuencia, sino el origen. Además, las consecuencias de un problema no siempre se producen de forma automática, sino que pueden tardar en aparecer olvidándose, a veces, de dónde proceden.

No se puede obtener todo al mismo tiempo. Hace falta tiempo para efectuar cambios sobre el problema y ese tiempo hay que buscarlo para diseñar el plan de acción. Las soluciones fáciles no son soluciones. Es más fácil acometer cambios en las estructuras que en las actitudes y creencias de la gente, pero son éstas las tenemos que cambiar y las que producen mayores efectos. Los cambios del pensamiento sistémico son:

1) Pensar en el todo más que en las partes
2) Pensar más en las relaciones que en los objetos
3) Pensar más en las redes que en las jerarquías
4) Pensar más en círculos que en líneas
5) Pensar más en procesos que en estructuras
6) Pensar más en organismos que en mecanismos
7) Pensar más en el conocimiento contextual que en el objetivo
8) Pensar más en descripciones aproximadas que en verdades
9) Pensar más en la cooperación que en el control

Donde el decálogo de presuposiciones de Liderazgo compartido integral es (PNL):

1. El Mapa se conforma por el sistema representacional sensorial (VAK)
2. El Mapa NO es el territorio y se mejora por experiencia y formación

3. La persona tiene necesariamente una relación sistémica con su entorno. Sistema complejo de relaciones
4. La forma de comunicación es tan importante como el contenido
5. No es posible la NO comunicarse
6. La calidad de comunicación se mide por el resultado final
7. La responsabilidad de la comunicación es de quien comunica
8. Todo comportamiento tiene una intención positiva
9. Tenemos los recursos necesarios para generar el cambio
10. La conducta puede modelarse, bien de forma integral o de forma segmentada

Y donde la relación con la persona en proceso de cambio se basa en sinceridad y confianza, tanto de pensamiento como de sentimientos, en respeto y aceptación, en empatía y lectura de mapa de la persona (rapport) y ajustando las expectativas. Relación de compromiso. Contrato implícito y explícito. Definiendo el tiempo de asesoramiento. Saber qué quiere el colaborador: metas y objetivos, creencias y valores, identidad y comportamiento.

Esquema básico de una sesión de Liderazgo compartido:

1. Rapport
2. Metas y objetivos
3. Valores
4. Creencias
5. Preguntas
6. Modelos: representación simplificada de la realidad que busca facilitar la comprensión y el aprendizaje
7. Recursos
8. Tareas, acuerdos y compromisos

El trabajo del líder consiste en crear y mantener un espacio donde poder mostrar lo mejor del colaborador y de uno mismo. El mayor regalo que se puede dar a otro es la calidad de tu atención. El valor de las preguntas será clave y su calidad determinan la validez de las respuestas.

Es necesario enfocar el poder de la respuesta hacia lo positivo mediante la pregunta adecuada. Si se hacen preguntas formuladas en positivo, se obtienen respuestas más útiles y adecuadas. Así como realizar continuos feedback. Lo útil es preguntarse *"qué puedo hacer para cambiar y mejorar mi situación"* más que *"por qué me ha ocurrido esto a mí"*, aportando de esta manera un grado mayor de responsabilidad de la persona a sobre su proceso de desarrollo.

Empatía y cualidades para potenciar la relación Líder-Colaborador:

- Permitir y procurar flexibilidad de respuesta.
- Es importante generar expectativas de encuentros y situaciones favorables.
- Hay que realizar múltiples enfoques y perspectivas de las situaciones.
- Posibilitar en el colaborador alta tolerancia de ideas, opiniones y valores.
- Necesaria la capacidad de asimilación y adaptación ante conflictos personales y situaciones estresantes o de tensión.
- Generar y hacer emerger confianza en sí mismo, autoestima y autocontrol.
- Tener óptima capacidad de lenguaje verbal y no verbal
- Facilidad para establecer contacto visual.
- Dominio amplio de la expresividad del cuerpo
- Dominio de las variaciones del tono, volumen, etc. de la voz.
- Capacidad de síntesis en el diálogo. Ser preciso y exacto en las preguntas. Saber responder con precisión y exactitud.
- Expresarse en positivo y con sentido constructivo.

4.3. IMPORTANCIA Y NECESIDAD DEL LIDERAZGO COMPARTIDO EN LA NUEVA NORMALIDAD.

Sócrates declaró: *"una vida sin reflexión no merece ser vivida"*. Y, con ello, abogaba por una evaluación constante y esforzada para mejorarse uno mismo de forma continua e infinita. Descubrir la esencia más íntima de nuestro ser. Hacerse la pregunta más básica y metacognitiva de todas: *"¿Quién soy yo?" "¿Qué me hace ser yo?"*. Y yo me conoceré más y mejor a mí mismo en función de los demás, en relación con los demás. En realizar un autoconocimiento compartido, liderazgo compartido.

Una premisa importante es tener en cuenta que el liderazgo compartido abarca la ética, los valores, los significados, la racionalidad, la toma de decisiones en situación de conflicto, en suma, toda una complejidad de la vida humana que debe referenciarse necesariamente con una mirada a la filosofía.

Actuar, por tanto, como un guía para sacar a la superficie las ideas propias y sugerir otras nuevas. Un acto donde emergen y se generan ideas y proyectos compartidos. Un acto donde se ayuda a las personas a comprender con qué clase de problema se enfrentan y, mediante el diálogo, desenmarañar todas las implicaciones. Tratarlo con un enfoque filosófico y vital compatible con su propio sistema de creencias y a la vez generando una nueva sabiduría que contribuya a una vida más exitosa y sana. Así como explorar cuestiones relacionadas con los valores, significado y ética de la vida.

Al fin y al cabo, el objeto del *"asesoramiento"* del líder es el presente y mirada al futuro, más que al pasado. Es el diálogo, el intercambio de ideas en sí mismo, lo que resulta facilitador del mejor cambio.

El liderazgo compartido es pues, una manera de estudiar y llegar a un acuerdo compartido sobre el problema en sí. Es un arte más que una ciencia y, siempre, es diferente para cada individuo.

Sistema complejo de relaciones. Modelo ecológico de Bronfenbrenner.

Uno de los parámetros más significativos para que un equipo sea de éxito en el alto rendimiento es que esté integrado en un contexto social excelente. Ello condiciona positivamente el que la sociedad perteneciente a ese contexto tenga una autoestima colectiva y sociopsicológica elevada que unida a un microcontexto de excelencia generado por un liderazgo transformador e inspirador generan un proyecto colectivo muy consistente y de calidad. Todo está conectado y ello tiene que ver con la concepción sistémica, con abrir la mirada y el foco. Con generar una autoestima macro y micro de confianza desde la psicología colectiva.

El desarrollo se facilita a través de la interacción con personas que ocupan una variedad de roles y a través de la participación en un repertorio de relaciones que se amplía constantemente y que hace formar una identidad más compleja.

Los sistemas socio relacionales son sistemas complejos de interacción que actúan como modeladores de las conductas de asimilación y adaptación del sujeto. Lo que cuenta para la conducta y el desarrollo es cómo se percibe el ambiente más que la realidad objetiva: *"si queremos cambiar la conducta, debemos cambiar los ambientes"*.

Para Bronfenbrenner (1987), *"el desarrollo de la persona se ve afectado profundamente por hechos que ocurren en entornos en los que la persona ni siquiera está presente"*. Por ello, nos propone el modelo ecológico como medio para la detección de una variedad amplia de factores que influyen en el desarrollo de las personas. Bronfenbrenner hace hincapié en el análisis de los entornos o contextos en los que se produce el desarrollo del ser humano como determinante del mismo.

Lo sistémico es clave y, también, un proyecto compartido de alto rendimiento. Crear un proyecto compartido desde un liderazgo inspirador y efectivo.

El estado de "*Yecto*" de Martin Heidegger

El concepto de proyecto viene semánticamente de la unión de la palabra *yecto* y el prefijo pro. Según el filósofo Heidegger, *yecto* es lo que ocurre, lo que existe ahí afuera. El "*estado de yecto*" es, según el autor, estar "*arrojado al mundo*". Por lo tanto, pro-*yecto* es estar en favor de ese estado, proyectar es entonces preparar mi existencia.

Si no proyecto, sólo tendré ocurrencias. Realizando una analogía con los recorridos de viajes, viajar es tener ocurrencias y dar la vuelta al mundo es realizar un proyecto compartido de alto rendimiento. Proyecto, pues, es donde hay intención, necesidad, compromiso, compartición, entrega, voluntad. Preparar a un equipo para un campeonato es un gran viaje, un proyecto compartido que requiere el mayor rendimiento.

De faros, brújulas y mapas. Sueños, gestión emocional, experiencia y formación

Faro, brújula y mapa son los tres elementos centrales en nuestro paradigma del liderazgo compartido. Son las tres metáforas fundamentales con las que explicar la importancia y necesidad de los objetivos, la gestión emocional y la experiencia-formación que traemos en nuestra mochila de vida.

El faro significa en su mayor grado el sueño, el gran sueño de niños o adolescentes o los diversos sueños que hemos ido adquiriendo con el tiempo. Son los retos grandes o pequeños. Son, entonces y para poder ser realizados con mayor probabilidad, los objetivos más o menos específicos y más o menos realizables. Son los objetivos a largo plazo o de plazo medio o corto.

Son, en definitiva, todo lo que nos proponemos en la vida y queremos que sea conseguido.

La brújula, por su parte, es la gran metáfora de la gestión emocional, de la gestión emocional intrapersonal, la nuestra, la que tenemos que realizar con nosotros mismos, y también, es la gestión emocional interpersonal, la que tenemos que realizar hacía los demás, la gestión de las emociones en cuanto a que tenemos cierto, o bastante, liderazgo con otros. Es una necesidad de brújula compartida y responsable pues significa el primer elemento y condición para que se dé una relación de confianza y de compromiso mutuo.

La brújula nos indica nuestro norte y el norte de nuestro equipo de trabajo. La brújula derivará más tarde en lo que hemos denominado la roseta de los vientos del liderazgo compartido. Una brújula que está formada por los factores de inteligencia emocional propuestos por Gardner y Goleman y que son el autoconocimiento, la automotivación y el autocontrol en cuanto a la inteligencia intrapersonal, y la empatía y habilidades sociales en cuanto a la inteligencia interpersonal.

Éstos factores se subdividen a su ven en variables significativas que son acciones y dinámicas concretas de actuación del ser humano en proceso de maduración emocional. Dicha necesidad de maduración emocional se requerirá, bien por cuestión evolutiva y de desarrollo o bien por necesidades de cambios de ciclo de vida derivados de la salida de una crisis o de la entrada en una *"Nueva Normalidad"*. En muchos casos y, si se une a pandemias con obligaciones de distanciamiento social, con toda seguridad será unión de salida de crisis y de entrada en *"Nueva Normalidad"*.

Por su parte, el mapa es la gran metáfora de nuestro bagaje vital, de lo que hemos realizado desde nuestro nacimiento hasta el día de hoy en cuanto a experiencia de vida y formación-aprendizaje. El mapa es la lectura que hacemos de la realidad, la interpretación que realizamos de ella, de nuestra entorno inmediato y mediato, precisamente, desde esa visión que nos va a proporcionar la unión de experiencia y formación.

Desde la programación neurolingüística, se aporta la analogía también del mapa, en cuanto a su relación con el territorio. Nuestro mapa (mental) nunca es el territorio donde nos encontramos. Nuestro mapa representa una parte de ese territorio tanto en cantidad con en concreción de detalles. Nuestro mapa, además, es distinto al mapa del resto de las personas que nos rodean, y por ello, entre otras cosas, deberemos tener la mayor empatía y asertividad para interaccionar de la mejor manera. Nuestro mapa es nuestro entendimiento de la realidad y no hay que pretender imponerlo, sino facilitar su explicación enseñándolo y mostrando con empatía y afecto nuestros recorridos. En el caso de sujetos en desarrollo con menor líneas en el mapa que nosotros, más aun, hay que esforzarse en ayudarles a que generar líneas en su mapa, con acercamiento, saber estar, y eficacia desde el respeto y el amor.

La vinculación efectiva de mapa, faro y brújula propician una mayor posibilidad de consecución de resultados y objetivos. Siguiendo este símil, nada mejor que alinear de la mejor manera nuestra misión con nuestros sueños y objetivos, enlazados para potenciar la relación desde los valores, desde nuestra actitud y gestión emocional.

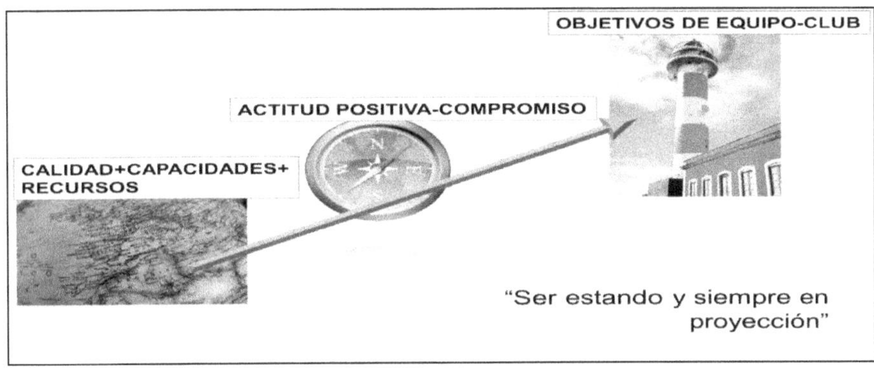

Se trata de colocar ordenadamente calidad, capacidades y recursos, con el compromiso generado y emergido, hacia el gran objetivo del equipo. Se crea con ello un proyecto procesado o proceso proyectado. Es un liderazgo compartido procesual. Donde no serán tan importantes ni el líder, ni el equipo, sino el propio proyecto. Proyecto estratégico y táctico con compromiso implícito y explícito. Con esfuerzo y entrega de todos los componentes, donde la decisión y confianza mutua son valores necesarios teniendo el compromiso de sustento como deber compartido.

Y para que ello eche a andar y se pueda llevar a cabo con las mayores probabilidades de éxito, hace falta un *propietario* del proceso, donde la funcionalidad será más importante que la estructuralidad. Importancia mayor de las interrelaciones, emocionalidades que el organigrama y la posición jerárquica.

Un buen liderazgo que, unido al equipo desde los valores compartidos, eyecten dicho proyecto. Valores compartidos de generosidad, sentido de equipo, trabajo colaborativo, cooperación y cohesión. Se trata de potenciar un proceso sistémico, sistemático, continuo, progresivo, ascendente, virtuoso y positivo. Unir futuro, presente y pasado en un continuo atemporal que lleve el trabajo deliberado del equipo a un estado eterno de fluidez hasta conseguir su gran objetivo.

Y es en este preciso momento donde entra en juego la metáfora del globo aerostático en movimiento que tiene que ser pilotada con la mayor precisión y pericia sabiendo que es el viento el que te lleva. Ese viento que es análogo al entorno social, cultural, económico, laboral y familiar de *"Nueva Normalidad"*. Entorno de distanciamiento social obligado y necesario. Ojalá que, aceptado y reconocido como propio y bueno dentro de nuestra conducta de autodisciplina deliberada. Entorno no siempre a favor por lo que hay que aprovechar las corrientes térmicas positivas y realizar el mejor pilotaje con perseverancia, paciencia, templanza y decisión.

4.4. EL VIAJE DEL HÉROE. EL PROCESO DE CONVERTIRSE EN MEJOR PERSONA. METÁFORAS, ECUACIÓN, LEY Y FÓRMULA.

Este itinerario en globo aerostático en el que el viento nos lleva inevitablemente tiene mucha similitud con el viaje del héroe de Gilligan y Dilts plasmado en su libro *"Un camino de autodescubrimiento"*. Si bien, nos lleva el viento inevitablemente, pues en un globo aerostático somos *"pasajeros del viento"*, pero que con cierta y segura destreza en el pilotaje sobre los pocos parámetros en los que podemos incidir en un globo (altura, rotación, inflado), unido a mucha persistencia en el tiempo y el espacio (cogiendo térmicas), podremos ir aproximándonos a nuestro destino.

Los pasos del viaje del héroe de Gilligan y Dilts son:

1. La llamada
2. El rechazo de la llamada
3. Cruzar el umbral
4. Encontrar los guardianes
5. Afrontar y transformar tus demonios
6. Desarrollar el ser interno y nuestros recursos
7. La transformación
8. La vuelta a casa

1. La llamada: por un reto, por una crisis, por una visión o por alguien necesitado. Por sufrimiento o de inspiración y alegría. Situaciones. Personas. Partes de ti. Negativas. Que te atormentan. Identifica desafíos. ¿Qué te hace feliz? ¿qué te hace infeliz?

2. El rechazo de la llamada: se rechaza de principio porque es difícil, no se quiere.

3. Cruzar el umbral: responder a la llamada y comprometerte. Hay incertidumbre, pero hay que hacerlo. Es un reto crucial del viaje del héroe. Toma de conciencia. Objetivos concretos. Salir de zona de confort.

4. Encontrar los guardianes: distinguir entre héroe y campeón. Héroe es una persona normal al que la vida llama a una circunstancia extraordinaria. Campeón es el que impone el propio mapa del mundo a los demás. El campeón trata de dominar o destruir todo lo que es diferente a su ideal del ego. Personas. Símbolos. Naturaleza. Lo que te inspire coraje, confianza, creatividad, conexión, determinación. Los guardianes son personas concretas: amigos, mentores, etc.

5. Afrontar y transformar tus demonios: lo que trata de bloquear tu viaje. El héroe busca la transformación de su relación con los demonios (adicción, depresión, etc.). El héroe se transforma a sí mismo y el campo relacional más amplio en el que vive. Es un viaje compartido. Búsqueda de recursos. Acción.

6. Desarrollar un ser interno: siempre transformación de uno mismo. Aprendizaje consciente.

7. La transformación: generar nuevos recursos para responder a los retos y afrontarlos con éxito. Éxito en tu viaje. Competencia inconsciente.

8. La vuelta a casa: compartir con los demás lo que has vivido. Pues el viaje (la transformación) se hace tanto para uno mismo, como para

los demás. Los héroes suelen convertirse en líderes transformacionales.

Un buen líder tiene claro que el viaje es el de su equipo, no el suyo. Nuestro trabajo no debe ser, por tanto, ser el héroe del viaje, sino el piloto que gestiona talentos. En el viaje del héroe el objetivo no es derrotar el sentimiento difícil o la energía negativa, se trata de humanizarlos siendo uno mismo más humano. El mayor regalo que se puede dar a otra persona es la calidad de nuestra atención, viviendo y haciendo vivir la vida como una gran aventura.

La ecuación de la felicidad

Y en este punto hay que añadir la Ecuación de la felicidad generada por la Universidad College de Londres (UCL), basada en la mejor vinculación de expectativas y recompensas. Expectativas propuestas de la mejor manera con una alienación apropiada y ajustada de objetivo + gestión emocional + formación/experiencia, de tal modo que existan mayores probabilidades de consecución de esas expectativas.

Las recompensas irán alcanzándose en formato logro y en formato vivencia, análogo a las teorías sobre la motivación donde se aporta la motivación al logro y la motivación a la tarea.

"Cuando es tan importante el camino como llegar a tu destino".

La felicidad, en ese sentido, no es destino, sino recorrido, camino que se va haciendo, es la senda de la vida. No se trata de la búsqueda de la felicidad, sino de ser felices para poder realizar búsquedas en mejores condiciones. Para poder crear en nuestra cotidianidad un circuito virtuoso, positivo y eficiente de generación de felicidad plena al vincular constantemente nuestras expectativas con las recompensas en forma de logros y vivencias. Vivenciar continuamente y sentir dicha vinculación.

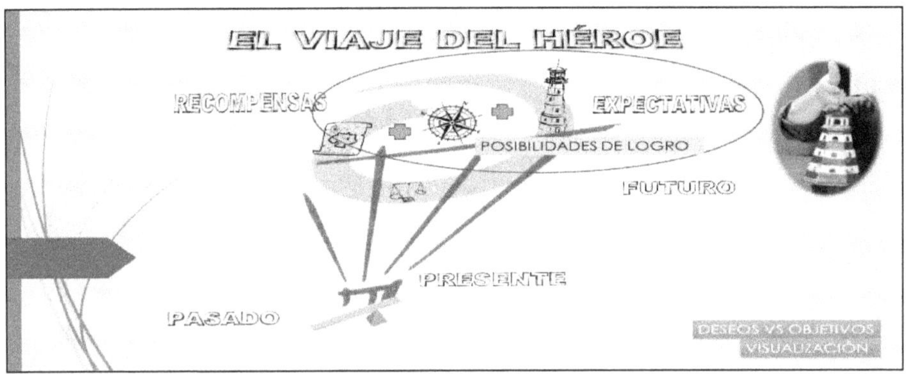

Logros y vivencias. La arena del desierto vs barro. Legado auténtico vs legado nocivo. De esta manera se genera un flujo continuo, dinámico, armonioso de generarse expectativas recompensado en la identidad del sujeto en logros y vivencias. Vivencias que serán muy buenas y positivas, y vivencias que pueden ser negativas en principio, casi tormentas de arena, pero que deben interiorizarse positivamente como aprendizaje continuo.

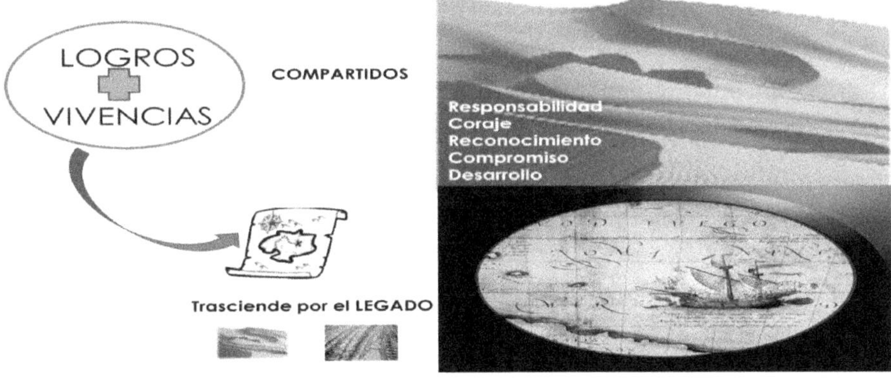

Finalmente, los logros y vivencias quedan insertados en nuestro mapa mental donde se unen formación y experiencia y que trascenderá a través de nuestro legado. Legado en vida en forma de referencia a los otros. Y legado trascendental una vez concluida nuestra presencia en la vida. Legado que seguirá en esencia presencial por recuerdo y aportación: arena del desierto. Arena del desierto muy fina símbolo de la esencia del viaje, del trayecto recorrido, muestra de lo que se ha sentido y vivido, de lo que te ha transmitido el entorno y la gente.

La roseta de los vientos del liderazgo compartido

Y en este punto es donde cobra mayor sentido la brújula, que se agranda para convertirse en Roseta de los Vientos del liderazgo compartido desde la mejor aplicación de la gestión emocional.

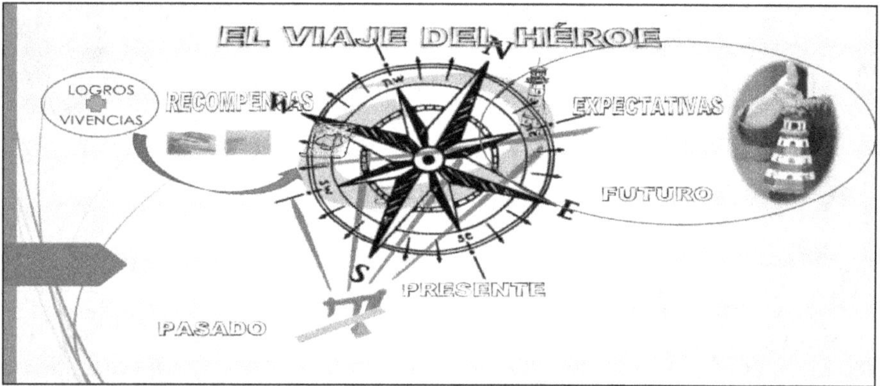

La gestión emocional se convierte en el modelo de viaje del héroe en multifactorial al generarse subfactores y acciones específicas de los cinco grandes factores de la inteligencia emocional. De esta manera tenemos:

1. Autoconocimiento
2. Autocontrol
3. Automotivación
4. Liderazgo
5. Conocimiento de los demás

Se convierten en diversas variables y acciones que pueden asegurar una mayor concreción en la adquisición de inteligencia basada en las emociones.

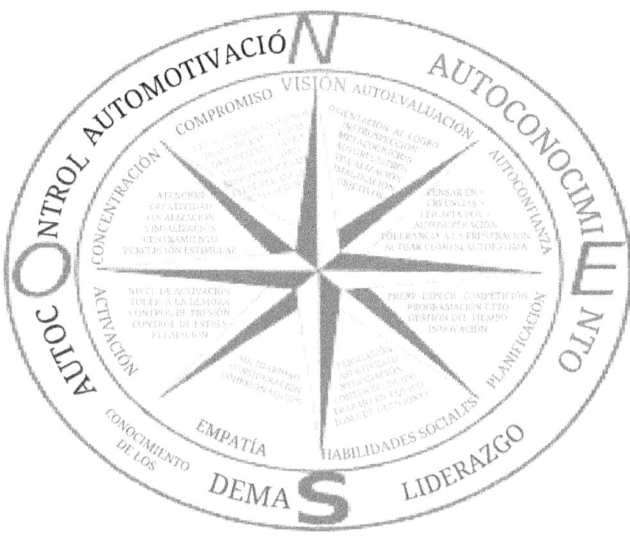

Por su parte, la programación neurolingüística (PNL) nos va a proporcionar un patrón interesante para la maduración integral del individuo uniendo pensamiento-lenguaje-acción. Relacionando los tres factores para que las creencias y evidencias se potencien y generen una mayor inteligencia emocional y por ende mayor autodisciplina y posibilitación de mayor adaptación a la "*Nueva Normalidad*".

El líder debe detectar las barreras que impiden el proceso de crecimiento de sus colaboradores y descubrir su potencial, focalizando la atención y el trabajo en las creencias potenciadoras y en la eliminación de las creencias limitantes.

Desde el trabajo grupal y dinámicas de equipo debe tenderse a conseguir un proyecto colectivo con el mayor clima de confianza. Donde los factores de claridad y aceptación deben ser paradigmas para que la definición operativa y concreta de la tarea se realice en mejores condiciones y el grado de acuerdo de los diversos roles lleve a mejor puerto a ese equipo.

En este sentido, el método de los Navy Seals es una gran referencia:

1. Concordancia de objetivos
2. Esfuerzo de todos
3. No egos
4. Trabajar unidos
5. Simplificar tarea
6. Descentralizar el mando
7. Planificación
8. Liderazgo vertical bidireccional y horizontal

9. Toma de decisiones sin miedo
10. La disciplina genera libertad

La Ley de la Palanca de Arquímedes de la psicología positiva

Y el paradigma se amplía con la Palanca de Arquímedes de la psicología positiva. En física, la palanca es una máquina simple que tiene como función transmitir una fuerza. Está compuesta por una barra rígida que puede girar libremente alrededor un punto de apoyo, y se utiliza para amplificar la fuerza mecánica que se aplica a un objeto, para incrementar su velocidad o la distancia recorrida, en respuesta a la aplicación de una fuerza.

Como cualquier medio técnico, la palanca no es en sí ni buena ni mala, sino que lo es el uso que se haga de ella. Pero en cambio resulta útil verificar si el punto de apoyo sobre el que se asienta la palanca es o no conducente.

Arquímedes decía: *"Dadme un punto de apoyo y moveré el mundo"*. Es decir, que, con un punto de apoyo conducente y la respectiva palanca, es posible llegar a mover una gran carga.

Si no podemos modificar las actitudes de los otros, al menos debemos actuar en nuestro microentorno de distanciamiento social en la *"Nueva Normalidad"*, estar seguros de la firmeza de nuestro propio punto de apoyo para generar el punto de apoyo sobre el que la palanca producirá un efecto sobre la carga y así apalancar debidamente la situación general. Tenemos y podemos participar de un modo activo en modificar este punto de apoyo. Es probable que nuestra fuerza no alcance para mover esa carga tan grande, pero si desplazamos el punto de apoyo, podremos con cargas negativas más potentes, incluso con menor fuerza.

Debemos estar seguros de que nuestro punto de apoyo sea sólido; que resista los embates de los sucesos más previsibles, que no esté asentado sobre hipótesis débiles o deseos meramente voluntaristas.

Si el punto de apoyo es sólido, si tiene en cuenta a todas las personas que me rodean, Arquímedes tiene razón: *"Dadme un punto de apoyo y moveré el mundo"*.

La palanca, en nuestra gran metáfora del globo aerostático en el devenir pasado, presente, futuro, está en la cesta, es donde estamos contenidos.

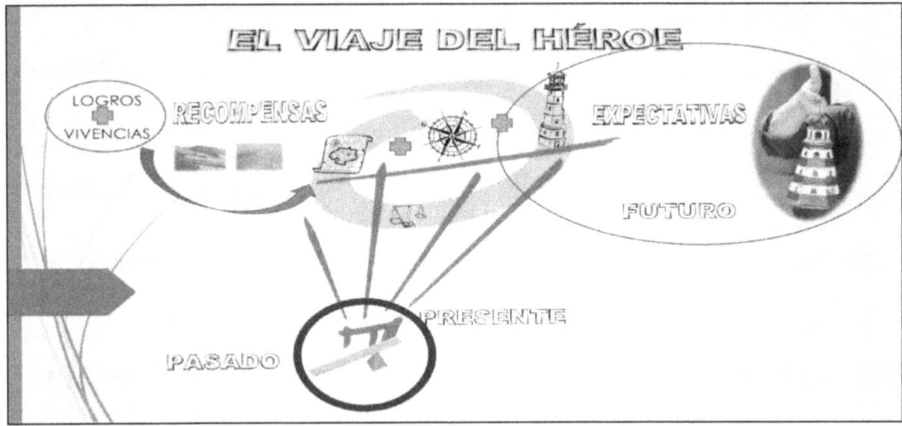

El punto de apoyo es la conciencia y la aceptación, es el presente más consciente. El brazo de la palanca comprendido entre fuerza vital y punto de apoyo es el sumatorio de pasado y futuro, de experiencia unido a formación (mapa), más lo proyectado, el proyecto sobre el reto propuesto que deberá estar procesado en tareas y tiempos para mayor posibilidad de realización. Este brazo de la palanca es, asimismo, la suma de fortalezas y oportunidades, binomio de herramienta DAFO en su área positiva.

Por su parte, el brazo comprendido entre el punto de apoyo y la carga es donde se ubican las barreras y limitaciones, tanto percibidas como reales (con evidencias). Es la parte de las debilidades y amenazas, parte negativa de la herramienta DAFO de autoevaluación, autovaloración de condiciones y condicionantes.

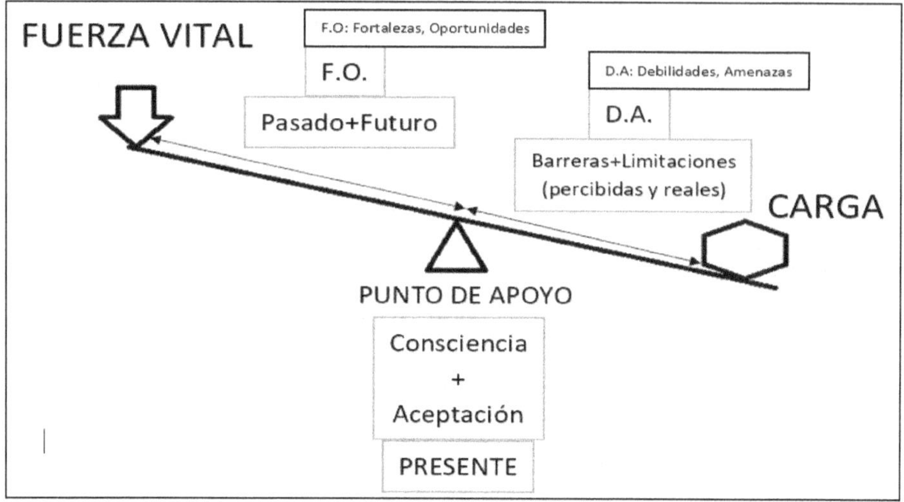

Siguiendo este paradigma de la palanca de Arquímedes, si el punto de apoyo está muy cercano al punto de aplicación de fuerza (nuestra fuerza vital), por muy pequeña que sea la carga, será difícil poder con ella. El punto de apoyo se desplaza hacía la fuerza vital cuando existe competitividad, comparación social y orgullo exacerbado. En ese escenario, las fortalezas y oportunidades quedan minimizadas, muy empequeñecidas. Y, por el contrario, el brazo de las barreras y limitaciones personales, se amplía y los temores, miedos y emociones negativas aumentan, se agrandan.

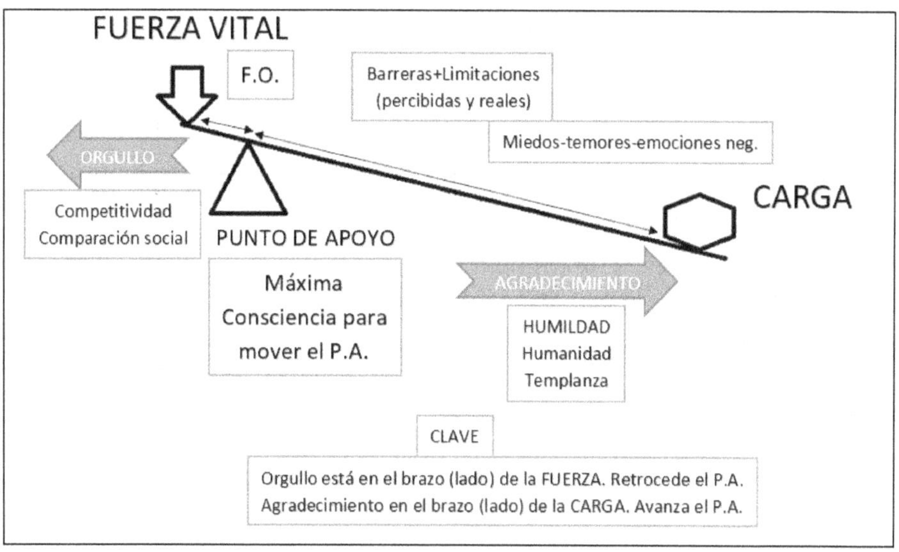

La clave, pues, está en que el brazo desde la carga al punto de apoyo sea el menor posible, lógicamente siguiendo el modelo de Arquímedes, entendible físicamente, pero que se entenderá del todo psicológicamente continuando con lo simbólico y metafórico. Si aportamos humildad, humanidad y templanza a nuestros actos, y participamos en dar más agradecimiento, en no tener orgullo, el brazo de palanca cercano a la carga disminuye, ya que habremos desplazado el punto de apoyo con nuestra decisión de ser y estar de esa manera en la vida. Mover hacia adelante el punto de apoyo con una nueva conducta de asimilación y aceptación.

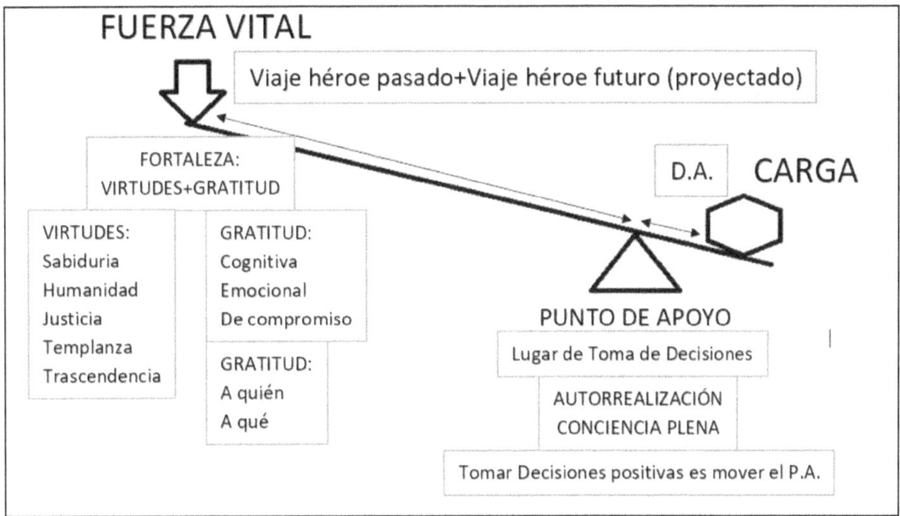

El punto de apoyo, lugar de toma de decisiones, de autorrealización, de conciencia plena, se desplazará casi sin sentirlo acercándose a la carga, por la gran cantidad de virtudes y gratitud hacía uno mismo y hacía los demás. Gratitud de compromiso, tanto cognitiva como emocional. Virtudes como la sabiduría, humanidad, justicia, templanza y trascendencia. Trascendencia por dejar cada en cada momento, cada día y para la eternidad, un legado de amor, fraternidad, compañerismo.

En ese estado, en esa posición de palanca, el ser humano, puede con todo. *"Sólo"* habremos de ser capaces de desplazar el punto de apoyo con la mayor y mejor actitud ante la vida. Para lo cual, nada mejor que *"ver, mirar, para admirar"*. Ser capaces de tener un buen nivel de activación, de observación, de estar atentos, de leer los estímulos de nuestro entorno. De llegar a admirar a los otros, desde la confianza, la valoración, el aprecio, la consideración, el respeto. Necesarios completamente en ésta *"Nueva Normalidad"* social.

Ofreciendo lo que hemos llamado en este modelo la *Arena del desierto*, la mejor esencia de nuestro viaje, entregando lo que hemos sentido y vivido, proporcionando la conclusión de un proyecto compartido en la *"Nueva Normalidad"*.

La Fórmula de la Potencia del Poder Personal

En el punto de apoyo está la clave. En mover el punto de apoyo, aportando la mayor aceptación y entendimiento de la situación, de la transformación en el entorno, de la asimilación del nuevo orden desde la *"Nueva Normalidad"*.

Y, además, tenemos algo más para vencer la carga que es la producción de fuerza desde la fórmula de la Potencia.

Potencia = Trabajo/tiempo= Fuerza x Espacio/tiempo = masa x aceleración x espacio/tiempo

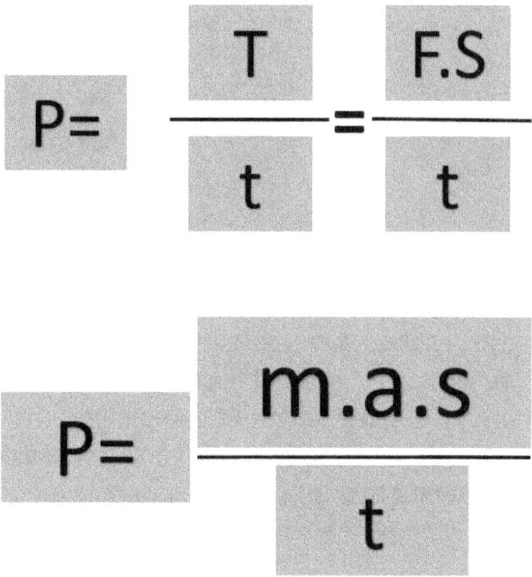

$$P = \frac{T}{t} = \frac{F.S}{t}$$

$$P = \frac{m.a.s}{t}$$

5. Las 6 fuerzas del poder personal en la nueva normalidad.

Potencia = Trabajo/tiempo= Fuerza x Espacio/tiempo = masa x aceleración x espacio/tiempo

$$P = \frac{T}{t} = \frac{F.S}{t}$$

$$P = \frac{m.a.s}{t}$$

De esta fórmula de potencia emergen, de una manera científica, reflexionada y conceptualizada desde la filosofía y sistematizada en lo psicosocial, las **6 Fuerzas del Poder Personal** que serán la base y soporte de todo el proceso de obtención de fuerza del ser humano con deseo y necesidad de transformación para afrontar con éxito la transición en la *"Nueva Normalidad"*.

Potencia = masa x aceleración x espacio/tiempo

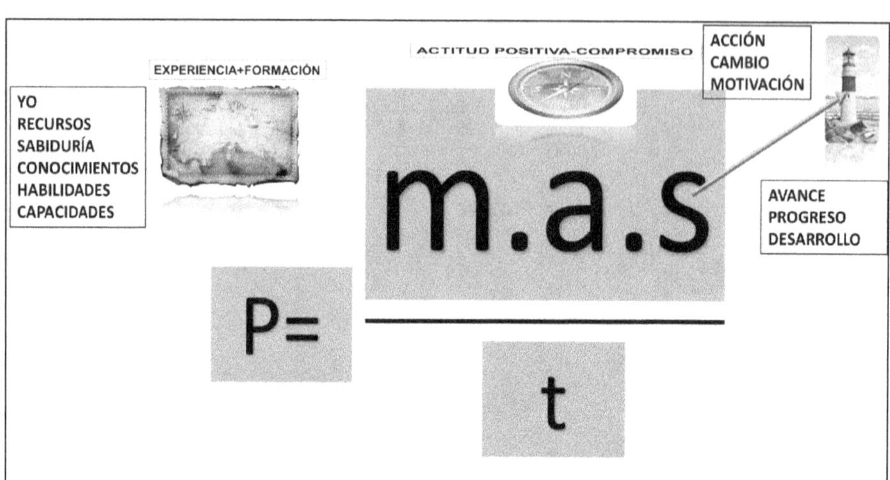

Donde la **m** (masa) representa el ser humano, el organismo, el sujeto, el ser en desarrollo. El mapa (experiencia + formación) de nuestras metáforas está aquí, está contenido en la **m**.

La **a** (aceleración) es la actitud que se tiene, el compromiso, tanto adquirido como de transmisión. Es la brújula emocional, la acción, el cambio, la motivación.

La **s** (espacio) es el recorrido, trayecto, desarrollo para llegar al destino o faro, metáfora de objetivos y sueños. La **s** es el progreso y avance que realiza el sujeto, que realiza **m**.

Para un mejor entendimiento de la Fórmula de la Potencia, recurrimos primeramente a realizar una analogía con sujeto talentosos en cualquier ámbito en la que una gran cantidad de recursos técnicos, de conocimientos, de habilidades y capacidades unido a una gran motivación y progreso rápido en corto espacio de tiempo hace que se tenga una potencia muy alta. Talento es potencialidad. Mucho en muy poco tiempo.

Mucho mapa unido a una brújula poderosa y resultados en ejecución principalmente muy altos. Todo ello a corta edad. El numerador grande y denominador pequeño hace que la **P** sea enorme.

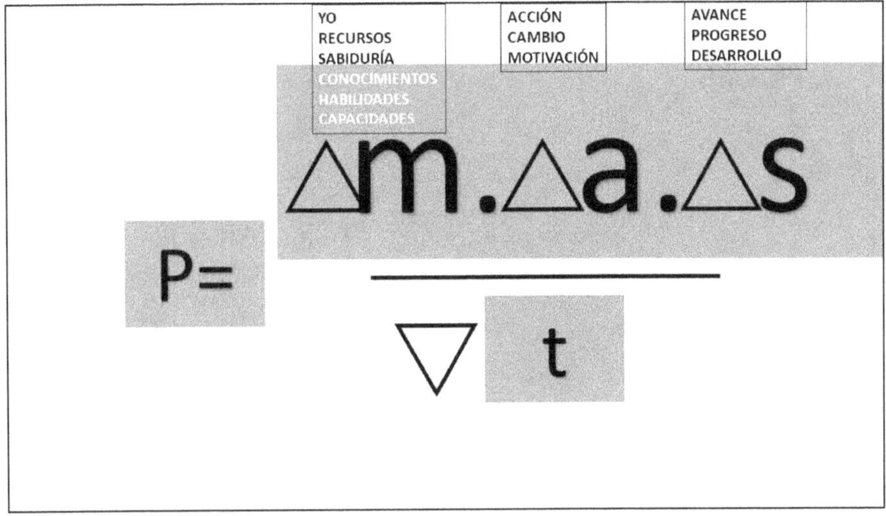

En el caso de la vivencia que estamos teniendo, tanto de la etapa del confinamiento como de la "*Nueva Normalidad*", el denominador se nos presenta muy grande, es decir mucho tiempo de estar en esta situación. Un denominador muy grande necesita obligatoriamente de un numerador igualmente grande para que la **Potencia** sea la adecuada, sea lo más grande posible. Se necesita una **m, a y s** muy altas.

No nos queda más remedio que acrecentar nuestras fortalezas en cuanto conocimientos, motivación y progreso. Agrandar nuestro mapa (experiencia + formación), nuestra brújula (competencias emocionales) y nuestro faro (objetivos) para querer llegar ahí y desarrollarnos con un recorrido muy amplio.

La **m**, que es **masa o peso** en la fórmula, aquí se nos descubre como el **saber**, como el **tener**, el **yo**, propiamente dicho. Son los recursos, la sabiduría, los conocimientos y habilidades. Es la esencia del ser humano. El existir. La vida. El ser.

La pregunta del ser humano es aquí: ¿Por qué soy yo? ¿Por qué estoy yo?

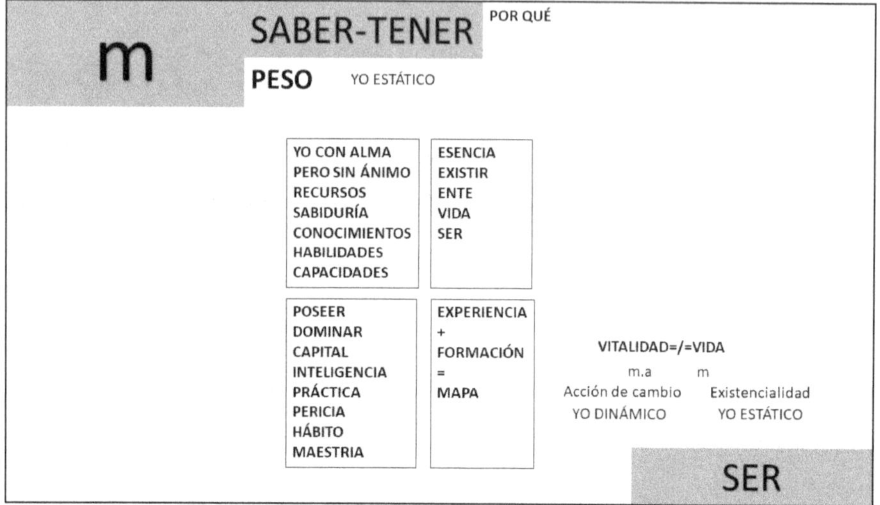

La **a**, es en la fórmula la aceleración. En nuestra analogía aparece como el **hacer**, como la **acción**, el **cambio**, la **variación**. Es el movimiento de **m** es la actividad que realiza el sujeto. Es el impulso del ser humano. El ser, que se activa y estimula unido a esa a (aceleración), que es empujado por ella y hace que se incremente.

La **a**, es construcción, producción y motivación de la persona. La **m** unida a la **a** consigue en el ser humano reacción, ánimo, coraje y valentía para enfrentarse al recorrido, que todavía no ha sido empezado.

La pregunta del ser humano es aquí: ¿Qué hago yo?

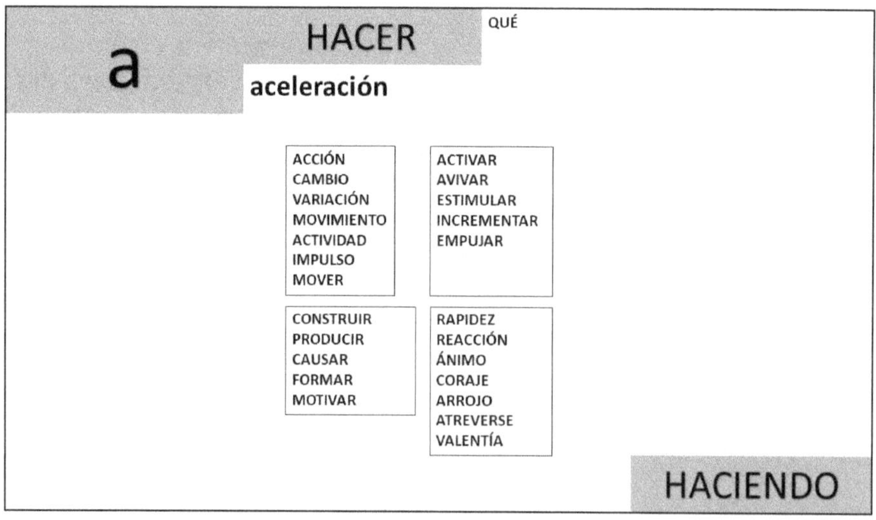

Por su parte, la **s**, espacio en la fórmula de la potencia, es en nuestra fórmula del Poder Personal, el **crecer**, el crecimiento, tanto el pasado, como el presente y futuro. La **s** es el **recorrido**, el desplazamiento, la distancia que hay hasta conseguir el objetivo propuesto. Es, por tanto, el camino. Es longitud de trayectoria. Con la **s**, se consigue avance, progreso, desarrollo. Es la realización del sujeto, la cantidad de cambio que consigue la persona, es el propio cambio de posición progresivo en su vida. La **s** representa el perfeccionamiento, el acontecer. Es el aumento de **m**.

La pregunta del ser humano es aquí: ¿Cuánto soy yo?

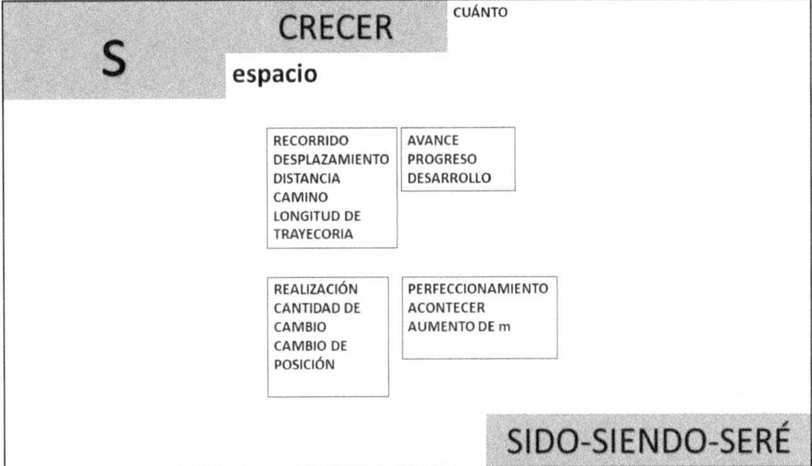

La **t**, es tiempo, tanto en la fórmula de la potencia física como en la fórmula del Poder Personal. El tiempo es la **duración del camino**, el período que estamos pasando. Es la etapa vivida y el momento vivenciado. Es tanto el devenir como el avenir. Es un continuo espacio-temporal. Es estar. Es estando. También es estado.

La pregunta del ser humano es aquí: ¿Cuándo y cuánto soy yo?

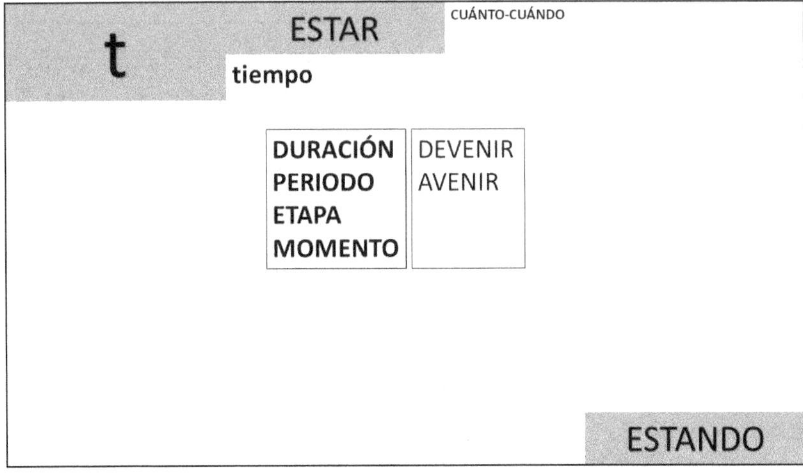

La fórmula contiene, entonces, los verbos a conjugar más significativos en el ser humano: **SABER-TENER-SER, HACER, ESTAR, CRECER**.

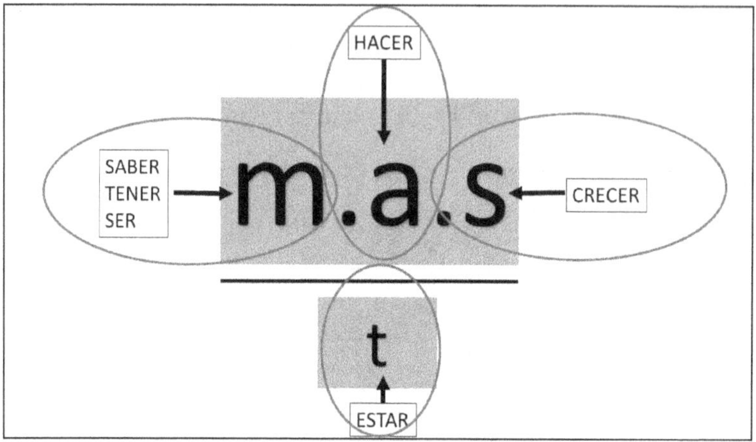

Que significa también, **IDENTIDAD-MOTIVACIÓN-TIEMPO-LOGROS + VI-VENCIAS**

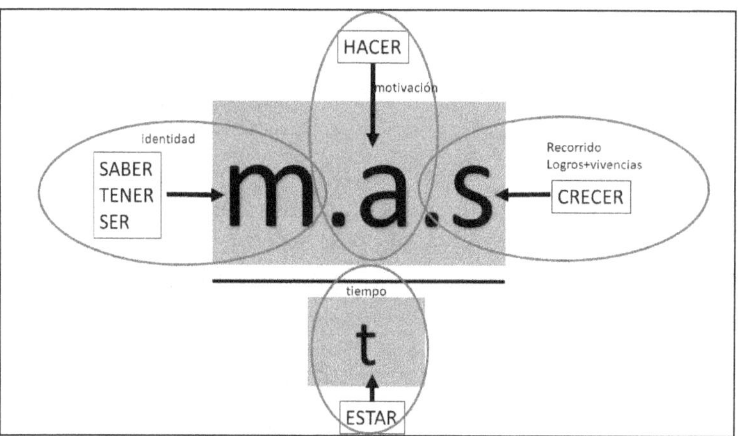

A partir de aquí, cada variable de la fórmula se va uniendo una a otras formándose factores significativos determinantes que dan valor y sentido a la ecuación.

De esta manera se conforman los factores:

Factor 1: m.a	**SABER.HACER**	**Espíritu**
Factor 2: a.s	**HACER.CRECER**	**Querer**
Factor 3: m.a.s	**SABER.HACER.CRECER**	**Energía**
Factor 4: a.s/t	**HACER.CRECER/ESTAR**	**Voluntad**
Factor 5: s/t	**CRECER/ESTAR**	**Efectividad**
Factor 6: m.a/t	**SABER.HACER/ESTAR**	**Tensión**

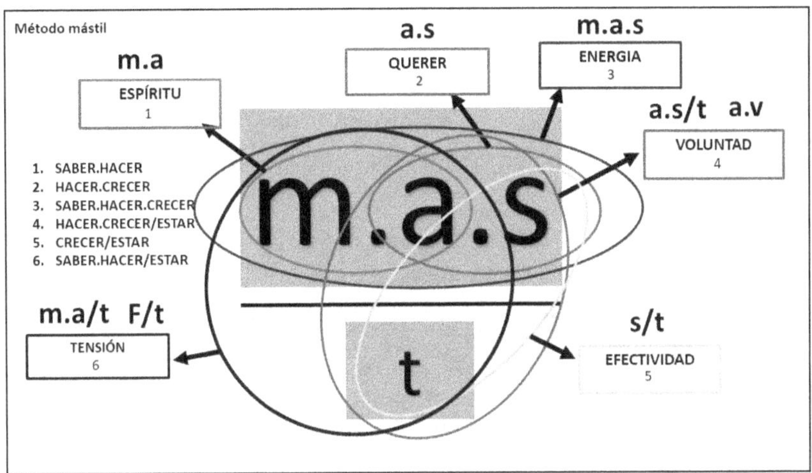

Por su parte, los factores de inteligencia emocional quedan integrados en algunos de los factores de la fórmula de la potencia:

1. Autoconocimiento   FACTOR ESPÍRITU
2. Autocontrol   FACTOR VOLUNTAD
3. Automotivación   FACTOR QUERER
4. HHSS Liderazgo   FACTOR ENERGÍA
5. Empatía   FACTOR QUERER

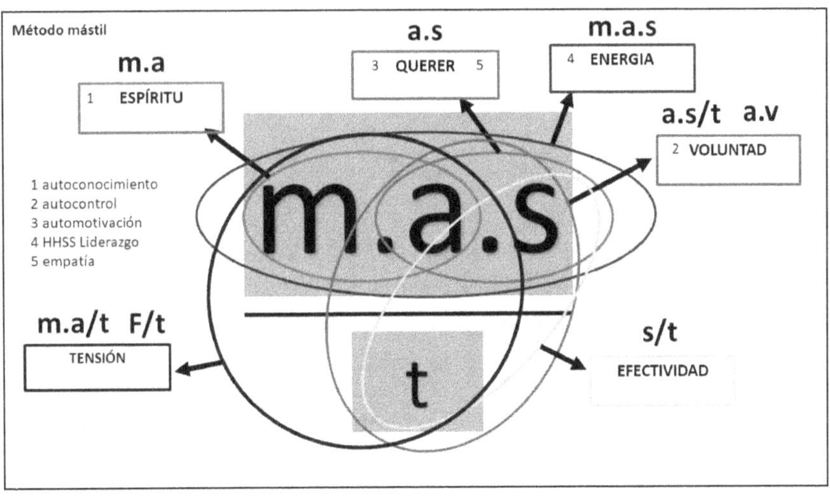

Surgen, finalmente, **las 6 Fuerzas del Poder Personal**:

1. La fuerza espiritual
   - Paz interior. Aceptación. Esencia. Valores
   - Ser. No apego. Dialogo interno
2. La fuerza del querer
   - Yectarse
3. La fuerza transformacional
   - Ser el cambio que se quiere afuera
4. La fuerza de voluntad
   - Voluntad consciente
5. La fuerza existencial
   - Agilidad de cambio. No consciencia
6. La fuerza temporal
   - Temporalidad

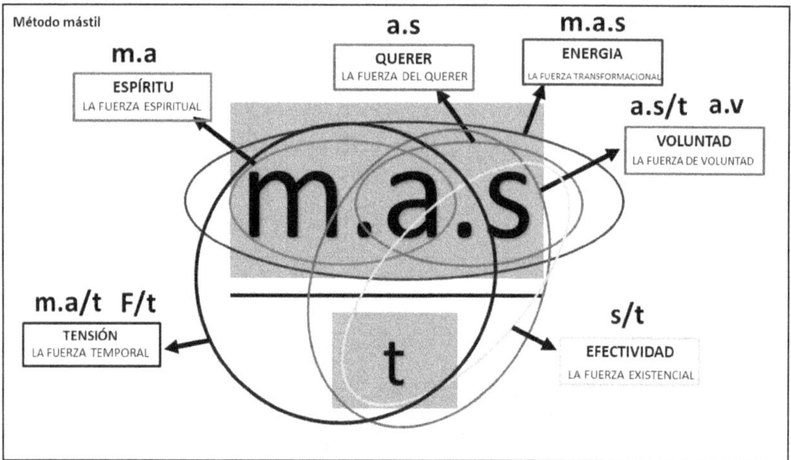

Las 6 Fuerzas del Poder Personal que se relacionan con el proceso de cambio de una determinada manera, con una capacidad específica en cada una. Se irán abordando y explicando una a una en cada capítulo correspondiente:

1. LA FUERZA ESPIRITUAL

   - **Capacidad de cambio**: valores-autoconocimiento-reflexión-conocer-ser

2. LA FUERZA DEL QUERER

   - **Compromiso de cambio**: empatía-automotivación-afectividad-guía de valores

3. LA FUERZA TRANSFORMACIONAL

- **Adquisición de cambio**: energía-HHSS-liderazgo-crear-creencias-valores

4. LA FUERZA DE VOLUNTAD

- **Incremento de cambio**: hacer efectividad-autocontrol-automotivación-exigencia

5. LA FUERZA EXISTENCIAL

- **Efectividad de cambio**: hallarse en lugar-no pensar facilidad

6. LA FUERZA TEMPORAL

- **Momento de cambio**: presente intemporal

Como ya avanzamos en el primer capítulo, se trata de proponer una herramienta poderosa que, el ser humano *arrojado al mundo,* en palabras de Heidegger, consiga las capacidades competenciales de autocontrol, autoconcepto, autoestima, autoconfianza, responsabilidad, empatía y solidaridad, necesarias en tiempos de distanciamiento social.

Con la fórmula de la potencia hemos hecho generar y emerger **LAS 6 FUERZAS DEL PODER PERSONAL** fundamentales para afrontar los condicionamientos sociales y personales del nuevo orden social: capacidad de cambio, compromiso de cambio, adquisición de cambio, incremento de cambio, efectividad de cambio y momento de cambio. Fortalezas esenciales para lograr **Autodisciplina y Liderazgo en la "Nueva Normalidad"**.

5.1. LA FUERZA ESPIRITUAL. CAPACIDAD DE CAMBIO

5.5.1 La Fuerza Espiritual. Capacidad de cambio

1. LA FUERZA ESPIRITUAL (esencia)

- Capacidad de cambio: valores-autoconocimiento-reflexión-conocer-ser

La capacidad de generar una gran fuerza espiritual de forma consciente puede cambiarnos la vida. Gracias a nuestra capacidad de *Fuerza Espiritual* y deliberación interior valoramos mejor los acontecimientos y nos lleva a actuar de forma más beneficiosa. La *Fuerza Espiritual* entrecruza la experiencia y la actividad formativa, relacionando la operación mental con otras que realiza el cerebro humano. Para ello es determinante la percepción y control del cuerpo, así como del movimiento a través de ejercicios y de actividades aplicadas en un entorno tranquilo y sosegado.

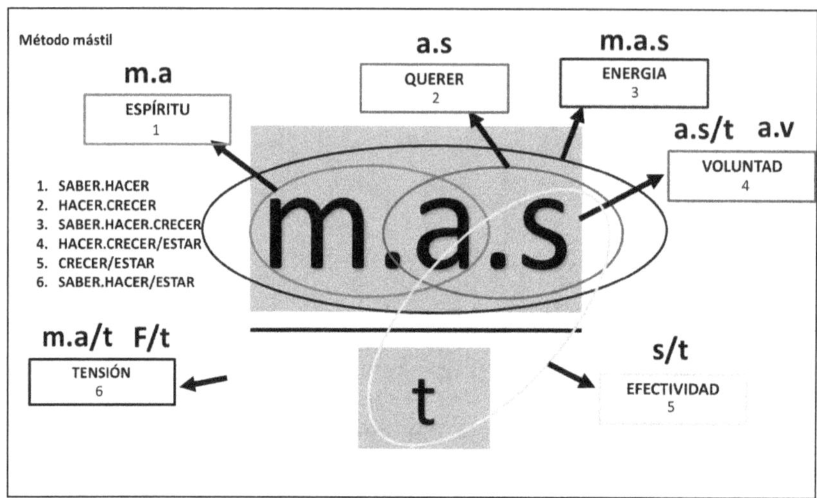

La *Fuerza Espiritual* consciente, el hecho de saber en cada momento en qué estamos pensando, es algo que nos ayuda muchísimo en nuestras vidas, ya que nos permite definir mejor nuestros objetivos y saber qué debemos hacer. Se trata de saber estar con uno mismo.

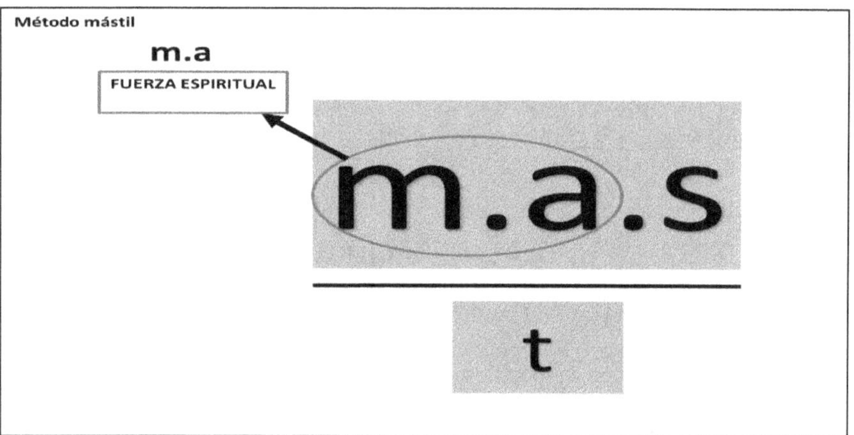

Al trabajar la espiritualidad pensamos sobre nosotros, en nuestros problemas, en nuestras alegrías y en las personas que nos rodean. Para saber estar con nosotros en soledad, debemos aprender a canalizar el diálogo interno inconsciente y tornarlo en diálogo interior o reflexión consciente. Pensar en lo que debemos pensar, con un objetivo en mente y con una metodología reflexiva y espiritual. Ser conscientes de nuestros pensamientos permite disfrutar del momento, enfocarnos a las cosas positivas.

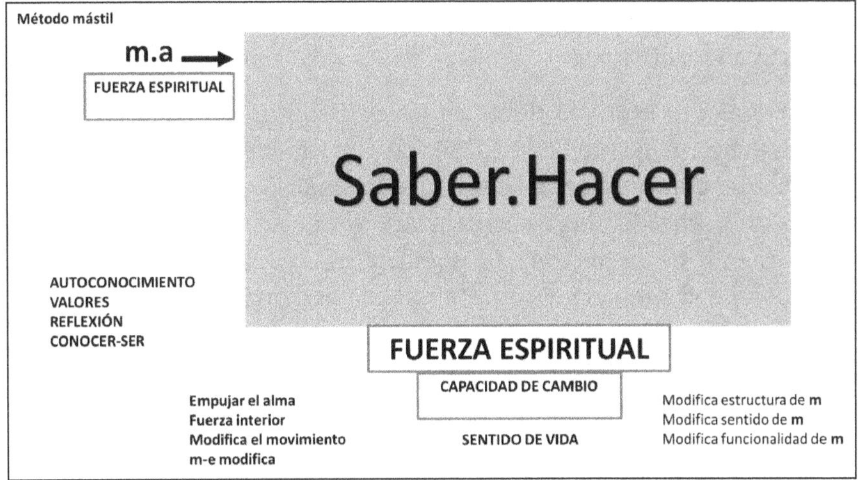

La *Fuerza Espiritual* viene determinada por el producto de **SABER.HACER** (**m.a**), y se traduce en capacidad de cambio, en la aceleración que empuja el alma del sujeto, del ser. **SABER.HACER** nos proporciona fuerza interior, modifica el movimiento de **m**. (masa, sujeto). La *Fuerza Espiritual* es autoconocimiento, valores, reflexión. Es conocernos por dentro, es conocerse del todo. Es lo que nos da sentido a la vida. La **a,** en el producto del factor **m.a**, hace modificar la masa, le da sentido, funcionalidad, le acelera.

Saber estar con uno mismo es pensar en el pasado, en el presente y en el futuro de forma eficaz y saludable. En la *Fuerza Espiritual* consciente podemos debemos en el pasado, en el presente y en el futuro con apertura de mente y actitud crítica constructiva. Posibilitando nuevos significados y conceptualizaciones a temas, no bien cerrados, y, sintiendo el momento presente y la proyección que se está generando en el futuro con la actitud de reflexión acogedora.

Reflexionar sobre el pasado y sobre el futuro es vivir el presente y, mucho. Es hacer el presente intemporal pues se agranda el momento actual con vivencias de atrás que se enlazan con el mañana.

En ese sentido, saber trabajar nuestra *Fuerza Espiritual* sobre nuestros éxitos y fracasos del pasado nos permite aprender qué hemos hecho bien y qué no hicimos tan bien. Saber tener *Fuerza Espiritual* sobre nuestro futuro nos permite tener previsión, organizar nuestra vida de tal forma que podamos enfocar nuestro futuro de la mejor manera posible.

5.1.2.El ser humano como proyecto. El inacabamiento humano desde la perspectiva filosófica

El inacabamiento humano debe ser entendido desde la perspectiva más amplia de una coherente filosofía. Se trata de fundamentar la necesidad de la acción de liderazgo compartido desde el análisis del inacabamiento humano visto desde distintas perspectivas. Sin embargo, la descripción del inacabamiento de la persona no significa que el ser humano sea únicamente pasividad e imperfección y tampoco debe deducirse que las posibilidades de acabar tal inacabamiento no tengan límite alguno. La plasticidad ni se da, ni se puede dar en el ser humano hasta el infinito. El hacernos, no es un hacernos infinito. La plasticidad tiene unos límites, y esto es las propias exigencias de la naturaleza humana, que es la que nos indica lo que debemos ser y alcanzar. El ser humano posee una naturaleza específica cuya perfección y adecuado entendimiento constituyen el proyecto y, en definitiva, el modelo a seguir.

Es cierto que el ser humano tiene libertad, pero también es naturaleza, es una síntesis de naturaleza y libertad. Como ser libre, el ser humano se muestra inacabado e indeterminado, sometiendo a la obligación ineludible de llevar a cabo su propio proyecto. Pero quizás convenga resaltar que, aunque dicho proyecto no se nos presente prefijado de forma unívoca y necesaria, no quiere ello decir que tal proyecto no exista.

El educador no debe, pues, olvidar que es la propia naturaleza la que nos marca, tanto el límite, como el horizonte del inacabamiento y de la educación, siendo precisamente éste el origen del respeto al educando, del reconocimiento de su dignidad y, en definitiva, de toda una ética de la educación.

El inacabamiento humano pone al ser humano frente a un futuro abierto de posibilidades y le hace responsable de su elección:

- Píndaro amonestaba: *"ser humano llega a ser lo que eres"*.
- Herder, *"el ser humano, es el primer liberto de la creación, organizado para la libertad"*.
- Schiller. *"Al ser humano en cambio le entrega simplemente su destino y le deja la realización del mismo"*.
- Kierkegaard sentenciaba que *"el ser humano se convierte en lo que hace de sí mismo"*.
- Jaspers observaba que *"el ser humano es un animal de futuro, un ser que decide lo que va a ser"*.
- Bergson decía que el ser humano es la creación de él por él.

- Para Victor Frankl *"el ser humano no es un ser efectivo, sino un ser facultativo".*
- Y según Ortega y Gasset *"al ser humano le han dado la vida, pero se la han dado sin hacer"*, por tanto, *"no es un factum sino un faciendum"*.

La idea fundamental es, en este sentido, que hay que reconocer el existencialismo, la corriente filosófica más representativa en estos temas. En este movimiento filosófico, la conciencia clara del inacabamiento humano puede decirse que supone el común denominador.

Heidegger, Jaspers, Kierkegaard y Sartre nos dicen: el ser humano es, o puede ser, el dueño de su destino, es el encargado de su ser, es el individuo irrepetible, es el que está comprometido a elegir, por más angustiosa que pueda resultarle tal situación.

La vida se le presenta al ser humano como un proyecto, como una tarea y como un quehacer ineludible. Estas son, como es sabido, las ideas fundamentales, también, del pensamiento de Ortega: *"La vida no consiste en otra cosa que en el repertorio de nuestros haceres. Más el ser humano no es, sino que se hace. El ser humano se encuentra siempre forzado a elegir. Se elige uno mismo entre muchos posibles sí mismos. Entre los muchos quehaceres posibles, el ser humano tiene que acertar con el suyo y resolverse, certero, entre lo que se puede hacer, por lo que hay que hacer. Somos últimamente nuestro quehacer".*

"El ser humano es un mero proyecto, un programa que todos tenemos que realizar, en el que va incluida una doble tarea: el quehacer de proyectarlo y el quehacer de ejecutarlo. Y esto es así, por más que la circunstancia amenace con desplazar a nuestro yo".
Ortega y Gasset.

El inacabamiento humano consiste, así mismo, en analizar los contenidos de la conciencia. Para el ser humano constituye un hecho primario de conciencia, logrado a través de las experiencias individuales y sociales, que el propio ser humano forma parte de una totalidad y que a su vez esa totalidad es un elemento entre las muchas cosas que el ser humano puede pensar. La conciencia que el ser humano tiene de sí mismo, es la de un ser abierto a la totalidad de los seres. El ser humano se siente totalidad, y lo estimula su pensamiento, lo que le admira, viéndose a sí mismo como parte de la totalidad, a la vez de enfrentarse a ese todo teniendo conciencia.

El ser humano siente que está abierto a la totalidad y la conciencia de esa apertura hace de él un ser humano libre.

Filosóficamente se distinguen tres tipos de libertad:

1. la libertad trascendental (o fundamental)
2. la libertad de decisión
3. la libertad moral

Heidegger define la libertad trascendental como la apertura del ser humano a la totalidad.

La libertad de decisión, por su parte, es la capacidad que el ser humano tiene para organizar su conducta práctica con la que el ser humano realiza o proyecta su propia vida decidiendo y siendo él mismo el origen de sus decisiones, elegidas de entre varias posibilidades. El ser humano estaría condenado a libertad perpetua. Estar libre para auto determinarse en perfección. A la mera apertura de la libertad trascendental viene a sumarse por tanto la acción auto decidida.

Finalmente, la libertad moral es la libertad que puedo llegar a darme. Es el deber-ser. La libertad trascendental y la libertad de decisión las encuentra de un modo natural. No se elige estar abierto al mundo ni tener la capacidad de tomar decisiones. La libertad moral es la libertad de los estoicos, la que uno, si quiere, puede llegar a darse. Si el ser humano deja que las pasiones se apoderen de él, no tendrá libertad moral. Y si se acostumbra a ser dueño de lo que piensa y quiere, sí estará en posesión de la libertad moral.

Con todo, en último extremo, y además de lo dicho, hay que reconocer que la posibilidad de objetivar la realidad es lo que; en definitiva, permite al ser humano distanciarse, tener conciencia de sí y concebir un proyecto de acción sobre sí mismo y sobre el mundo.

El comportamiento va configurando el futuro de la persona y, a la vez, lo va limitando. Pero tal limitación no es, en principio, una deficiencia. Al contrario, la limitación de las posibilidades en una dirección determinada, constituye una fuente de seguridades para el ser humano. La absoluta disponibilidad e incertidumbre, es lo que genera la más profunda de las angustias existenciales.

El ser humano es libre, pero debe auto decidirse, limitando su libertad consciente en función de las exigencias de su naturaleza, para ir adquiriendo madurez y seguridad.

5.1.3 El Diálogo interior. Saber estar sólo

Los filósofos de la antigüedad consideraban que pensar era hablarse a uno mismo en silencio. Para Platón el pensamiento y el lenguaje hablado eran una misma cosa. El diálogo interior como reflexión filosófica es una acción mental que se puede reducir en dar la opinión de algo que ya se ha estudiado o visto, o bien se puede entender como un juicio hecho posteriormente al juicio o pensamiento primero.

La importancia de la reflexión filosófica acerca de los actos humanos es importante, ya que permite al ser humano comprender su propia naturaleza, sus pensamientos su comportamiento, y aprender de éste para desarrollar una sociedad que sea mucho más sustentable.

Pensar y considerar un asunto con atención y detenimiento para estudiarlo, comprenderlo bien, formarse una opinión sobre ello o tomar una decisión. examinar una persona sus operaciones psíquicas y la coherencia de sus razonamientos.

El diálogo interior o reflexivo facilita la orientación hacia un mayor nivel de comprensión, al posibilitar que los sujetos descubran nuevos significados a partir de esa reflexión.

La secuencia general del método reflexivo es equivalente a un diálogo entre personas:

1. Apertura y producción de una pregunta o un problema dentro de lo que se está realizando o de experiencias que se están teniendo.
2. Desarrollo y conversación con uno mismo, siguiendo el proceso de pensamiento y favoreciendo todos los puntos de vista posibles.
3. Recapitular al finalizar las reflexiones más significativas positivas para avanzar en dicha integración reflexiva.
4. Síntesis y elaboración de un significado, teniendo en cuenta todas las conceptualizaciones.
5. Transferencia sobre otros significados análogos de ambientes o situaciones similares.

Una persona, al reflexionar, analiza todo lo que sucede a su alrededor. Está atenta al comportamiento de los otros, tiene un total conocimiento de su medio y de la forma en que actúan las personas que la rodean.

Es alguien que sabe escuchar y no interviene hasta estar segura de saber qué decir o hacer. Asimismo, tiene conocimiento de sus emociones y por eso no actúa con precipitación, meditando sus decisiones, considerando ventajas y desventajas que tendrá al hacer algo. Se reflexiona, no solamente sobre su presente, sino también sobre las posibilidades futuras ya que tienen objetivos definidos y claros. Así como se hace introspección sobre el pasado para realizar significaciones más o menos positivas sobre hechos ocurridos no cerrados plenamente en la emocionalidad del individuo. En capítulos posteriores veremos la importancia de ello desde la terapia focalizada en la emoción (TFE) propuesta por el doctor canadiense Greenberg.

Las personas que generan diálogo interior a menudo suelen tener una personalidad introvertida, serena y tranquila, cuya opinión es valorada por los demás. Son sujetos que aprenden de sus errores, pues son capaces de reflexionar sobre lo ocurrido y trata de entender cuál ha sido su equivocación, siempre de una manera constructiva.

Una persona reflexiva suele tener un mayor desarrollo personal y autoconocimiento, ya que dicha reflexión permite una mirada constructiva hacia el interior, una actitud objetiva, y una conducta, en definitiva, más realista y sincera de lo que se siente. Reflexionar es posicionarse como un observador, tratando de alejar toda subjetividad y sentimientos para ver con claridad lo que realmente pasa dentro de cada uno, lo que generará mayor seguridad e independencia.

Dialogar interiormente, ser reflexivo, por tanto, es una cuestión de hábitos o costumbres. De cambio de algunos hábitos y algunas costumbres como la de meditar de forma periódica y disciplinada permitiendo que los pensamientos transiten en nuestra mente y aporten ese vacío del que surge la paz interior, la alegría y la verdad. Pensamientos y sensaciones que nos tranquilizan interiormente.

Para todo ello es fundamental tener o ser capaz de crear el tiempo necesario para estar a solas con uno mismo. Estar en un lugar solo y estarlo introspectivamente, en silencio, mirando hacia el interior. Aquí el silencio es condición clave. El silencio es el umbral del verdadero conocimiento, pues reflexionar es detenerse. Pararse a mirar, a mirarnos profundamente, a observar y observarnos con mimo y amor. Mirarnos bien para verlo claro, con lucidez y poder desarrollar la plena consciencia.

El dialogo interior implica espera, maduración, contemplación activa, escrutar con afecto y con tiempo. Es considerar detenidamente algo antes de dar un paso, que puede ser determinante. El diálogo interior y la reflexión nos puede evitar sufrimientos pues toda elección hecha con reflexión rompe inercias e impulsos inconscientes que derivan en tomas de decisiones en muchos casos desafortunadas.

Es necesario reflexionar antes de actuar. La reflexión es sabiduría y verdad. La reflexión es honestidad y paciencia. El diálogo interior unido a la meditación nos limpia el pensamiento y el alma y nos conecta a nuestra esencia. Ésta forma de reflexión nos ayuda a construir vida sencilla y sabiduría, que abre puertas a la empatía y a la compasión haciéndonos sentir todo sufrimiento ajeno. Reflexionar es cuidarse y cuidar nuestro entorno. Cuidar estimula el respeto generador de confianza y compromiso.

Diálogo interior o reflexión es toda meditación sobre circunstancias, hechos y conceptos que realiza un individuo voluntariamente a fin de sacar conclusiones sobre ellos. La reflexión es una condición de los seres humanos pues se relaciona con la capacidad de razonamiento cognitiva sobre el mundo que nos rodea y sobre los estados internos de la mente y de su sensibilidad.

Con el acto reflexivo intentamos conformar un mapa de la realidad circundante e aspiramos a comprender las relaciones entre los diversos fenómenos observables. La reflexión, desde el mejor diálogo interior, genera conocimiento y nos lleva a elaborar una visión integral de lo que percibimos. Con la reflexión las personas captamos la información sensorial para procesarla después y hacer el mejor uso de ella.

El proceso de reflexión y diálogo interior hace posibles nuevos mapas mentales y concepciones del mundo que tiene relación con la toma de decisión positiva, en tanto que posibilita un adecuado plan de acción por esa excelente interpretación tanto del mundo como del propio sujeto.

Aunque reflexionar ejercitando un diálogo interior no es dar vueltas a nuestras propias ideas, no es "comerse la cabeza". Es analizar la experiencia con evidencias para valorarlas por contraste con referentes adecuados.

La reflexión, por tanto, ayuda a entender lo que hacemos, generando un feedback que nos permite aprender y progresar. Se trata de aplicar la experiencia convirtiéndola en recurso para nuestro crecimiento.

Por ello el diálogo interior mejora lo que hacemos y lo que somos. Supone crecimiento de autoconciencia y de sensibilidad por la experiencia y sus consecuencias. Nuestra reflexión es capaz de abrir el foco para incluir en la perspectiva analítica nuestra persona y el contexto en el que vivimos.

La reflexión convierte nuestra práctica en fuerza espiritual y ésta en fuerza transformacional. Ésta es una de los resultados más significativos y potentes del diálogo interior consciente. Clave en nuestra novedosa propuesta sobre las 6 Fuerzas del Poder del Ser Humano.

En el caso de los líderes, la reflexión es una de sus herramientas básicas. El liderazgo compartido se sustancia en una permanente toma de decisiones. Decisiones que deben estar bien fundamentadas y orientadas, es decir, sabiendo el por qué y el para qué de cada una de ellas. Y como trabajamos con sujetos heterogéneos por naturaleza tanto en sus capacidades como en sus intereses, necesidades, expectativas y motivaciones, el valor clave del trabajo de un líder es saber adecuarse al equipo con los que se desarrolla la acción formativa. Un buen líder no debe aplicar un protocolo estándar, debe realizar una adecuada combinación de acción y reflexión.

La ética profesional, así mismo, requiere de reflexión. Los códigos éticos profesionales nos supeditan a compromisos morales que tienen que ver con nuestro propio desarrollo, con las aportaciones y apoyos que prestamos en nuestro ámbito profesional, en nuestra experiencia de conocimiento compartido.

Ninguno de esos compromisos puede desarrollarse sin un compromiso ético de orientar la reflexión hacia nosotros mismos. Se necesita ese esfuerzo de autoevaluación para poder mejorar. De sensibilidad de conocimiento interior, desde la efectiva disposición a reflexionar sobre las acciones y cómo mejorarlas. La reflexión, de esta manera, generará un contexto rico para el ejercicio profesional y bien articulado.

La reflexión, pues, se nos presenta como una de las competencias fundamentales del perfil de los mejores líderes y debe ser una herramienta esencial para convertir la experiencia cotidiana en aprendizaje constructivista y significativo.

Debemos aprender a reflexionar. Ya que para producir un cambio en el mundo se requiere necesariamente efectuar una transformación en nosotros mismos y la reflexión es el instrumento y el camino clave para lograr dicha transformación.

Cuando se usa correctamente, el pensamiento reflexivo se convierte en una poderosa herramienta para expandir nuestra conciencia y cambiar patrones de pensamiento. Al practicar de forma consciente la reflexión se crean nuevas conexiones neuronales que hacen cambiar nuestra cognición y con ella nuestra conducta.

La reflexión y la capacidad crítica es un rasgo distintivo de los seres humanos, desde donde analizamos y tomamos decisiones. Razón y mente son elementos asociados de forma inherente a la capacidad reflexiva.

El verdadero objeto de la reflexión, entonces, está en conocernos a nosotros mismos para concebir una actuación más auténtica y consciente en nuestras relaciones personales.

La reflexión nos ayuda a poner claridad aquellos aspectos de nuestra vida que pueden parecer borrosos y pueden clarificar contradicciones o conflictos internos que nos angustian y nos provocan ansiedad o temor desde hace tiempo.

Un buen diálogo interior que favorece la meditación y un clima reflexivo:

- dedicar algo de tiempo al día a pensar en ti, a clarificar algunas necesidades
- dar valor a los sentimientos.
- dar valor al tiempo comprometido con uno mismo
- sentir el aquí y el ahora, dejando las preocupaciones pasadas o futuras fuera de los pensamientos y de la reflexión y disfrutar de ese momento
- proporcionarse un espacio para pensar en uno mismo
- utilizar la herramienta de la reflexión en la vida cotidiana, como parte fundamental del desarrollo personal.

El diálogo interior o reflexión se diferencia del diálogo interno o pensamiento en que la primera es una actividad consciente, mientras lo segundo es inconsciente. Reflexionar es un acto de mayor complejidad que el pensar. Para reflexionar, tenemos que pensar. Pero para pensar no es necesario reflexionar. El pensamiento está incluido en la reflexión, pero no viceversa. Reflexionar es un acto mental consciente en el que generamos preguntas trascendentales para conocernos mejor y comprender nuestro entorno. Es un pensar con detenimiento y cuidado. Diferenciado del diálogo interno donde sí están incluidas las creencias limitantes y la reacción automática del pensar.

Por todo ello, debemos superar el sistema de creencias y generar reflexiones trascendentales. La reflexión y el autoconocimiento son fundamentales en el proceso de crecimiento de todo líder y de todo ser humano.

El diálogo interior o reflexión es el arte de pensar en tus virtudes y defectos. Es la habilidad de reflexionar sobre el aquí y ahora, sobre tus sentimientos y pensamientos. También incluye el diálogo interior la reflexión acerca de los pensamientos, emociones y sentimientos de los demás. La reflexión es, por tanto, una manera útil de hacer cambios positivos en la vida a medida que se evalúan las decisiones que se tomaron en el pasado. Para esto, es posible que sea necesario que alejarse de algunas personas y de maneras de pensar, incluso. Aprender a reflexionar sobre nuestra vida, nuestras experiencias y las vidas de los demás puede ayudarnos a crecer como seres humanos y a tomar decisiones validadas para conformar un futuro mejor.

Aprendizaje del diálogo interior

1. Preparar un espacio y tiempo para reflexionar. Se puede reflexionar en cualquier lugar y momento. Hay que ser capaz de identificar pequeños periodos de tiempo en el que nos encontremos a gusto y con tranquilidad para abordar ese momento como valioso para el día.

2. Aprovechar el silencio. Silencio y procurar cierto tiempo para permanecer quieto y solo, unido a los pensamientos. Permanecer quieto, concentrado, en silencia, mirada al infinito o focalizada en algo concreto cercano, posibilita la reflexión y con ello el fluir de la energía y la salud.

3. Dialogar interiormente de mis experiencias. Dejar fluir todo tipo de pensamientos e ir ordenándolos y aceptándolos. Los pensamientos no son malos en sí mismos, sino en su interpretación posterior y el poso negativo que pueden dejar. Reflexionar sobre la vida exige guiar tus pensamientos a través de preguntas. Quién soy, dónde estoy, qué he creado, qué y a quien he conocido, qué he hecho, qué tengo. (SER-ESTAR-CREAR-CONOCER-HACER-TENER). Usar la reflexión para valorar y mejorar tu vida.

Proceso de diálogo interior

1. Evaluar nuestros valores. Reflexionar sobre los valores que pretendía hace tiempo y los que he incorporado a mi identidad. Identificar quién eres como persona y por lo que has trabajado toda tu vida. Saber los valores fundamentales que he adquirido con el tiempo e incluso los que aporto a mi entorno. Piensa en cómo te describiría en pocas palabras alguien que te conozca bien. Preguntarnos sobre valores muy significativos que siempre hemos admirado en otros, si los tenemos o no y en qué cantidad. Generosidad, honestidad, atrevimiento, empatía, esfuerzo, etc. Evaluar si hemos cambiado algunos valores o han permanecido en nosotros desde que tenemos conciencia de ellos.

2. Analizar metas. Reflexionar sobre metas propuestas y conseguidas, pero valorando el camino recorrido en cada objetivo y por tanto apreciando tanto las vivencias como los logros. El mejor diálogo interior sobre los objetivos es un componente importante en la búsqueda de una meta. Romper a veces con rutinas inerciales hacen que nos

demos cuenta de que hemos abandonado algún objetivo que sigue siendo muy importante en nuestra realización como seres humanos. La reflexión es una parte fundamental en la búsqueda de una meta precisamente porque muchas personas se motivan al darse cuenta de que no están alcanzando sus metas. Hay que asegurarse que cualquier planificación sobre objetivos que se desarrolle incluya la reflexión y autoevaluación efectiva.

3. Cambiar la manera de pensar. La sistematización y la creación de un hábito de dialogar interiormente con nosotros mismos produce mayor posibilidad para cambiar los patrones de pensamiento y respuestas de una persona frente a las situaciones. La automatización de hábitos poco generadores de valoración y reflexión sobre lo que nos hemos propuesto lleva a la inacción y a la pasividad. Reflexionar con frecuencia y evaluar la manera en que reaccionamos a estos estímulos externos activa la situación y a la persona, haciéndola más optimista y con un mayor control sobre el microentorno. Hay que intentar reformular la percepción acerca de la situación y reflexionar sobre los cambios positivos que pueden ser generados.

Consejos para mejor praxis de reflexión sobre el mundo que nos rodea

- Analizar nuestras experiencias. Sentir y pensar que tenemos tantas experiencias todos días de nuestra vida. Reflexionar sobre significados de experiencia concretas y concluir que nos ha aportado. Que saquemos siempre algo positiva de esa situación y experiencia. Sacar, incluso, lo positivo de un situación y experiencia negativa.

- Recapacitar en qué medida dicha experiencia cambió nuestra manera de pensar o la forma de sentir. Generar siempre un aprendizaje por medio de la experiencia y por la forma en que se reaccionó frente a ella.

- Valorar las relaciones con los demás. Valorar el significado de amistades o familiares y evaluar el tipo de relación existente y reflexionar sobre posibles mejoras en cada una de ellas. Reflexionar, también, acerca de relaciones pasadas para ayudarnos en mejoras de relaciones presentes.

- Reflexionar sobre lo que me han aportado algunas personas en mi vida y lo que me hicieron sentir. Personas que están en la actualidad en nuestra vida o personas que han salido de nuestra vida por alguna razón. Anotar observaciones en un diario o similar ayuda a procesar dichas observaciones y a aprender de ellas para relaciones futuras.

- Al reflexionar sobre la interrelación personal con los demás, evaluar si alguna relación específica con un amigo o persona cercana es en realidad buena o no.
- Aplicar diálogo interior para no discutir. Interesa y se necesita en la mayoría de ocasiones de intensidad emotiva con negatividad alta, dar un paso atrás y reflexionar antes de actuar e incluso hablar.
- Tomarse cierto tiempo en soledad y meditando sobre cuestiones que pueden derivar en discusiones, templan la situación y posibilitan un diálogo interpersonal constructivo.
- Hay que usar todos los sentidos y las emociones que se sientan en ese momento.
- Practicar la reflexión mejora un diálogo interior más productivo.
- Tener muchos pensamientos negativos hace necesario el esfuerzo en estar más optimista para ir incorporándolo a nuestra identidad.
- Si un pensamiento sobre el cual se está reflexionando es muy perjudicial sería conveniente exteriorizarlo en forma de diálogo interpersonal, bien en vivo o bien escribiéndolo.

Metodología de Diálogo Interior sobre el pasado y en el futuro

- Generar rutina en tiempo y espacio
- Estructurar la forma de pensar, de organizarnos, de manera que podamos solucionar nuestros problemas en momentos fijados del día.
- Revisar diversas cuestiones o problemas para ir controlándolo y ver lo que tenemos que hacer y lo que necesitamos para conseguirlo.
- Las rutinas de revisión nos sirven también para reflexionar de forma consciente, aprender de lo que ha pasado durante un periodo de tiempo concreto y realizar la previsión con tiempo suficiente sobre el futuro inmediato.
- La importancia de la rutina está determinada por la capacidad que tengamos de saber romperla cuando queramos y/o haga falta.

Una persona que reflexiona analiza todo lo que sucede a su alrededor. Está atenta al comportamiento suyo y de los demás. Tiene un total conocimiento de su medio y de la forma en que actúan las personas que la rodean.

La persona reflexiva sabe escuchar y no interviene hasta estar segura de saber qué decir o hacer. Tiene conocimiento de sus emociones y por eso actúa con templanza de ánimo, meditando sus decisiones y sabiendo las ventajas y desventajas sobre algo. Se reflexiona sobre su presente y sobre las posibilidades futuras por los objetivos definidos y claros.

Habitualmente se trata de un tipo de personalidad introvertida, serena y tranquila, cuya opinión es valorada por los otros.

Aprende de sus errores pues, por sistema, reflexiona sobre lo ocurrido y trata de entender cuál ha sido su equivocación.

Ser una persona reflexiva ayuda a tener un mayor desarrollo personal y conocimiento de sí mismo.

La reflexión permite la mirada hacia el interior, con una actitud objetiva, realista y sincera de lo que se siente, se quiere, de los aciertos y desaciertos.

Reflexionar es posicionarse como un observador, tratando de alejar toda subjetividad y sentimientos para ver con claridad lo que realmente pasa dentro de cada uno.

El diálogo interior verdadero genera mayor seguridad e independencia.

Ser reflexivo es una cuestión de cambio de hábitos o costumbres. Meditar de forma habitual tranquiliza interiormente y permite que los pensamientos fluyan y dejen lugar al vacío del que con surgirá paz, alegría y existencia plena.

Algo necesario y fundamental es tener tiempo para estar a solas con uno mismo. Estar solo en un lugar, solo introspectivamente, solo hacia el interior. Y en silencio, el silencio es el umbral del verdadero conocimiento.

5.2 LA FUERZA DEL QUERER. COMPROMISO DE CAMBIO

5.2.1. La Fuerza del Querer. Compromiso de cambio

2. LA FUERZA DEL QUERER

- Compromiso de cambio: empatía-automotivación-afectividad-guía de valores

La *Fuerza del Querer* tiene una influencia decisiva tanto en el trabajo como en la vida y determina, en gran medida, la continuidad y la calidad de su participación ya que facilita que el sujeto se encuentre alerta, física y mentalmente, para poder afrontar con éxito las demandas concretas de contextos sociales.

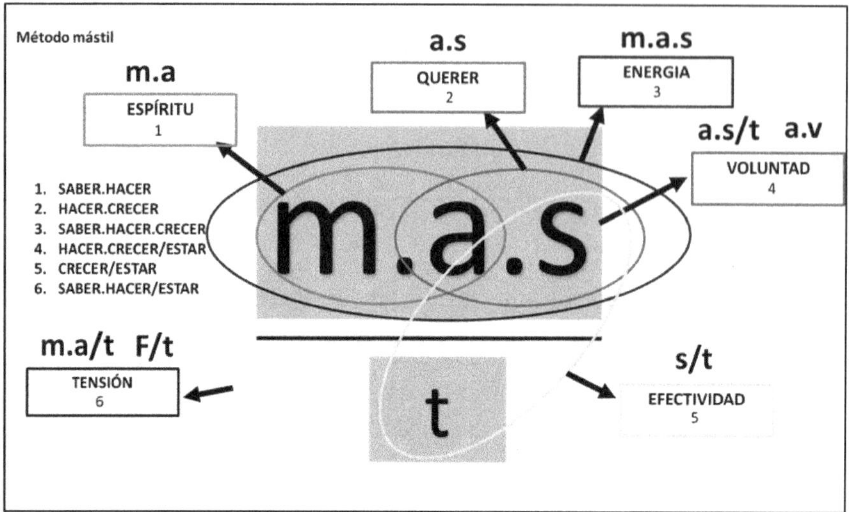

De la *Fuerza del Querer* dependen cuestiones tan importantes como el interés para afrontar algunos trabajos y el espíritu de lucha ante múltiples dificultades a superar.

En el liderazgo compartido, el principal objetivo de la *Fuerza del Querer* es el conseguir el máximo rendimiento.

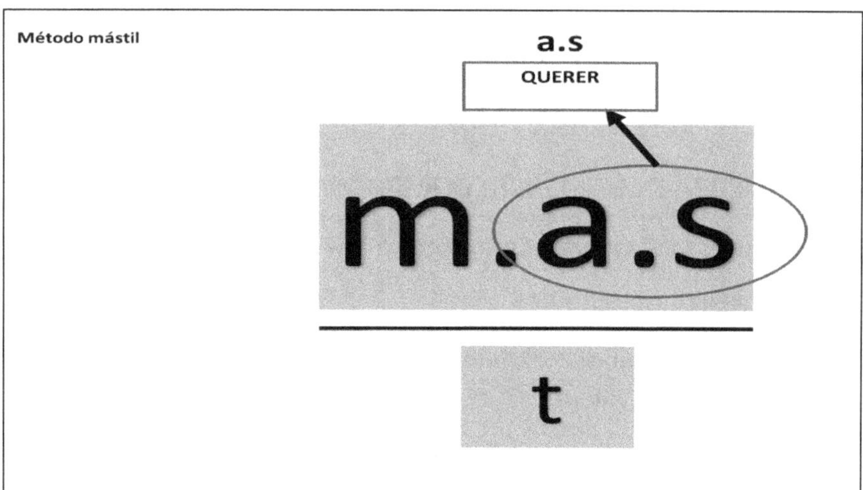

La *Fuerza del Querer* básica determina el compromiso de la persona con su actividad. Tiene que ver con el interés y ambición de los sujetos por los resultados, su rendimiento personal y las consecuencias beneficiosas de ambos.

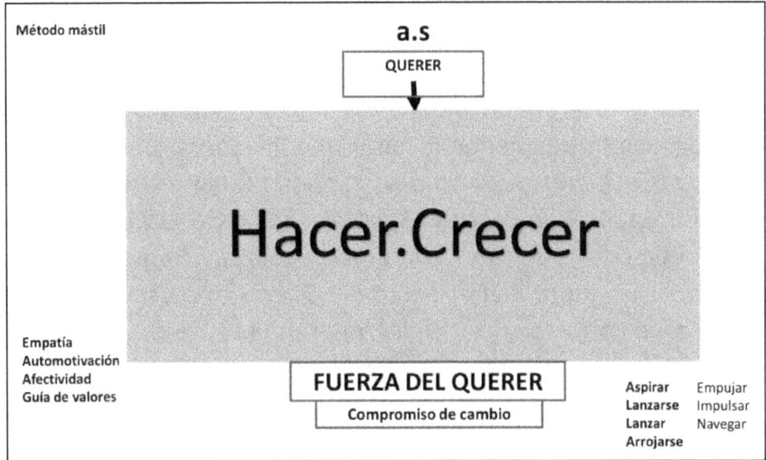

La *Fuerza del Querer* es compromiso de cambio. **HACER.CRECER** hace generar empatía, afectividad y nos guía con los valores. El compromiso nos hace aspirar, nos lanza hacía adelante. La aceleración nos empuja en el recorrido. Nos hace poder navegar. Nos hace crecer, nunca mejor dicho.

La *Fuerza del Querer* cotidiana se refiere al interés del sujeto por la actividad diaria y la gratificación inmediata que produce por sí sola. Tiene relación con el rendimiento personal cotidiano y el disfrute de la actividad y las circunstancias que la rodean.

En momentos críticos para la *Fuerza del Querer* básica, en cuanto a que será perspectiva de futuro de los posibles logros, puede ayudar a superar esos momentos. Por el contrario, cuando la actividad diaria no propicia el entusiasmo y el interés necesario, una buena *Fuerza del Querer* básica eleva la tendencia cotidiana al esfuerzo y la superación:

a) La *Fuerza del Querer* intrínseca viene de dentro de la persona y no depende de reforzadores de la propia actividad.

b) La *Fuerza del Querer* extrínseca depende fundamentalmente de reforzadores externos como son los premios, aplausos, dinero, etc. Los colaboradores que dependen en exceso de esto son más vulnerables a que su *Fuerza del Querer* pueda bajar.

Algunas pautas para la *Fuerza del Querer*

- Considerar también la situación sociolaboral
- Incentivar apropiadamente y de forma individualizada
- Motivarle sólo por objetivos alcanzables
- Motivar por objetivos amplios, a largo plazo, pero con etapas intermedias de logro

- Comunicarse con los colaboradores y elegir los momentos más adecuados para trabajar la Fuerza del Querer

En situaciones de interacción social estresantes el sujeto debe afrontar numerosas exigencias que pueden resultar más llevaderas con una buena dosis de *Fuerza del Querer*. Asimismo, la cantidad de interacciones que debe realizar de forma diaria le obligan a sacrificar cosas de su vida cotidiana. Por tanto, una buena dosis de *Fuerza del Querer* básica, estable por los logros y sus consecuencias, junto a una *Fuerza del Querer* más específica, centrada en la tarea, en lo cotidiano, y en el disfrute por la actividad diaria es la combinación más apropiada para conseguir el máximo rendimiento.

La *Fuerza del Querer* de los colaboradores en el liderazgo compartido, debe ser elevada para afrontar y superar con éxito los múltiples momentos difíciles que surgen, pero con el correcto control para que no provoquen un efecto contrario que perjudique el rendimiento (exceso de activación, falta de concentración, falta de ajuste del ritmo, etc.). Autoconfianza, autoconcepto, autoestima y autoeficacia percibida, son los patrones conceptuales clave que nos harán entender mejor dicha fuerza personal.

5.2.2. Autoconfianza. Autoconcepto y autoestima

Es la confianza que un colaborador tiene en sus propios recursos para alcanzar el éxito. Tiene que ver con una expectativa realista respecto a lo que uno puede verdaderamente hacer para conseguir un determinado objetivo. Se trata de un estado interno que implica un conocimiento de:

- las dificultades a superar
- los recursos propios para hacerlo
- las posibilidades que se tienen para conseguirlo
- las estrategias más útiles

La autoconfianza conlleva por tanto percepción de control de las posibilidades y limitaciones. El sujeto con autoconfianza:

- Conoce sus posibilidades y percibe su entorno de forma menos amenazante
- Controla mejor el estrés
- Se centra en la realización de conductas útiles
- Mantiene mejor su equilibrio emocional
- Se recupera mejor de las malas actuaciones
- Saca conclusiones más útiles de cara al futuro

No obstante, un exceso de autoconfianza puede resultar perjudicial por creerse el colaborador con los recursos suficientes, descuidando aspectos importantes de su preparación.

Conseguir los objetivos que uno se propone previamente, tiende a aumentar la percepción de control y a fortalecer la autoconfianza, por lo que la relación entre expectativas y logros es muy importante. Habrá entonces que definir con claridad el objetivo, marcar el plazo para conseguirlo y establecer objetivos intermedios.

Esto plantea la necesidad de que el líder trabaje, no sólo con objetivos de resultado (marca, puesto), sino, además, con objetivos de realización centrados en la ejecución o realización de la conducta.

Autoconfianza

La autoconfianza se define como: *"creencia de que se pueda realizar satisfactoriamente una conducta deseada"* (Morilla, 1994).

- Facilita la concentración en la tarea a realizar
- Influye en el gado de consecución de objetivos
- Hace que aumente tanto la intensidad como la duración del esfuerzo
- Interacciona con las demás variables psicológicas (le produce emociones positivas, incrementa su motivación y su concentración, le facilita la eliminación de pensamientos negativos, le ayuda a manejar la presión, etc.)
- Las personas cumplen mejor con sus cometidos cuando creen que poseen las habilidades necesarias para ello (expectativa de desempeño). Esta capacidad percibida es lo que se denomina autoconfianza (también competencia percibida, habilidades percibidas).

5.2.3. La autoeficacia percibida

Ningún aspecto del conocimiento influye tanto en la persona como la opinión que se tenga de la eficacia personal, es el autoconcepto y la autoestima (Marina, 2004). El proceso constante de buscar y encontrar retos que amplíen nuestra capacidad nos asegura el continuar aprendiendo y creciendo. Esto es lo que marca la diferencia entre la excelencia y la mediocridad. Llegar a ser excelentes significa tener la voluntad de sacrificarse (Orlick, 2004).

La voluntad de mejorar y de ser competente es la variable que condiciona el rendimiento y que en los expertos significa poseer un metaconocimiento afectivo elevado que les hace analizar mejor sus emociones, controlarlas adecuadamente y afrontar con eficacia los momentos difíciles (Ruiz Pérez, 1999).

El enfoque cognitivo destaca como "los conocimientos juegan un papel determinante a la hora de establecer diferencias en el plano motor. Esta línea propone la existencia de diferentes tipos de conocimiento: declarativo, procedimental, estratégico y afectivo" (Ruiz Pérez et al., 2001). Es este sistema de conocimiento afectivo una parte importante de lo que queremos recalcar en nuestro trabajo.

Las creencias en las propias capacidades para organizar y ejecutar los cursos de acción requeridos para manejar situaciones futuras es lo que también Bandura (1999), entiende por autoeficacia percibida. La relación existente con la Fuerza del Querer, la adherencia a la actividad y la persistencia de la conducta determina la cantidad de esfuerzo que empleará el sujeto y la cantidad de tiempo que persistirá para lograr el éxito. La autoeficacia influye en el establecimiento de metas, la cantidad de esfuerzo y el tiempo de perseverancia o resistencia al fracaso.

La autoestima y el autoconcepto, son dos variables psicológicas muy relacionadas con la autoeficacia. Las creencias influyen en el modo de pensar, sentir, motivarse y actuar de las personas en general.

La figura del líder, será la base fundamental para incrementar de forma eficaz el nivel de autoeficacia, a partir del cual poder convertir las situaciones estresantes en retos percibidos como alcanzables:

- Colaboradores con autoeficacia percibida muy baja exageran la magnitud de sus deficiencias y dificultades:
  - Evita tareas difíciles
  - Reduce sus esfuerzos ante dificultades
  - Incrementa sus deficiencias personales
  - Disminuye sus aspiraciones
  - Padece en gran medida estrés y ansiedad
- Colaboradores con autoeficacia percibida muy alta centran la atención y el esfuerzo en las demandas de la tarea.
  - Se impone retos que favorecen su interés
  - Desarrolla actividades nuevas
  - Intensifica sus esfuerzos cuando no ha conseguido sus propósitos
  - Afronta las tareas amenazantes sin estrés

Fuentes de información sobre su autoeficacia:

- Propia experiencia; en general el éxito (con un estilo atribucional adecuado) eleva las expectativas de eficacia, fortalece la autoconfianza, mientras que el fracaso las disminuye.
- Observación de los demás: nos orienta sobre nuestra propia capacidad.
- Persuasión verbal: constituye la parte responsabilidad del líder en el aumento de la autoeficacia de sus colaboradores; complementaria a la propia experiencia del colaborador.
- La autoconfianza se fortalece si los colaboradores reciben información sobre sus conductas tanto si esta es positiva como si es negativa y si se hace una adecuada preparación y ensayo.
- La autoconfianza también reside en la conducta del líder hacia sus colaboradores (credibilidad) y el modo en cómo evalúa los resultados.

La autoeficacia debe incluir aspectos como los siguientes:

- En general, una expectativa realista favorece una autoconfianza apropiada, mientras que una expectativa demasiado optimista puede propiciar un exceso de confianza (o más tarde, una disminución de la autoconfianza si no ocurre lo que se esperaba), y una expectativa demasiado pesimista suele provocar una autoconfianza baja.

La confianza en el líder y su autoconfianza dependen de sus conocimientos, su capacidad para transmitirlos, su experiencia en equipos de características similares, su prestigio profesional, su imagen pública y su credibilidad. De todos ellos, la credibilidad es el aspecto que más depende de su actuación cotidiana.

La forma de estructurar el trabajo define un *clima motivacional* contextual. En ellos deben darse situaciones caracterizadas por la competencia interpersonal, la evaluación pública y retroalimentación normativa sobre el desempeño de las tareas que ayuden a que aparezca un estado de implicación personal (Cervelló Gimeno, 2002). Según Cervelló (2002) el clima motivacional situacional es el responsable de la aparición del estado de implicación referido a criterios de éxito. Estos entornos que enfatizan el proceso de aprendizaje, la participación, el dominio de la tarea y la resolución de problemas tienden a fomentar la aparición de una implicación a la tarea.

El líder es un agente social, pues consideramos su función desde una perspectiva social-cognitiva (Nicholls, 1989), tanto por las variables personales como por las situacionales, que serán las responsables de los pensamientos, sentimientos y conductas de las personas. En los entornos de logro, los objetivos de logro, gobiernan las creencias sobre el logro y guían de forma consecuente nuestro comportamiento.

El líder debe diseñar un ambiente que mejore el aprendizaje, la ejecución y el desarrollo del joven colaborador, aumentando su Fuerza del Querer al ser evaluados por su mejor técnica y por su esfuerzo con un feedback y un refuerzo bien proporcionados (Boixadós et al., 1998).

La influencia que ejerce el ***líder como líder*** del grupo es un aspecto muy importante de la socialización (Peiró, 1990): su estilo de dirección, su conducta de apoyo social y refuerzo, la forma de instruir y la información y feedback que proporciona a los colaboradores serán determinantes en el rendimiento general del colaborador.

5.2.4. Paradigma de la Fuerza del Querer

La Fuerza del Querer de las personas se debe a la búsqueda de satisfacción de tres necesidades:

1. La necesidad de logro: cuando una persona desea realizar tareas retadoras de alta dificultad
2. La necesidad de afiliación: cuando las personas buscan tener y mejorar sus relaciones interpersonales
3. La necesidad de poder: cuando las personas buscan poder influir y estar al cargo de otras personas

Así mismo, Daniel Goleman (1998) en su libro La práctica de la Inteligencia Emocional define tres competencias fundamentales que caracterizan a las personas exitosas. Estas son:

1. Logro: el impulso que nos lleva a mejorar y desarrollarnos
2. Compromiso: La capacidad de asumir y alinearnos con los objetivos de la organización
3. Iniciativa y optimismo: La capacidad para movilizarse y aprovechar las oportunidades y superar los obstáculos.

Mihaly Csikszentmihalyi identificó varios aspectos que caracterizan a las personas que están muy motivadas, o como él denomina, en un estado de flujo.

- Hacen las cosas porque les parecen divertidas
- Ponen el foco no en lo que hacen sino en cómo lo hacen
- Tienen claras las metas intermedias del proceso
- Equilibran perfectamente las dificultades y sus destrezas
- Excluyen las distracciones
- No tienen miedo al fracaso
- Distorsionan su sentido del tiempo
- La actividad se convierte en autotélica

La satisfacción de una tarea correctamente ejecutada es un factor motivador para la persona. Favorece el rendimiento pues genera una satisfacción en la persona y se va retroalimentando constantemente.

Las tareas que son de bajo nivel de reto y poca demanda de habilidad pueden generar apatía ya que van tremendamente ligadas a la rutina. Si la persona posee poco nivel de habilidad y la tarea es altamente retadora generará en la persona elevados niveles de ansiedad ya que se percibe y sabe poco capacitado para afrontar la tarea. Cuando alguien está en "estado de flujo" entiende su trabajo como una diversión de la cual disfruta profundamente sin tener consciencia del esfuerzo que le pueda suponer. Está súper motivado.

Las tareas de personas altamente cualificadas que supongan poco reto generan un estado de aburrimiento ya que su capacidad no precisa de reto. El estado de flujo óptimo se da cuando las personas con alta capacidad en una tarea son expuestas a situaciones o tareas de alto reto.

Según el autor podemos llegar a alcanzar este estado mediante un trabajo de la atención. Pero este esfuerzo que le estamos pidiendo a nuestro cerebro no debe ser forzado ya que eso implicará un mayor desgaste y por tanto se activarán muchas áreas no necesarias del cerebro que nos impedirán alcanzar este nivel de flujo.

Podríamos definir el acto de aplicar Fuerza del Querer por parte del líder como el conseguir hacer importante para el colaborador lo que es importante para el líder, siempre teniendo en cuenta criterios morales, éticos, de valores, técnico-tácticos acordes con el nivel de rendimiento y personales, etc. En ese sentido el desarrollo del talento sería pues facilitarle el camino del éxito, alinear sus competencias a sus deseos y objetivos.

Fundamental en este punto será el tener en cuenta los parámetros de motivación relacionado al logro o resultado y motivación respecto a la tarea o acto de ejecución específico que se realiza. Tan importante es uno como el otro sabiendo que en edades de desarrollo debemos hacer mayor hincapié en la realización técnica, en la tarea, por tanto.

La Fuerza del Querer tiene que ver con los éxitos y los fracasos. Con el mejor manejo de ellos. La propia vida es como una carrera en el que hay muchas partes, buenas y malas, hay muchas secciones diversas en donde en unas estamos mejor y en otras peor, y que unas se nos dan mejor o peor que otras. Esto es el deber, una gran aventura en donde podemos estar cansados, pero donde nunca podemos desfallecer porque sabemos que llega un momento donde se nos van a dar mejor las cosas. Es a la vez necesariamente un gran reto. Esa necesidad de ponernos objetivos muy potentes, siempre con deseo de conseguirlos y siempre luchando por tener las posibilidades de hacerlo, así es que siempre hay que seguir trabajando, formándose y preparándose para entender mejor y más el mundo que nos rodea con su gente necesariamente incluida. Por eso hay que tener un gran reto, una gran gestión emocional y mucha experiencia y formación sobre las que apoyarse para tener el mejor entendimiento de la realidad y sobre todo de nosotros mismos.

La Fuerza del Querer entonces tiene que ver con los objetivos, con el establecimiento de objetivos. Hay que ponerse buenos objetivos en la vida y siempre que sean en cierto modo retos, pero que sean conseguibles, bien a medio o a largo plazo. También son muy importantes y necesarios los objetivos pequeños a corto plazo, esos faritos que nos dan pistas y posibilidad de ir llegando a los otros. También por tanto hay que prepararse mucho para poder ir teniendo lo otros más grandes. Hay que saber ajustar bien y luchar cada día por ellos, por lo que hay que establecerse objetivos intermedios que nos hagan ver que estamos llegando como los jalones puestos en un recorrido de esquí de fondo.

La Fuerza del Querer, entonces, tiene que ver con el deseo de conseguir algo bueno, algo propuesto. Para ello hay que necesariamente tener la capacidad de imaginar, de soñar, de pensar, de crear imágenes, imágenes potentes y claras. Con trabajar lo que los expertos llaman la "practica en imaginación". Con la representación del fin pretendido, que es la primera fase del "acto voluntario" al que siguen la deliberación de los pros y los contras, la decisión y la ejecución final. Bien, los entendidos en el tema te dicen que, a mayor representación y visualización del fin pretendido, las otras fases se producen con mayor facilidad.

La Fuerza del Querer tiene también que ver, claro, con el deseo de salir de algo malo. Este es un objetivo potente que tiene que estar en nuestros pensamientos y acciones y no dejar de visualizarlo. Así nos guiará de forma potente a nuestra meta. Recordemos ahora ese liderazgo de Shackleton que estando atrapado en la Antártida pudo salir, con toda su gente sana y salva, después de más de un año de peripecias y penurias por el hielo antártico.

La Fuerza del Querer tiene que ver con dar valor a cosas pequeñas, cosas que nos pasan inconscientes, de las que a veces no reparamos. Por eso, hay que estar muy atentos a nuestro entorno más inmediato, ser muy observadores, percibir lo más elemental de las cosas y de la gente, estar pendientes de las cosas más insignificantes y de los pequeños gestos de las personas que nos acompañan en nuestro caminar de la vida. Por ello hay que saber escuchar, tener empatía, que nos importe el otro, lo que dicen, lo que hacen. Tener presente siempre los verbos a conjugar cada día en ese orden ascendente: respetar, considerar, reconocer, confiar, apreciar, valorar, querer, amar.

La Fuerza del Querer se relaciona con conseguir que nos respeten, consideren…amen. Hay un video muy bonito en internet desde hace mucho tiempo que es un padre con su hijo discapacitado haciendo un ironman. Es muy emotivo y se ve como el padre hace lo que sea para que su hijo sienta el amor y sienta la emoción de un reto como ese.

Por esto mismo, la Fuerza del Querer tiene que ver con ser consciente de lo inconsciente, con necesariamente realizar una introspección y empezar por conocernos a nosotros mismos. ¿Quién soy yo? Bien, esta es una pregunta que no siempre podemos contestar. Que queremos en la vida, que nos gusta, porque estamos aquí, como soy yo, en definitiva, son preguntas que a veces no podemos contestar de forma efectiva. Sabiendo que yo soy en función también de los demás. Sabiendo que la mayoría de veces estamos solos y que debemos saber estar solos. ¿Sabemos estar solos? Probemos. Probemos a hacer viajes solo, a pasar más tiempo con nuestro dialogo interno y con nuestros pensamientos.

La Fuerza del Querer tiene que ver con balancear la vida y cada día hacia lo positivo más que a lo negativo. Con echarnos a la espalda los pros y los contras de algunas decisiones y con tener un movimiento hacía lo positivo. Cuantas veces decimos a los líderes y padres que valoren lo positivo conseguido en los niños y se lo digan, que refuercen lo, a veces, poco conseguido positivo sobre lo negativo de las acciones y actitudes. Con mirar por el retrovisor de la vida y ver siempre *"la suerte"* que he tenido y lo que he hecho sobre lo recorrido en fango y maleza.

La Fuerza del Querer tiene que ver con tener gente alrededor a la que querer. Y eso es esfuerzo de cada día por mejorar relaciones y por cuidar relaciones. Dar el paso primero. Nos sobra cariño y amistad. Tú da sin pedir nada a cambio. Tú da, que ya te llegará por muchos lugares amor. Pon un *"me gusta"* en Facebook más a menudo y con gente a la que a veces no tienes tanta relación.

La Fuerza del Querer, por eso, tiene que ver con tener gente alrededor que nos quiera. Por eso hay que regar el cariño y amistad cada día. Así con todo, sobre todo con nuestros colaboradores. Cuidar lo que se tiene, e incluso lo que no se tiene. Por ello no mirar de reojo a nadie. No tener desconfianza. Como ocurre en las redes sociales de internet, que a veces *"miramos"* de reojo a la gente y no la decimos nada.

La Fuerza del Querer tiene que ver por tanto con la conjugación de estos verbos en este orden descendente: ser, estar, crear, conocer, hacer, tener. Con la escala de valores. Donde lo primero es nuestra identidad, establecida o deseada, para luego tener la posibilidad y necesidad de llevarlo a la práctica de la vida. Donde los hijos, y alumnos, son la creación más sublime. Donde conocer tiene que ver con viajes, gente, lugares, situaciones. Donde hacer es tener la capacidad de poner en práctica y ser activo. Y donde el tener cuestiones materiales o de posesión no debe prevalecer sobre lo anterior.

La Fuerza del Querer tiene que ver así mismo con el nivel de activación. Se generan distintos pensamientos con distintos niveles de activación. Así que hay que activarse para generar los mejores pensamientos y con ello las mejores acciones que procuren los mejores sentimientos. La Fuerza del Querer tiene que ver con la mejor valoración de lo acontecido, de lo ocurrido. De lo que nos pasa cada día y de lo que nos ha pasado a lo largo de nuestra vida. De la evaluación de la educación, de la empresa...y de la vida. Se habla de objetivos de realización y ejecución sobre los objetivos de resultado. Hay que focalizar más la atención en los objetivos de realización técnica, de lo que estamos consiguiendo en nosotros en cuanto a habilidades, capacidades, etc., y no tanto de lo conseguido en términos de resultado aséptico. Focalizar en como lo estamos haciendo y tratar de mejorarlo y de ver y saber que lo estamos consiguiendo, en el que la importancia está en la mejor relación entre las capacidades dominadas y la autoeficacia percibida. Y es que es tan importante ser capaz como creerse capaz. Y para ello hay que saberse capaz.

Por eso la Fuerza del Querer tiene que ver también con el refuerzo, con el que nos dan y con el que nos tenemos que dar nosotros mismos. Tenemos que ser capaces de querernos más y de darnos de vez en cuando un besito en la mejilla ayudado con nuestras yemas de los dedos de las manos. De regalarnos una flor u otra cosa parecida. Y dejarnos reforzar, y que nos ayude a seguir subiendo escalones sin por ello caer en la necesidad de aprobación.

La Fuerza del Querer tiene que ver como ya te he dicho con los pensamientos, con los sentimientos, con la acción. Con las palabras. La PNL, programación neurolingüística, es lo que nos propone. Lo que pensamos, lo que nos decimos, lo que hacemos está muy unido, por lo que una o dos de esas cosas juntas ayudan a la tercera a posibilitarse. Por ello habrá que trabajar más el lenguaje, nuestras palabras, frases, lo que nos decimos para que provoquen los mejores pensamientos y con ello la mejor acción. Y viceversa. Todo ello generará los mejores sentimientos que intentaremos perduren en el tiempo siempre que potencien nuestra acción.

Por esto la Fuerza del Querer tiene que ver con el compromiso hacia ti y hacia los otros. No hay otro concepto que pongan por delante los líderes cuando se les pregunta qué tipo de colaborador quieren. Tú te comprometes y cuando te crees ese compromiso es uno de los factores que más mueven la conducta humana. El compromiso con tus propios retos y con tu forma de ser y estar en el mundo.

La Fuerza del Querer entonces tiene que ver con el desarrollo, con crecer, con avanzar. Con saber que lo estamos haciendo, y haciendo con nuestros valores. Llamado también deseo de excelencia. Ese deseo constante y continuo de querer ser más y llegar a mas (sin machacar a nadie alrededor) de colaboradores excelentes, donde siendo a veces buenos talentos, lo más importante es el denominado *"trabajo deliberado"* que no es más que hacer las cosas a propósito, sabiendo que es lo que tenemos que hacer y sabiendo que hay que hacer mucho de ello.

La Fuerza del Querer tiene que ver también con valorar lo de atrás en su justa medida. Con no dormirnos en los laureles. Principalmente porque la mayoría de las veces no hay laureles, y porque lo conseguido no significa nada respecto a lo que tenemos delante de nosotros. Tengamos la edad que tengamos. *"Piensa como si fueras a morirte dentro de 100 años y siente como si mañana fuera el último día de tu vida"*.

La Fuerza del Querer tiene que ver con conseguir logro, claro, con conseguir pequeños logros, por lo tanto, con el esfuerzo, con el trabajo, con el sufrimiento y con la incertidumbre. Con la incertidumbre y con la necesidad de salir de ella. Con el constante deseo y necesidad de sobrepasar la llamada "*zona de confort*" para terminar equilibrándonos y estabilizándonos por nuestro trabajo y superación. Esto es una definición de inteligencia, la de adaptación al entorno y la asimilación por nuestra parte de lo que ocurre a nuestro alrededor. Piaget y otros psicólogos lo dicen para los niños y su avanzar en la vida: hay constantes desequilibrios que son estabilizados por nuevas recomposiciones mentales. El riesgo está unido al error necesariamente.

La Fuerza del Querer tiene que ver con la voluntad, la fuerza de voluntad, con la superación, con el inconformismo. Con tener la conciencia de que tenemos en mayor medida la llave de nuestro destino. De que somos como un globo aerostático, con el que nuestro viaje depende, claro, de las condiciones meteorológicas, pero que, con buena pericia técnica, con capacidades mentales apropiadas y con perseverancia, tolerancia a la frustración y a la demora, y con algo de suerte, podemos aterrizar lo más próximo al punto deseado.

Y, por último, la Fuerza del Querer tiene que ver con relativizar las cosas. Con introducir en la consideración de un asunto, aspectos que atenúan su importancia. Por eso, tenemos que emocionarnos con videos como el del niño que rescatan de un agujero en Haití, después de varios días del terremoto y sale vivo, con los brazos abiertos y una sonrisa de oreja a oreja.

Pero cuidado, a la Fuerza del Querer a veces se la trata como una panacea, como el mayor de los remedios y con la que todo tenemos que vincularlo con ella y esta es la primera crítica sobre el concepto, no tenemos que dejar que sea solo la Fuerza del Querer la que nos guie, debemos trabajar con la voluntad y sin ganas, a veces, muchas veces, no estando nada motivados. Esto es lo primero, no siempre hay Fuerza del Querer y no hay que esperarla, hay que salir a buscarla y hay que hacer cosas no estando ella con nosotros.

Como conclusión de este tema proponemos algunas premisas conceptuales fundamentales para el entendimiento y mejor establecimiento de la óptima disposición personal:

- **La Fuerza del Querer tiene que ver con los éxitos y los fracasos**. Con el mejor manejo de ellos.
- **La Fuerza del Querer tiene que ver con los objetivos, con el establecimiento de objetivos**.
- **La Fuerza del Querer tiene que ver con el deseo de conseguir algo bueno**, algo propuesto.

- **La Fuerza del Querer tiene que ver con el deseo de salir de algo malo**.
- **La Fuerza del Querer tiene que ver con dar valor a cosas pequeñas**, cosas que nos pasan inconscientes.
- **La Fuerza del Querer tiene que ver con balancear la vida** y cada día hacia lo positivo más que a lo negativo.
- **La Fuerza del Querer tiene que ver con tener gente alrededor a la que querer**. Y eso es esfuerzo de cada día por mejorar relaciones y por cuidar relaciones.
- La Fuerza del Querer tiene que ver con tener **gente alrededor** que nos quiera.
- Por esto la Fuerza del Querer tiene que ver con el **compromiso hacia ti y hacia los otros**.
- La Fuerza del Querer tiene que ver **con el desarrollo**, con crecer, con avanzar.
- La Fuerza del Querer tiene que ver con conseguir logro, con **conseguir pequeños logros**, con el esfuerzo, con el trabajo, con el sufrimiento y con la incertidumbre.
- La Fuerza del Querer tiene que ver con la **voluntad**, la fuerza de voluntad, con la superación, con el inconformismo.
- Y, por último, la Fuerza del Querer tiene que ver con **relativizar las cosas**.

De la Fuerza del Querer dependen cuestiones tan importantes como el interés para afrontar algunos trabajos, y el espíritu de lucha ante múltiples dificultades a superar.

Para que haya alegría, satisfacción y Fuerza del Querer en la experiencia de los colaboradores, debe existir un equilibrio entre sus habilidades y las demandas que percibe de su entorno.

Un colaborador valorado y aceptado siente la necesidad de mejorar. La confianza florece en entornos en los que hay buena comunicación y respeto. La coherencia personal es la clave para lograr la confianza.

Sentir todo ello y hacerlo sentir en los demás. Generar emociones con tu forma de ser y estar. Ser inspirador.

5.3 LA FUERZA TRANSFORMACIONAL. ADQUISICIÓN DE CAMBIO

5.3.1. La Fuerza Transformacional. Adquisición de cambio

3. LA FUERZA TRANSFORMACIONAL

- Adquisición de cambio: energía-HHSS-liderazgo-crear-creencias-valores

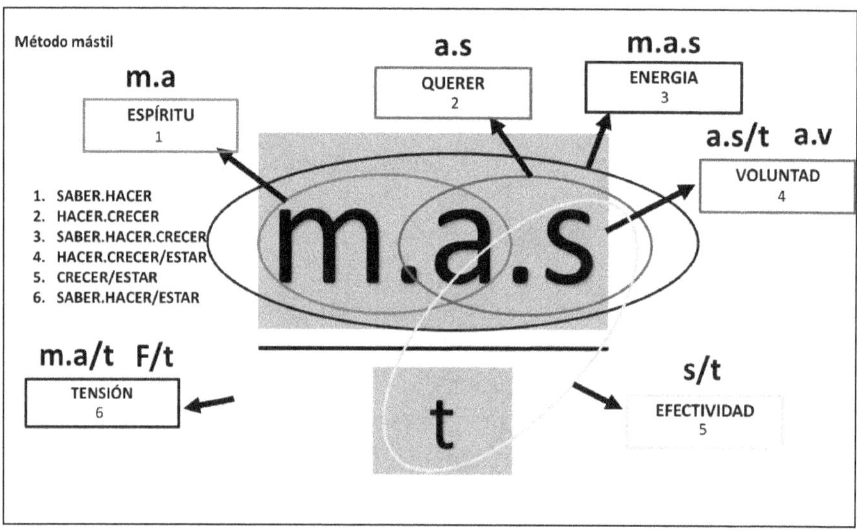

La *Fuerza Transformacional* efectiva tiene que ver con llegar a ser capaces de sentir a la otra persona en nuestra transmisión y donde la escucha significa ser capaz de hacerlo sin criticar, sin aconsejar, sin transmitir nuestros miedos, nuestras preocupaciones, nuestras cuestiones. Se trata de ser capaz de escuchar al otro lo que nos permite meternos en la persona.

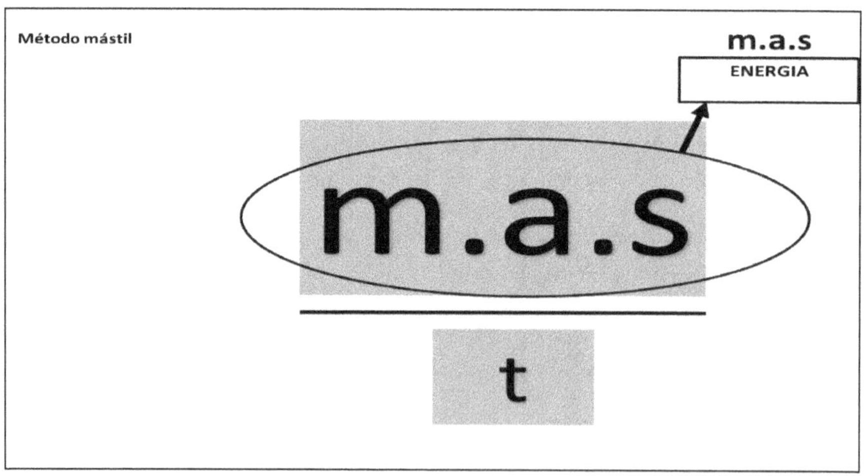

La *Fuerza Transformacional* efectiva es aquella capacidad de liderazgo que logra transmitir el mensaje claro, entendible sin confusión, ni dudas o interpretaciones erróneas. Todo lo que se quiere decir y se dice, llega al interlocutor.

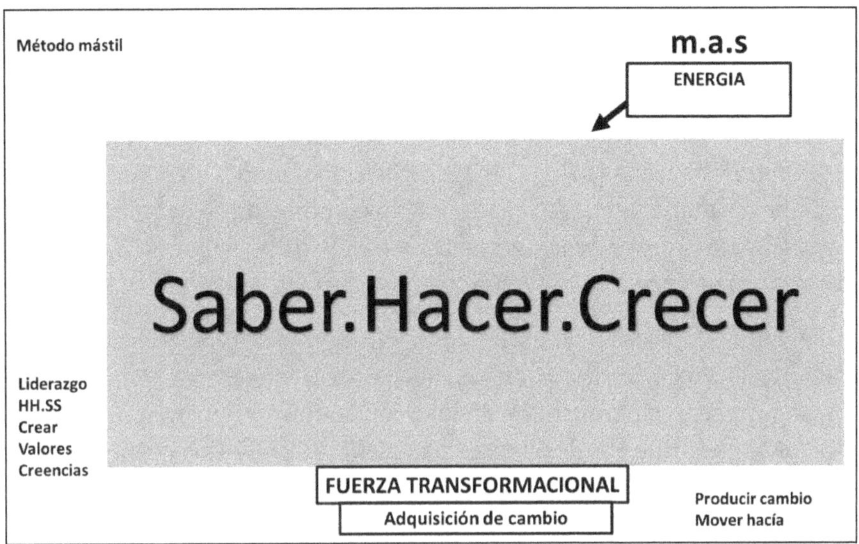

La Fuerza Transformacional es, a la vez, adquisición de cambio y producción de cambio. Yo me transformo con el **SABER.HACER.CRECER** y hago transformarse a los demás cuando les hago crecer desde un Liderazgo Compartido.

El producto resultante de las variables **masa**, **aceleración** y **espacio** determina la energía de la persona. Es pura energía resultante que hace moverse hacia adelante. En ésta fuerza está incluido el liderazgo y las habilidades sociales. Es inteligencia interpersonal donde aparecen así mismo los valores y las creencias.

Para conseguir una *Fuerza Transformacional* eficaz, también hay que ser capaces de escuchar el doble de lo que de lo que se habla y de percibir las señales de nuestro interlocutor sobrepasando el lenguaje verbal. Observadores en todo momento y con una *Fuerza Transformacional* efectiva teniendo en cuenta nuestro lenguaje verbal, nuestro tono de voz y nuestra posición corporal.

Lo que decimos y cómo lo decimos es fundamental porque en contextos de intensidad emotiva alta el lenguaje verbal puede suponer tan solo un 7% de lo que llega a nuestro interlocutor, quedando el tono de voz en el 38 % y siendo un 55% transmitido por el lenguaje no verbal. Por tanto, hay que tener cuidado con estos contextos emocionalmente agudos y con la generación de contextos intensos en emotividad pues limitan los conceptos. La cuestión es que sea la palabra lo primero que llegue y que seamos capaces de que lo que queremos decir sea lo que llegue verdaderamente.

Llevar a buen término la escucha activa, por tanto, es una forma de atención dinámica de escuchar prestando atención de forma genuina, con el corazón abierto y siendo capaces de entender al otro y que la otra persona sienta que le estamos entendiendo. Esto es la clave fundamental, que la otra persona sienta la mejor *Fuerza Transformacional* con claridad de contenido de los mensajes. Desde el liderazgo compartido se debe generar este tipo de *Fuerza Transformacional* eficaz y efectiva con su grupo de colaboradores, tanto en formato individual como colectivo.

Los líderes deben propiciar este tipo de contextos potenciadores de la mejor *Fuerza Transformacional*. En los momentos anteriores a competir debemos ser capaces de transmitir calidad de contenido y sin contaminación emocional para que no desvirtúe la escucha activa y favorezca la autoestima en todos.

En casos de relación líder-colaborador, el momento de *Fuerza Transformacional* efectiva debe generarse desde el inicio y es fundamental generar un clima agradable, conocer algo del tema a tratar, tomarse tiempo para escuchar, ser capaces de dejar nuestras preocupaciones aparte y ponernos siempre en el lugar del otro.

Hay que tener claro que el colaborador es el protagonista y no nosotros. Hay que ser capaz de eliminar barreras y transmitir interés con concentración y atención captando lo verbal y no verbal.

Los mensajes no verbales van a ser determinantes y tenemos que ser muy observadores y estar pendientes de todo para captar todo el contenido, lo explícito y lo implícito, no interrumpiendo el discurso y no anticipándose en las conclusiones, ni empezar a dar consejos a la primera de cambio. Sintonizar, al fin y al cabo, metiéndonos en la piel del otro y evitando todas las distracciones. Saber no interrumpir constantemente al que habla, no juzgar, ni prejuzgar y ser capaces de no dar una solución prematura.

Hay que evitar el síndrome del experto y no tener una respuesta por anticipado. En este sentido, las preguntas y parafrasear sus mensajes verbales van a ser importantes. Es decir, capacidad de verificación y capacidad de reflexión sobre el mensaje que se está recibiendo. Binomio de internación que facilita la *Fuerza Transformacional* positiva unida a esa relación de diálogo, reflexión y apertura.

También es importante descubrir los sistemas representacionales visuales, auditivos y kinestésicos de nuestro interlocutor. Detectarlos para que nosotros, como un espejo, seamos capaces de que tenga una mayor *Fuerza Transformacional* al determinar cuál es su sistema representacional preferido. En ese sentido la ruta preferida tiene que ver con el entorno, con la lectura de la realidad y con saber que cada uno tenemos un mapa y qué tiene que ver con esa experiencia y significación del entorno y tiene que ver con esa explicación experiencias tanto externa como interna.

5.3.2. Fuerza Transformacional y Gestión del talento.

El líder es un profesional del desarrollo personal del colaborador, un educador de sentimientos y emociones, un modulador de la conducta óptima del competidor, un transformador de lo inmaduro en equilibrio y armonía. Un madurador de personas, en definitiva. Rendir y madurar constituyen juntos el modo y manera en que la persona está determinada para devenir en un ser humano completo, para crecer, para madurar y para proporcionar su fruto.

La Fuerza Transformacional tiene que ver, por tanto, con el esfuerzo permanente, con la capacidad de entender las emociones de los demás y controlar la propia. Saber gestionar emocionalmente cada situación parte del éxito que todo líder puede aportar a un equipo. La Fuerza Transformacional tiene que ver necesariamente con la visión, con la capacidad de proporcionar lo que se llama un reto compartido.

Intelectualmente, emocionalmente, el líder tiene que inspirar, animar, transformar. Los líderes son quienes coordinan y equilibran los intereses de todos los grupos que de una u otra forma tienen interés en la organización, incluidos el equipo de dirección, los demás directivos y todos aquellos que participan de la función de liderazgo como gran Fuerza Transformacional organizativa.

Los líderes son enlace entre el equipo y el resto de la organización, con conocimientos sobre resolución de conflictos, habilidades de Fuerza Transformacional y grandes dotes de consenso. En este sentido, una de las principales tareas de Fuerza Transformacional es dirigir la atención hacia donde se necesita. Ese talento depende de la capacidad de centrar la atención en el lugar y el momento adecuados para detectar las tendencias y realidades emergentes y así aprovechar mejor las oportunidades.

La Fuerza Transformacional gira en torno a la necesidad de captar y dirigir eficazmente la atención colectiva. Equilibrar el foco interno con el foco en los demás más el foco en el exterior.

Los mejores líderes poseen una conciencia sistémica que les ayuda a responder a la continua pregunta de hacia dónde y cómo debemos dirigir nuestros pasos. Y tomada la decisión, saber transmitir con pasión y habilidad, con empatía cognitiva y emocional. Se trata de pensar de forma sistémica, ocupándose de los valores, la misión, la visión, la estrategia, las metas, las tácticas, la evaluación, el feedback, de todo el proceso, en definitiva.

Líder inspirador es el que es capaz de articular valores compartidos que despiertan vibración en el grupo y lo mueven a la acción, lo motivan. Un líder es un motivador de logro que tiene una actitud decidida para obtener el máximo de sus colaboradores y por ello necesita tener la suficiente empatía como para enfrentarse al problema y conseguir anticiparse a las circunstancias para modificar los comportamientos antes de que el entorno cambie y que se pueda crecer en armonía con el contexto cambiante.

Cada etapa en un proceso de cambio tiene sus propias dificultades y por eso hay que tener en cuenta el desarrollo de las personas, así como sus creencias compartidas. El tipo de Fuerza Transformacional que se aplique, por lo tanto, es la clave del éxito en el desarrollo de las personas. Para un cambio en el proceso de transformación a largo plazo será clave desmovilizar comportamientos negativos complejos. La innovación en el alto rendimiento requiere que se generen entornos que permita que las personas y los grupos se reinventen.

La Fuerza Transformacional del líder debe ser capaz de focalizar la atención sobre las siguientes acciones:

- Dirección de equipos.
- Generar clima motivacional.
- Tener habilidades psicológicas del líder.
- Tener habilidades de Fuerza Transformacional
- Gestionar el tiempo
- Realizar actos de negociación

Se trata de llegar a aplicar la Fuerza Transformacional para generar un gran proyecto compartido. Una de las funciones más significativas del líder se demuestra en este apartado, pues debe ayudar a los colaboradores a ser responsables y autónomos, fomentando el desarrollo formativo y social.

El buen líder debe establecer un gobierno de sus recursos hacia la educación con el fin de estimular la autonomía y el pensamiento y equilibrar toda conducta negativa con el arma de la argumentación. La mayor destreza organizativa del líder supone la creación de un adecuado clima afectivo que garantiza la máxima participación individual y la seguridad de los colaboradores.

Para que exista la mayor Fuerza Transformacional, por tanto, se precisa primero de un grupo de personas con un sentido de pertenencia determinado por los procesos grupales positivos y eficaces que hacen influir sobre la eficacia individual de los miembros en particular y sobre la del grupo en general.

En este sentido, equipo se define como un grupo de personas responsables comprometidas por un propósito común. Número reducido de personas con habilidades complementarias, comprometidos con un propósito común de objetivos de rendimiento y enfoque, de los que se sienten mutuamente responsables.

Pero, ¿qué es la Fuerza Transformacional? Ejercer influencia sobre otros, influencia voluntariamente aceptada y compartida, influencia demostrable sobre la eficacia total del grupo. El líder, pues, posee un conjunto de cualidades que le permite lograr una posición de dominio en cualquier situación y de potenciar en el equipo la Fuerza Transformacional:

- interacción e influencia de personas dentro de un entorno situacional concreto.
- influir sobre las actividades de un grupo organizado dirigido a obtener unas metas específicas.
- saber crear un sistema de creencias y valores en seguidores.

La Fuerza Transformacional efectiva varía en función de las características de los colaboradores y de las limitaciones de la situación. Donde el líder es el principal comunicador y donde su papel de emisor es tan importante como el mensaje en sí.

Los líderes son quienes coordinan y equilibran los intereses de todos los grupos que de una u otra forma tienen interés en la organización, incluidos el equipo de dirección, los demás directivos y todos aquellos que participan de la función de Fuerza Transformacional.

Son enlace entre el equipo y el resto de la organización, con conocimientos sobre resolución de conflictos, habilidades de Fuerza Transformacional y grandes dotes de consenso.

Una buena Fuerza Transformacional requiere de unos niveles de transformación efectiva, donde el contenido de las relaciones debe estar tanto en el nivel intelectual (lenguaje verbal Información concreta, datos e ideas) como en el nivel emocional (lenguaje no-verbal, miradas, tonos de voz, gestos y actitudes).

La mejor aplicación de la Fuerza Transformacional requiere, por tanto:

- Escuchar efectiva y afectivamente
- Comunicarse eficientemente en forma oral
- Impartir instrucciones claras y efectivas
- Aceptar responsabilidad en los problemas
- Identificar el problema real
- Administrar el tiempo, establecer prioridades
- Otorgar reconocimiento por el desempeño excelente
- Comunicar las decisiones
- Cambiar las prioridades, si es necesario
- Explicar el trabajo
- Retroalimentación en sesiones de Fuerza Transformacional
- Prepara un plan de acción
- Definir los requisitos para el trabajo
- Implementar efectivamente el cambio organizacional
- Desarrollar objetivos escritos
- Participar en seminarios y leer

La mejor Fuerza Transformacional debe ser bidireccional. Una premisa previa, clave y determinante es que los seguidores tienen talento, todo ser humano tiene talento (Gardner, 2002).

La cuestión es cómo gestionarlo, cómo sacar lo mejor de ellos, sacarlo, extraerlo, conducirlo: gestionar-educar. Los verdaderos maestros son generadores de compromiso y motivación, de emociones. El verdadero discípulo no es el que toma de su maestro las cosas, sino los modos, el gran profesor-transformador no solo lo es por su aptitud de crear discípulos verdaderos sino por dejarse renovar por ellos.

Un líder de alto rendimiento unido a talentos de alto rendimiento produce necesariamente equipos de alto rendimiento. Gestionar el talento desde la base es preocuparse por los colaboradores en tanto que son personas a las que hay que madurar emocionalmente.

La Fuerza Transformacional consiste, también, en tener un programa y en establecer una estructura u organización que ayude a poner ese programa en práctica:

- Relaciones serias con innumerables personas
- Ver problemas de la infancia, relaciones paternas negativas
- La situación integral del sujeto (herramienta de liderazgo compartido rueda de la vida)
- Convicción y disposición
- Actitudes desafiantes
- Pensar a gran escala
- Destrezas lingüísticas de lenguaje oral y escrito

La Fuerza Transformacional eficaz, pues, requiere mucho más que dotes personales y ambición desmedida. Debe estar en sintonía con los seguidores que se plantearan cuestiones básicas y la búsqueda de un guía, particularmente en lo referente a temas de identidad. La Fuerza Transformacional nunca está garantizada, se debe renovar siempre. Ser flexible sin dejar de luchar. Se debe necesariamente reflexionar, ya que, si falta tiempo para la reflexión, el líder corre el riesgo de perder su sentido vital. Los grandes líderes producen fuertes reacciones. Todos los grandes líderes experimentan el fracaso.

Al igual que existen las 6 fuerzas del poder del ser humano, existen 6 constantes de Fuerza Transformacional en todo líder transformador-inspirador-carismático:

1. Historia: un líder debe tener un mensaje central
2. Auditorio (seguidores): relación compleja e interactiva
3. Organización: la Fuerza Transformacional duradera exige de una labor institucional y organizativa
4. Encarnación: encarnar la historia. Ser ejemplo. Vida ejemplar implica valoración
5. Pericia en el campo: conocimiento y producción de su ámbito de actuación
6. Fuerza Transformacional directa/indirecta

La Fuerza Transformacional directa o indirecta está relacionada con su base cognitiva:

- Fuerza Transformacional indirecta (líder creativo): creación de productos simbólicos

- Fuerza Transformacional directa (líder tradicional): relación de sus historias y su encarnación

La Fuerza Transformacional más positiva, si cabe, tiene que ver con la perspectiva prosocial, de ayuda a los demás. Algo así como la responsabilidad social del individuo que luego deberá traducir y plasmar en la visión de su organización y seguidores con la responsabilidad social corporativa y organizacional.

Un líder solo tendrá posibilidades de generar Fuerza Transformacional y de alcanzar el éxito si puede:

- Elaborar y comunicar de forma convincente una historia clara y persuasiva
- Valorar la naturaleza de sus seguidores, incluidas las características susceptibles de cambio
- Invertir su propia energía en la construcción y mantenimiento de la organización
- Encarar en su propia vida los perfiles principales de la historia
- Aportar Fuerza Transformacional directo o encontrar el modo de conseguir influir por medios indirectos
- Encontrar un modo de entender y utilizar una pericia cada vez más técnica
- Prever y afrontar nuevas tendencias sobre lo que se tiene que comunicar

Las dos piedras angulares, entonces, de la Fuerza Transformacional como generador del mejor crecimiento personal son la individualidad y la autenticidad. Estilo de Fuerza Transformacional basado en la psicología positiva: saber entender y expresar los sentimientos personales, saber relacionarse con los demás, comunicarse con claridad, con empatía, saber escuchar, y saber reaccionar a las situaciones nuevas de forma positiva y con sensibilidad.

Principios de la Fuerza Transformacional creativa:

1. Todo el mundo tiene potencial creativo
2. La innovación se deriva de la imaginación
3. Todos podemos aprender a ser más creativos
4. La creatividad mejora con la diversidad
5. A la creatividad le encanta la colaboración
6. La creatividad requiere tiempo
7. Las culturas creativas son flexibles

8.   Las culturas creativas son inquietas
9.   Las culturas creativas necesitan espacios creativos

Fuerza Transformacional desde el autoconocimiento: sin reflexión, sin introspección, sin comprensión, sin aprendizaje, no hay innovación posible y ello implica Innovación y fortaleza transformacional interior, intuición e inteligencia. Aquí la fortaleza transformacional se une a la fuerza espiritual. Es lo que se denomina las claves de la genialidad:

- Deseo insaciable de satisfacer la curiosidad
- Capacidad para entender los sentimientos, valores y necesidades de los demás.

Por lo tanto, la Fuerza Transformacional eficaz tiene que ver con:

a) Formar buenos equipos de trabajo
b) Tener claro los objetivos de la organización
c) Tener una sistemática organizacional clara
d) Formar la organización como un sistema abierto
e) Organización como naturaleza en equilibrio dinámico.

Por ello, los tres grandes retos de la organización son globalización, innovación y cambio. Es fundamental cambiar la orientación hacía el compromiso y la inspiración. Para afrontar la innovación hay que involucrar a todo el equipo. Crear una cultura donde el cambio no debe ser una estrategia, sino objetivo asumido como necesidad.

El éxito de un líder en su aplicación de la Fuerza Transformacional es, por lo tanto, tener la capacidad de trabajar con la emoción, el impacto y la inteligencia. Todo ello en un entorno de confianza. Para ello se necesita de una Fuerza Transformacional capaz de transmitir interacción, escucha y emoción. Informar no es comunicar. Comunicar mueve a la acción. Por ello los factores de mayor impacto en el compromiso en la organización:

1. Fuerza Transformacional interna
2. Formación-capacitación
3. Interés de la dirección
4. Conciliación vida laboral-familiar

Con estas premisas de Fuerza Transformacional base, introducimos factores de tipo personal de Fuerza Transformacional positiva y de referencia. Referencia en obra y palabra. Líder en ejemplo y convencimiento con la palabra. Aplicación de Fuerza Transformacional directa e indirecta que propone Gardner.

Una filosofía de la Fuerza Transformacional con características de generación de confianza y admiración como apunta Gabilondo: *"aspirar a ser alguien sencillo, que no simple: es muy importante no gustarse mucho pero sí quererse mucho, porque quien se gusta demasiado y no se quiere es desagradable. La plenitud de una persona es la sencillez, con sus complejidades, contradicciones y dudas."*

El buen líder es el que hace crecer. Capaz de construir en su entorno. De ser honrado. Tener voluntad y desear. Si no se desea, no se llega a nada. No hay que confundir el deseo con las ganas. La Fuerza Transformacional aquí es la capacidad de organizar y no tanto la de ordenar. La capacidad de ver y escuchar, de tener sensibilidad. De sintonizar. La Fuerza Transformacional es la gestión del miedo. Estar dispuesto y tener coraje: insistir, persistir y resistir.

El buen líder debe tener mucho sentido del humor. Tener la capacidad de escuchar, incluso lo que algunos no dicen. Escuchar no solo las demandas, sino también las necesidades. La generación de Fuerza Transformacional es siempre fuerza de relación, el líder es para otros no para uno mismo, son los otros los que le eligen y reconocen.

- El líder debe decir lo que piensa, vivir lo que dice y hacer lo que dice y piensa la Fuerza Transformacional es saber vincular, vertebrar, unificar.
- Debe ser convincente: capaz de mover, movilizar, motivar y emocionar. Los líderes tienen que ser seres de referencia, inspiradores. Influir con su sola presencia.
- El líder debe tener curiosidad ética, integridad y coraje.

La autodisciplina del líder genera libertad en él y en los demás. Si no puedes gestionarte a ti mismo, no puedes gestionar a otros. Líderes organizacionales sometidos a una fuerte presión. Los dos pilares de un líder: saber de cuestiones técnicas y saber de seres humanos. Hay que desterrar los egos, necesariamente.

Valdano (2013) nos aporta los 11 poderes del líder: cuanto mayor es la confianza, menor es el miedo.

1)El poder de la credibilidad

- Al que sabe, siempre se le respeta. Importante la autoridad moral.
- La credibilidad viene de la Fuerza Transformacional moral.
- Un líder deshonesto hace peores personas a todos los que le rodean.

- Seducir con la ética es lo más difícil y a la vez lomas valioso.
- Convicción por encima del miedo al resultado.

2)El poder de la esperanza

- Es mejor viajar lleno de esperanza que llegar. La importancia de ponerle ilusión al camino
- Ítaca, significa meta, logro, llegada. Pero el poema pone el énfasis en el propio recorrido. El camino debe estar abierto a todas las experiencias que constituyen la vida.
- Si bien Ítaca, te regalo un hermoso viaje, sin ella el camino no se hubiera emprendido. La meta es el gran pretexto para echar a andar.
- Hay que dignificar el camino para sentirnos orgullosos y felices en la llegada.
- Inventar un relato.
- Encontrar razones para la ilusión es parte del secreto de la felicidad.
- Uno mismo es la meta. El líder debe ser un especialista en cada una de las personas que tiene bajo su dirección.

3)El poder de la pasión

- Naturaleza: coordinación, visión y talento. Práctica: muchas horas al día.
- Exigencia: fortalece las virtudes. Pasión: contiene el amor a la tarea
- El talento siempre ha necesitado de energía y esa la proporciona la pasión.
- Ponerles emoción a las cosas es ponerle vida. La pasión a largo plazo resulta siempre eficaz, es contagiosa.
- El amor a la tarea y con la identificación con los valores de la organización, conexión emocional con el entorno.
- Un ser humano apasionado es capaz de arrastrar a un equipo entero con su desbordante entusiasmo. Perseverancia.

4)El poder del estilo

- El estilo es la manera de ser. Estilo reconocible. Inteligencia compartida
- Estilo. Sucinto y fácil de entender. Mantenerse en el tiempo. Ser atractivo. Sustentarse en viejos relatos. Permitir aportaciones del equipo y sensibilidad profunda.

5)El poder de la palabra

- Para el ejercicio de la Fuerza Transformacional la palabra sigue siendo insustituible. Todo gran líder es un comunicador eficaz
- Transmisión de un mensaje preciso y sereno. Con gran autoridad moral. Excitar las altas y las bajas pasiones.
- Los líderes deben reafirmar permanentemente los objetivos y el rumbo de los acontecimientos.
- Comunicar: hablar y escuchar. Hay que buscar oportunidades para comunicar.
- Hay que aumentar la frecuencia de la Fuerza Transformacional en los momentos de crisis. Hay que abordar las cuestiones importantes.
- Hay que comunicar con positividad. Hay que comunicar con pasión.
- Hay que hacer un esfuerzo para que todos se sientan parte del éxito compartiendo el protagonismo.
- Hay que ponerse en el lugar del que está escuchando. Hay que contar historias relevantes. Un líder debe ser dueño del "por qué"
- El gran líder es un gran contador de historias que nos habla de identidad

6)El poder de la curiosidad

- Quien tiene curiosidad no le tiene miedo al futuro porque se abre de un modo natural al cambio, a las ideas, a la innovación. Tener curiosidad es mantener vivo el deseo de aprendizaje y el único modo de mantenerse conectado al mundo.
- Las transformaciones hay que hacerlas cuando las cosas funcionan, cuando la capacidad de asimilación es más permeable. Si bien las variaciones no deben tocar la esencia.
- Cuando se innova, nos presentamos ante un nuevo reto. El cambio obliga a un esfuerzo de adaptación.
- El inquieto nunca encontrara fin para la aventura del pensar, del saber, porque los nuevos conocimientos proponen nuevas preguntas.

7)El poder de la humildad

- Un ego desbocado lleva a la destrucción del que lo padece y finalmente de los proyectos que dirige. El vanidoso casi siempre empeora con el tiempo.

- Hay que recordar constantemente que se es mortal.
- Lección de Bilardo como bofetada psicológica en el metro de Buenos Aires. Y vuelta en el bus en silencio inolvidable.
- Si hay algo que nos pone en nuestro lugar es la naturaleza, perdidos en su vastedad, quedamos reducidos a lo pequeño que somos.
- Ir de campeones por la vida significa no entender de dónde venimos, adonde vamos y la importancia del otro en las aventuras colectivas. Pero la humildad no solo sirve para hacernos más prudentes y austeros, sino como plataforma de aprendizaje y dignidad.
- Solo reconociendo nuestras debilidades podemos poner las condiciones para ser cada día un poco mejor.
- La vanidad nos hace más estúpidos, porque quien no es capaz de reconocer sus errores está condenado a repetirlos.
- El ser humano humilde sabe compartir, sabe reconocer la importancia del otro y gracias a su generosidad se convierte en un referente.

8)El poder del talento

- En todo líder debe haber un pedagogo capaz de lograr que su discípulo se sienta único.
- Todos nacemos con cierta predisposición para una actividad y cuanto antes la descubramos antes encontraremos nuestra vocación y los estímulos eficaces para desarrollarla.
- Umbral: *"el talento, en buena medida, es una cuestión de insistencia"*
- Son los exitosos los que tienen más probabilidades de recibir el tipo de oportunidad especial que conduce a ahondar en el éxito.
- En los ambientes fluidos, el talento puede expresar todo su potencial, porque es la organización la que pone las condiciones para que no se pierda energía en lo secundario en perjuicio de lo fundamental.
- El talento necesita de algunas condiciones para expresarse del mejor modo.

9)El poder del vestuario

- El generoso, al final del camino recibirá más de lo que ha dado.

- Fuerza Transformacional sí, pero más Fuerza Transformacional moral que pesa siempre. Conocimiento + valores + emociones
- Compromiso común: pulsión afectiva que supera lo táctico, lo físico y lo técnico. Viene desde la idea, el sentimiento, la meta, el interés.
- Un equipo puede ser un buen lugar para exaltar las virtudes, o un buen escondite para no cumplir con las responsabilidades. Es en gran medida el líder quien lo decide.
- La personalidad y la inteligencia situacional sin mucho más importantes que la edad. El conflicto también une. Muchas veces los equipos progresan gracias al conflicto.
- Dentro de un equipo conviven distintas sensibilidades y hay que intentar satisfacer todas.
- Pero hay una aspiración que a todos hace igual de felices: sentirse importante. Si cada miembro del equipo se siente valorado por el grupo, este grupo será un auténtico equipo.

10) El poder de la simplicidad

- La simplicidad nos remite a la pureza máxima. A lo esencial. Lo sustancial.
- Saint-Exupery: *"sabes que has alcanzado la perfección no cuando no tienes más que añadir, sino cuando no tienes más que quitar"*.
- Los directivos inseguros crean la complejidad. Yo diría la complicación.
- La gente con la mente más clara y preparada es la más simple.
- Simplicidad es en definitiva una cuestión de conocimiento profundo.
- Ser simple es tenerlo claro.

11) El poder del éxito

- Cuando la Fuerza Transformacional es eficaz, activa el profesionalismo, el optimismo, el espíritu de superación, las conductas solidarias.
- Éxito: talento, esfuerzo, creatividad, coraje y valores. El éxito responsable tiene que ver con ganar respetando el juego, las normas, los rivales, etc.
- Un héroe es todo aquel que hace lo que puede. El éxito dispara la confianza y la ilusión.
- La nobleza de los recursos dota al éxito de autoridad moral.

Resumiendo, los 11 poderes del líder. Valdano 2013.

1) el poder de la credibilidad. Al que sabe, siempre se le respeta. Y saber con autoridad moral.

2) el poder de la esperanza. Es mejor viajar lleno de esperanza que llegar. La importancia de ponerle ilusión al camino

3) el poder de la pasión. Ponerles emoción a las cosas es ponerle vida. Un ser humano apasionado es capaz de arrastrar a un equipo entero con su desbordante entusiasmo.

4) el poder del estilo. El estilo es la manera de ser. Estilo reconocible. Sucinto y fácil de entender. Mantenerse en el tiempo. Ser atractivo. Sustentarse en viejos relatos. Permitir aportaciones del equipo...y sensibilidad profunda.

5) el poder de la palabra. Comunicar: hablar y escuchar. El gran líder es un gran contador de historias que nos habla de identidad

6) el poder de la curiosidad. Quien tiene curiosidad no le tiene miedo al futuro porque se abre de un modo natural al cambio, a las ideas, a la innovación. Tener curiosidad es mantener vivo el deseo de aprendizaje y el único modo de mantenerse conectado al mundo.

7) el poder de la humildad. Un ego desbocado lleva a la destrucción del que lo padece y finalmente de los proyectos que dirige. El ser humano humilde sabe compartir, sabe reconocer la importancia del otro y gracias a su generosidad se convierte en un referente.

8) el poder del talento. En todo líder debe haber un pedagogo capaz de lograr que su discípulo se sienta único. Los buenos líderes promueven lugares propicios, dan libertad y confianza, promueven redes de talentos y exigen resultados.

9) el poder del vestuario. Un equipo puede ser un buen lugar para exaltar las virtudes, o un buen escondite para no cumplir con las responsabilidades. Es en gran medida el líder quien lo decide.

10) el poder de la simplicidad. La simplicidad nos remite a la pureza máxima. A lo esencial. Lo sustancial. Saint-Exupéry: *"sabes que has alcanzado la perfección, no cuando no tienes más que añadir, sino cuando no tienes más que quitar".*

11) el poder del éxito. Cuando la Fuerza Transformacional es eficaz, activa el profesionalismo, el optimismo, el espíritu de superación, las conductas solidarias. Éxito: talento, esfuerzo, creatividad, coraje y valores.

El talento necesita:

- Un lugar, que le permita mostrar sus virtudes y esconder sus defectos.
- Libertad. Confianza. El mayor potenciador del talento. La confianza lleva el talento hasta el límite. Y se debe dar más en los momentos en que se cometen errores. Aquellos a quienes damos confianza, con el tiempo nos la devuelven con creces.
- Necesita de otros talentos. Necesita exigencia, crecemos al nivel de las dificultades. Disciplina.

Los buenos líderes promueven lugares propicios, dan libertad y confianza, promueven redes de talentos y exigen resultados. Encontrar la tarea que mejor se adapte a nuestra naturaleza es el primer desafío de una buena Fuerza Transformacional.

Samer Soufi nos presenta su fórmula de las 10 claves del éxito:

1. Deseo de excelencia, de ser mejor
2. Tolerancia a la frustración, resistencia a la adversidad
3. Fuerza de voluntad, de esfuerzo, de superación
4. Capacidad de diseñar estrategias eficientes
5. Disfrutar con lo que se hace y estado de ánimo positivo
6. Capacidad de trabajo en equipo
7. Fuerza Transformacional emocional y carisma
8. Planificación y organización
9. Automotivación y ser motivador de los demás
10. Buena gestión y desarrollo del talento

Y sentir todo ello y hacerlo sentir en los demás. Generar emociones con tu forma de ser y estar. Ser inspirador:

1. Deseo de excelencia, de ser mejor: muchas veces el deseo de ganar es más importante que la habilidad técnica. (Sobre todo en situaciones de presión o agotamiento físico o mental). La ambición de ganar aumenta considerablemente las probabilidades de alcanzar el éxito.
2. Tolerancia a la frustración, resistencia a la adversidad: la perseverancia es el común denominador de todas las situaciones de éxito.

3. Fuerza de voluntad, de esfuerzo, de superación: la práctica es el ingrediente esencial en el éxito, las horas dedicadas y el nivel de desempeño alcanzado. 10 años o 10000 horas. La práctica deliberada. Voluntad de cambio.

4. Capacidad de diseñar estrategias eficientes: organización táctica estructural. Sistema de juego bien definido. Cada componente saber lo que tiene que hacer. Sacar el máximo de cada componente. No solo importa la táctica en el terreno, también la perspectiva general de lucha competitiva. Generadora de la mejor toma de decisiones.

5. Disfrutar con lo que se hace y estado de ánimo positivo: fluir. Competencia inconsciente. Estado de máximo rendimiento. Sensación de paz interior. Estar entregados a la tarea. Este clima positivo se puede estimular. Ambiente de rendimiento, creatividad e innovación.

6. Capacidad de trabajo en equipo: la fuerza de un equipo es cada uno de sus miembros. La fuerza de cada uno de los miembros es el equipo. Fuerza Transformacional con margen de iniciativa. Cohesión: relaciones interpersonales y espíritu de cooperación. Importancia de las emociones colectivas del grupo.

7. Fuerza Transformacional emocional y carisma: grandes capacidades de Fuerza Transformacional y persuasión social. Y capacidad de tolerar conflictos y situaciones de estrés. Calma, madurez, paciencia son cualidades clave para el éxito. Los líderes carismáticos actúan como gestores emocionales del grupo. Sincronizando emocionalmente al equipo. Respeto y admiración. Emerger y generar.

8. Planificación y organización: el éxito viene determinado por la planificación y la estrategia. El paso previo a la planificación es el establecimiento de objetivos. Si podemos predecir correctamente, podremos tomar buenas decisiones. Alcanzar una gran meto requiere de un plan bien elaborado unido a disciplina, control y actitud mental. Necesaria la capacidad de imaginar, visualizar, traer el futuro al presente para manipularlo y crear.

9. Automotivación y ser motivador de los demás: vincular objetivos a necesidades, intereses, expectativas. Metas que inspiren su logro de forma intensa y apasionada. Hay que aumentar el grado de identificación emocional. Crear algo que emocione. Branson, de Virgin, se aseguraba de que sus empleados se divirtieran trabajando.

10. Buena gestión y desarrollo del talento: los niños que triunfan en una determinada actividad, han contado en sus inicios con líderes de base que les han contagiado la pasión y el entusiasmo por dicha actividad. Aquí la confianza es al mismo tiempo el resultado y la causante del éxito.

Nuestro nivel de confianza viene determinado por el historial de éxitos y fracasos, y sobre todo por la interpretación que hacemos de ellos. Nuestra interpretación modulara nuestros sentimientos que incidirán en nuestras expectativas y motivaciones.

Un buen líder debe tener la capacidad de identificar posibles áreas de mejora en los colaboradores. Hay que ayudarles a adquirir nuevas capacidades y habilidades. El éxito: todos somos capaces de alcanzarlo si se dan las condiciones adecuadas. La clave está en encontrar el compromiso de las personas con el proyecto compartido.

5.3.3. Innovación y creatividad en la Fuerza Transformacional

Todos tenemos potencial de creadores, el reto está en desarrollar ese potencial. La creatividad también tiene que ver con el trabajo centrado en las ideas y en los proyectos.

A la creatividad la sirven la destreza, los conocimientos y el control.

La Fuerza Transformacional creativa estimula la atmosfera para que se generen ideas. Facilita las capacidades creativas de todos y cada uno de los miembros de la organización. Personas, relaciones y energía son un todo único interrelacionado profundamente, estilo de Fuerza Transformacional basado en la psicología positiva: saber entender y expresar los sentimientos personales, saber relacionarse con los demás, comunicarse con claridad, con empatía, saber escuchar, y saber reaccionar a las situaciones nuevas de forma positiva y con sensibilidad. Las dos piedras angulares del crecimiento personal son la individualidad y la autenticidad.

En *"Busca tu elemento"*, Ken Robinson (2013) contribuye a la gestión del talento desde la creatividad e innovación. Repensar la creatividad:

- Imaginación, proceso de pensar las cosas que no están al alcance de los sentidos.
- Creatividad, proceso de desarrollar ideas originales que posean un valor. (imaginación aplicada).
- Innovación, proceso de poner en práctica nuevas ideas. (creatividad aplicada).
- Líder creativo: facilitar la relación entre la cultura externa y la interna.
- Roles estratégicos del líder creativo: personal, de grupo y cultural.

Según Robinson, muchas personas solo alcanzan el éxito después de redefinir su Fuerza Transformacional:

- Ser creativo: cuando las personas encuentran su medio, descubren sus auténticas dotes creativas y llegan a conocerse.
- Ser creativo implica ser generativo y ser evaluativo.

La creatividad, entonces, es un dialogo entre las ideas y los medios con los que se le da forma: quien no esté dispuesto a equivocarse es improbable que sea creativo. No se puede hablar de fallar, descubres lo que no funciona.

"Quien nunca haya cometido un error es porque nunca ha intentado nada nuevo".
Einstein

El pensamiento creativo significa, según Robinson, derribar fronteras entre los distintos marcos de referencia. Dimensión del elemento: talento personal unido a pasión personal. El descubrimiento del medio adecuado suele ser el momento decisivo de la vida creativa de la persona. Cuando la persona entra en su medio, descubre su verdadera fuerza creativa y se encuentra a sí misma.

Sobre esto, Carl Jung nos dice: *"No soy lo que me ha ocurrido, soy lo que voy a llegar a ser".*

La creatividad se sirve necesariamente de los sentimientos, las intuiciones, los conocimientos y las destrezas. Ser creativo no es sólo una cuestión de pensar, sino de sentir:

- Ser es sentir. Si la persona no existe objetivamente tanto como subjetivamente, no se es auténtico. Introspección personal.
- Fluir: momento de inmersión en algo que nos ocupa por completo todas nuestras capacidades creativas y se sirve por igual de nuestros conocimientos, sentimientos e intuición. Hay cierta excitación por/en el proceso.

La Fuerza Transformacional y la creatividad no deben estar basadas sólo en los conocimientos, sino centradas en el sujeto que crea y se transforma:

- Desarrollarle en su totalidad. Integrar sentimientos, desarrollo físico, educación moral y creatividad.
- Conocerse uno mismo es tan importante como conocer el exterior.

La Fuerza Transformacional debe ser, por tanto, un proceso de autorrealización. De desarrollo intelectual y desarrollo emocional, físico, espiritual. La creatividad fomenta:

a) La indagación. La disposición a cometer fallos
b) Estimula el pensamiento generativo
c) La expresión de ideas y sentimientos
d) La intuición
e) La evaluación critica

La Fuerza Transformacional debe partir de la experiencia, la curiosidad y el estímulo de las fuerzas del propio sujeto en proceso de cambio. Y aquí será determinante la enseñanza de la creatividad para estimular la autoconfianza, la independencia de juicio y la capacidad de pensar por uno mismo.

Los principios de la Fuerza Transformacional creativa son:

1. Todo el mundo tiene potencial creativo
2. La innovación se deriva de la imaginación
3. Todos podemos aprender a ser más creativos.
4. La creatividad mejora con la diversidad
5. A la creatividad le encanta la colaboración
6. La creatividad requiere tiempo
7. Las culturas creativas son flexibles
8. Las culturas creativas son inquietas
9. Las culturas creativas necesitan espacios creativos

Para Sir Ken Robinson, líder en educación y creatividad a partir de su obra *"Los secretos de la creatividad"* nos aporta que el deber de las escuelas es motivar, saber qué les apasiona a los alumnos. Según él, los niños son como cohetes espaciales y necesitan descubrir el retorno potencial que tienen. Por lo que el reto como educadores es acabar con un sistema educativo anacrónico. Se aprende más en redes sociales que en la escuela y ello es una descompensación no admisible.

El modelo por competencias hoy día está caduco y hace falta innovar y ser creativos, hay que saber qué les apasiona a los alumnos, a los hijos, a los sujetos en desarrollo y aprendizaje. Se trata de potenciar una educación para descubrir la mejor versión de nosotros mismos:

- Motor ideas y creación por estar en la era de la información, se aprende haciendo.
- Transformar la escuela por el aprendizaje emocional personalizado. Descubrir el talento.

- Para ser felices hay que desarrollar lo que somos.

Unión de las ciencias, el arte y la cultura, donde creatividad, innovación sean pilares de sustento definitivos. Las disciplinas en la escuela están muy jerarquizadas, seguramente por cuestión económica y ello provoca disociación del intelecto sobre la emoción. Y en la creatividad se relaciona lo artístico con lo científico, y si se separan, ambas salen perjudicadas.

La inteligencia es mucho más que el test de inteligencia. El test mide la capacidad de hacer desde el test. Escribir poesía, bailar, llevar un negocio, etc., es una visión muy reduccionista. Entonces, el valor de la educación está en el camino, no en la meta. En la alegría de descubrir algo, en la satisfacción de tener una pregunta y poder buscar la respuesta, no necesariamente en la respuesta. En la experiencia, en el momento. Hay demasiada obsesión por los resultados y la magia del viaje se frustra. Se necesita más pasión y emoción en el camino. Esa es la clave. Inventar y soñar desde el camino, desde la educación, desde la escuela.

Se necesita, por tanto, cambiar la manera de pensar de nosotros mismos como sujetos que influimos en el desarrollo y aprendizaje de alumnos, hijos, etc.

Ese cambio en nuestras ideas y en nuestras propuestas formativas y educativas pasa por unir creatividad y pasión:

- Crear entornos donde potenciar la creatividad
- La creatividad es poner la imaginación a trabajar.
- La imaginación nos puede llevar al pasado y nos adelanta al futuro.
- Hacer descubrir la pasión, pues lo cambia todo
- Investigar, crear.
- Si no te equivocas, no evolucionas
- Se aprende mucho hablando con la gente
- Estar en tu elemento significa hacer algo que comprendes
- La clave es la pasión, es vivir tu yo más auténtico, estar en fluidez.
- Todo es energía.
- Observar al niño y ver que le entusiasma, y que rechaza
- Existimos porque imaginamos.
- Arriesgar, lanzarse. Romper con los miedos de equivocarse.

El proceso de creatividad necesita de conocimientos básicos, que la atención se exprese y generar dialogo. Crear tu vida a partir de tu imaginación. Si puedes crear tu vida, puedes recrearla, proyectarla.

En todo proceso formativo, por tanto, se debe:

- Generar sorpresa.
- Generar clima emocional del grupo como primer signo de motivación.
- Elegir el medio y conectar con la pasión que siento.
- Tener ideas originales que aporten valor, hay que trabajar con ello, y mucho.
- Poder controlar los materiales con los que se trabaja.
- El momento de la creación tiene algo de riesgo.
- Convertir la creatividad en algo central en nuestra vida.
- Estudiar y practicar, esa es la clave.

El hecho pragmático de contestar una pregunta es un proceso creativo. Generar un ambiente motivacional donde fallar no significa fracaso, sino estar descubriendo lo que no funciona, y no se puede descubrir lo que funciona hasta explorar muchas posibilidades que no salen bien. Es un proceso constante en la que se tiene que tener destreza y capacidad. Lo que nos motiva es entonces nuestro elemento.

Y no basta con descubrir nuestro elemento, hace falta poner pasión en controlar el elemento y esforzarse en ello. Todos tenemos talento si sabemos descubrirlo.

Para científicos creadores como Csikszentmihalyi la creatividad está en un proceso dialectico que se establece mediante la interacción de individuo, campo/disciplina y ámbito. Curiosidad y conocimiento previo. Creación es suma de algo de suerte y mucho de juicio y razonamiento positivo. Aportó el concepto de estado de flujo o fluidez. Fluidez generada por la mejor vinculación de dificultad y reto en la tarea.

Para Csikszentmihalyi los aspectos que caracterizan a las personas que están en un estado de flujo son:

- Hacen las cosas porque les parecen divertidas
- Ponen el foco no en lo que hacen sino en cómo lo hacen
- Tienen claras las metas intermedias del proceso
- Equilibran perfectamente las dificultades y sus destrezas
- Excluyen las distracciones
- No tienen miedo al fracaso
- Distorsionan su sentido del tiempo
- La actividad se convierte en autotélica.

El estado de flujo es automotivante. La satisfacción de una tarea correctamente ejecutada es un factor motivador para la persona. Favorece el rendimiento pues genera una satisfacción en la persona y se va retroalimentando constantemente.

Las tareas que son de bajo nivel de reto y poca demanda de habilidad pueden generar apatía ya que van tremendamente ligadas a la rutina. Si la persona posee poco nivel de habilidad y la tarea es altamente retadora generará en la persona elevados niveles de ansiedad ya que se percibe y sabe poco capacitado para afrontar la tarea.

Las tareas de personas altamente cualificadas que supongan poco reto generan un estado de aburrimiento ya que su capacidad no precisa de reto. El estado de flujo óptimo se da cuando las personas con alta capacidad en una tarea son expuestas a situaciones o tareas de alto reto. Se crean diferentes estados dependiendo de la tarea planteada y del nivel de competencia.

Según el autor podemos llegar a alcanzar este estado mediante un entrenamiento de la atención. Pero este esfuerzo que le estamos pidiendo a nuestro cerebro no debe ser forzado ya que eso implicará un mayor desgaste y por tanto se activarán muchas áreas no necesarias del cerebro que nos impedirán alcanzar este nivel de flujo.

Por su parte, Gardner, habla de que los niveles de análisis para comprender la creatividad son el subpersonal, el personal, el impersonal y el multipersonal, en los que 10 años o 20.000 horas de trabajo deliberado, suponen la mayor fuerza transformadora desde la experiencia competencial:

- Subpersonal: hemisferio derecho, el creativo.
- Personal: lo cognitivo, procesos, personas, situaciones.
- Impersonal: contexto, o campo de Csikszentmihalyi.
- Multipersonal: conducta de grupos.

Creatividad es pensar con libertad, evitar la autocensura y la represión de lo que no es considerado como convencional. Es pensar con variedad de procedimientos, símbolos, imágenes, gráficos, síntesis. Pasar con soltura de los conceptos y las ideas a las palabras y a los significados.

La Fuerza Transformacional creadora potencia el subconsciente para visualizar, ensoñar, imaginar, potenciando la sensibilidad y la emotividad en todo aquello que no conmueve a priori. Centra la atención consciente sobre los detalles y lo cotidiano. Estrategias y acciones para obtener mayor eficacia personal.

Aspectos de la Fuerza Transformacional creativa son:

- Estudiar las obras cumbre de la creatividad.
- Tratar de comprender los significados, los orígenes, las motivaciones, los procesos creativos.
- Desarrollar la originalidad metafórica y comparativa: buscar semejanzas, analogías, síntesis.
- Contemplar la realidad inanimada como dotada de vida y en continua transformación.
- Practicar la escucha activa en todas las situaciones sociales.
- Evitar la generalización Usar estrategias creativas, diagramas, esquemas, torbellinos de ideas, etc. de manera frecuente.

Impedimentos para aplicarla:

- Confusión de los problemas: para resolverlos hay que analizarlos por separado.
- La respuesta correcta: es un error pensar que siempre hay una respuesta correcta. Lo correcto está a menudo en función de muchas variables.
- Lo lógico: no todo es lógico, ni la lógica lo soluciona todo. Es mejor buscar lo eco-lógico, es decir, lo global.
- Las reglas: seguir las reglas causa resultados mediocres y poco originales. Hace falta un punto de transgresión.
- El pragmatismo: ser práctico es lo contrario a ser imaginativo.
- El juego: saber tomarse las cosas a broma y como un juego es a veces la mejor postura.
- La equivocación: el temor a la equivocación paraliza y resta iniciativa. La mejor manera de aprender es a través de la práctica, el ensayo y el error.

Las 7 responsabilidades del liderazgo de Brian Tracy.

Brian Tracy (2019). *"¿Cómo lideran los mejores líderes?"*. Harpercollins. Madrid. Presidente de la consultoría de capacitación Brian Tracy International.

1. Establecer y concretar metas comerciales: establecer y alcanzar metas implica planificar y realizar estrategias no sólo es seguir un camino para conseguirlas.
2. Innovar y comercializar: el líder debe promover la innovación continua de productos y servicios.

3. Resolver problemas y tomar decisiones: las dificultades y las barreras deben dejar de serlo para convertirse en retos que puedan ser superados.
4. Establecer prioridades y tareas clave: el tiempo puede ser un determinante crucial para tus logros.
5. Ser un modelo para los demás: enseñar con el ejemplo es la única forma en que se puede lograr aprendizaje en una organización.
6. Persuadir, inspirar y motivar a otros a seguirte: si las personas no te siguen entonces no eres un líder. Para lograr que tus compañeros te sigan y respalden es necesario ganar su confianza y respeto.
7. Tener un buen desempeño y obtener resultados: el desempeño de manera positiva demostrará que las metas son alcanzables.

5.3.4. Liderazgo en La primera vuelta al mundo. Magallanes y Elcano.

"Toda mi vida he ido en busca del horizonte, y acabé por darme cuenta de que el muy burlón nunca se alcanza, porque, cuando corres a por él, te engaña y te devuelve al sitio de donde partiste. Pero, claro, uno aprende al final que lo importante no es el destino, sino el viaje. Yo creo que el mundo es redondo para que nunca veas el final del camino".

Juan Sebastián Elcano

La clave del liderazgo de la primera Vuelta al Mundo es que fue, ciertamente, un liderazgo compartido. Un liderazgo compartido en tiempo y en espacio. Precisamente los dos perfiles de liderazgo tan distintos de Magallanes y Elcano propiciaron el éxito de la expedición.

Elcano era un hombre más familiar. Era más de escuchar. Elcano era hombre de autoridad, pero a diferencia de Magallanes, solía consultar con sus hombres. *"Para ser buen patrón no basta con saber navegar, hay que acertar a hacerse con la gente y Magallanes sólo lo conseguía por la fuerza"*, decía Elcano. Aunque él tampoco se quedaba atrás si hacía falta el mando: *"herida la fe, la disciplina es la fuerza mágica imprescindible para sostener a los marinos"*. Pero más como autodisciplina que mando autoritario, autoridad individual autoimpuesta.

Magallanes tenía el defecto de no consultar a los demás, de no querer compartir el mando. Nada más salir de San Lúcar de Barrameda el 10 de agosto de 1519, Magallanes quiso dejar clara su autoridad obligando a todos los navíos a navegar siempre cerca unos de otros. Era preciso desde el primer momento mantener disciplinada a la tripulación. Sabía que iban a correr todos los peligros del mundo.

Elcano, más conciliador y consultivo. Magallanes muy introvertido y autoritario sin dar apenas información y sin dar opción a réplica sobre sus decisiones, tal vez, porque la empresa requería la suficiente discreción para que la desidia de los navegantes no rompiera la aventura al sentir que no se llegaba a ninguna parte.

Magallanes, liderando de forma determinante en momentos clave donde nadie quería continuar. Varios capitanes españoles se llegaron a levantar contra él en el motín del Puerto San Julián donde se habían refugiado para esperar la primavera y poder continuar buscando el famoso paso o estrecho. La revuelta fue disipada con ejecuciones y castigos, incluido el propio Elcano.

Gracias a esa forma de actuar tan autoritaria, Magallanes condujo a sus hombres hasta dar con el llamado, hoy día, estrecho de Magallanes. Para después cruzar el océano Pacífico y llegar a Filipinas donde en una revuelta ayudando a una tribu contra otra murió el 27 de abril de 1520.

Algunos historiadores dicen que se *"entretuvo"* demasiado en estas islas con acciones que se desviaban ciertamente del objetivo de llegar a la especiería y volver cargado a España con clavo y otras especias. Incluso otros investigadores apuntan que de haber seguido con vida y comandando la expedición, tal vez, no se hubiera dado la vuelta al mundo, pues Magallanes tenía intención de volver por donde habían venido. Esto nunca lo sabremos.

Y en este punto del viaje, vuelve a cobrar importancia y mayor liderazgo Elcano que, después de llegar por fin a las islas Malucas y cargar los dos barcos que quedaban, se prepara para el retorno a España. Retorno que haría finalmente con un solo barco y consensuando con sus hombres el itinerario de regreso. Unos historiadores dicen que, en general, los navegantes españoles solían poner en común ciertas decisiones con su gente. En el caso de Elcano, sin rechazar esto, algunos investigadores afirman que, teniendo ya tomada la decisión de volver por el océano Índico, lo puso en común para tener más apoyo y aprobación.

De esta manera, Elcano y sus hombres, atravesaron el océano Índico, pasaron el cabo de Buena Esperanza y, pegados a la costa africana pero lo suficientemente lejos de tierra como para no ser interceptados por los portugueses, ya que circunnavegaban sus territorios según el Tratado de Tordesillas, navegaron hasta encontrarse frente a las islas de Cabo Verde, también de la Corona de Portugal.

Y aquí un episodio interesante, desde el punto de vista histórico y de liderazgo. Cansados y sin comida Elcano y sus hombres pretendieron acercarse a dichas islas a por comida. Algo que hicieron, pero, con tan mala fortuna, que varios marinos fueron apresados al desembarcar. Elcano tuvo que decidir entre ayudar a los apresados o continuar con el proyecto de llegar con especias a Sevilla. Optó por lo segundo y, a bordo de la nao Victoria, el 8 de septiembre de 1522 concluyó el objetivo de llegar cargados de especias y, sobre todo, el gran objetivo de ser los primeros en realizar la primera circunnavegación al globo terráqueo.

El reto, tanto de Magallanes, como de Elcano, es un reto individual de aventurero y a la vez de equipo. Reto compartido de alto rendimiento donde se dan las fases de todo Viaje del Héroe:

- El sueño de HACER
- El valor de PARTIR
- La experiencia de VIAJAR
- La satisfacción de VOLVER

En las etapas en la 1ª Vuelta al Mundo Magallanes y Elcano una historia de vientos, rumbos y toma de decisiones:

1. **Sueño**
2. **Partida**
3. **Exploración**
4. **Destino**
5. **Regreso**
6. **Transformación**
7. **Nuevos retos. Nuevos sueños**

1. **Sueño.** Liderazgo, voluntad, obstinación. El valor de los fracasos está en la trascendencia de la búsqueda:
   a) El momento
   b) La carrera exploratoria
   c) El proyecto. Sueño + oportunidad
2. **Partida**
   a) Los preparativos. Itinerario
   b) Las Naves. Los Materiales
   c) Las personas
3. **Exploración**
   a) Rumbo al sur. La calma
   b) Lo desconocido. La incertidumbre y el miedo

    c) El punto de no retorno

    d) El Pacífico. La inmensidad. La oscuridad y el silencio

4. Destino

    a) Sin rumbo

    b) El destino. Elcano. Experiencia de servicio. Capacidad comunicadora. Capacidad de economía

5. Regreso

    a) La larga travesía. El temporal. La anticipación

    b) El límite. Agotamiento y supervivencia

    c) La arribada. Impacto y balance

    d) La trinidad

6. Transformación

    a) Un mundo nuevo. Creado y encontrado.

7. Nuevos retos. Nuevos sueños

Toda aventura que termina, todo viaje que concluye, toda investigación que finaliza, acaba con nuevas preguntas, nuevas dudas, nuevas incógnitas. Los retos cumplidos, necesariamente vienen acompañados de otros nuevos, renovados retos que parten de nuevos sueños. De sueños generados y creados más que por el objetivo cumplido, por el propio viaje, por todo lo vivido.

5.3.5 Liderazgo Hernán Cortés

Nacido en la ciudad extremeña de Medellín en 1485, en el seno de una familia de mediana hidalguía, Cortés decidió buscar fortuna en el Nuevo Mundo viajando a isla La Española y a Cuba, donde llegó a ser alcalde de la segunda ciudad fundada por los españoles durante la tercera expedición. En 1521, un reducido grupo de españoles liderados por Cortés, con el apoyo de una amplia coalición de pueblos indígenas, conquistó Tenochtitlán, la gran capital de los aztecas.

Gran conocedor del mundo indígena y curtido en las batallas habituales entre los españoles de Indias, deseoso de acrecentar su patrimonio, Cortés abandonó apresuradamente la ciudad a comienzos de 1520 para hacer frente a una expedición que debía ser una misión exploratoria y que terminó en una empresa de conquista de proporciones legendarias.

Cortes logró imponerse militarmente al pueblo tlaxcalteca, establecer una alianza en base a sus intereses e incorporar a sus tropas a miles de guerreros tlaxcaltecos. Muy astuto él, se dio cuenta de la ventaja que para los españoles suponían las divisiones entre los distintos pueblos nativos, y el odio que tenían muchas poblaciones contra los aztecas y especialmente contra su emperador Moctezuma y su política de imperialismo y terror. Esa estrategia, unida a un liderazgo extraordinario, le permitió en poco tiempo hacerse con el dominio de un imperio de más de 15 millones de habitantes.

Hernán Cortés es tan alabado como criticado, tan querido como odiado. Desde este aquí no nos decantamos por ninguna de las dos posiciones y lo único que pretendemos es aportar la característica de excelencia de liderazgo, tanto con su gente como en la interacción con personas y jefes externos, no sólo a su cultura, sino también a su territorio conocido hasta la fecha. Así pues, iremos aportando un análisis de sus principales valores y capacidades de gran líder.

Un rasgo clave en Hernán Cortés es que era un gran negociador. Era capaz de aprovechar las debilidades de sus oponentes y aplicar una psicología muy poderosa. Fue, también, un buen gestor cuando le tocó gobernar y administrar ciudades y territorios, pero sobre todo era un gran gestor de personas. Sabía relacionarse muy bien y hacer las mejores interacciones entre sus soldados y capitanes. Hubo, así mismo, un factor determinante según muchos historiadores y estudiosos de su figura: la suerte.

Hábil en los negocios, sabía manejar muy bien los tiempos de incertidumbre. Para Pérez Paz, capitán de fragata de la Armada española y profesor organización y liderazgo en Escuela superior de las Fuerzas Armadas (FAS), una de las claves de su liderazgo estuvo en su enorme carisma y en saber otorgar la importancia debida a sus capitanes o, como diríamos ahora, en saber aplicar el mejor empoderamiento sobre los directivos.

Castellano de tierra y de alma, Cortés empezó ciertamente tarde en su emprendimiento aventurero, pues todavía a los 33 años era escribano en la isla española. Fue, así mismo, contemporáneo de los artífices de la primera vuelta al mundo, Magallanes y Elcano. Cuando él conquistó México a finales de abril de 1521, los navegantes, estaban todavía en la mitad de su periplo. Tal vez coincidiera incluso con la muerte de Magallanes en Filipinas el 27 de abril de ese mismo año.

Se puede concluir, por tanto, con la aportación de un modelo de liderazgo Hernán Cortés en el que el arraigo rural, castellano de Medellín, Extremadura y los ideales nacionales, algo medievales todavía, de los Reyes Católicos conforman el armazón generador de su tipología de líder poco convencional para la época. Su capacidad de obtener información, su inteligencia, así como su habilidad negociadora fueron la gran clave de su Fuerza Transformacional. De líder estratégico, ejecutivo, directo con la suma de vocación y carácter. Liderazgo proactivo, más allá del mando, motivado y motivador. Mando por carisma unido a una potente cultura corporativa (Dios-Rey-patria-tierra).

Alto, buena imagen, aspecto de gran señor, educado, serio, astuto, motivador, atlético, diestro en armas, buen jinete, bravura, carismático. Como decía su compañero y casi hermano Bernal Díaz, *"Todos nosotros pusiéramos la vida por Cortés"*.

Astuto y manipulador, también, con grandes habilidades directivas sabiendo siempre aprovechar situación, sabiendo tejer alianzas, hábil negociador, con capacidades de comunicación y de iniciativa.

Es capaz eficazmente de aplacar los conflictos internos, a la vez que sabe tomar decisiones con actitud y determinación que hacen de su estrategia y táctica sobresalientes en forma y resultado.

Valores y rasgos que se pueden destacar como identificados en el liderazgo Cortés son, por tanto: moral, lealtad, disciplina, deber, confianza, sacrificio, superación, conocimiento, creatividad, visión, iniciativa, adaptabilidad, visión futura, humanidad, resolución, valor, resistencia, optimismo, ánimo, expresión, jovialidad.

Y unas actitudes demostradas:

- Generación de confianza
- Aproximación y preocupación por el subordinado
- Establecimiento de objetivos, planificación
- Mejora continua
- Fortalecimiento de espíritu de equipo unidad
- Creación entorno agradable de trabajo
- Fomento de la cultura corporativa

El liderazgo de Cortés, más que en la fuerza, se basaba en la persuasión. Un capitán muy lúcido e inteligente. Si la retórica es el arte de la persuasión Cortés lo hace del todo. Sabe tratar con todo tipo de gente. Tiene habilidad política. Sabe buscarse apoyos. Tiene la precaución de dirigirse a los suyos con mucha educación. Se sabe superior a ellos, sin dejar de ser compañero.

Como características primordiales del liderazgo de Hernán Cortés destacan, según Pérez Paz:

- Su firme convicción para alcanzar los logros
- Gran espíritu de equipo, compartiendo triunfos y aceptando la responsabilidad de los fracasos
- Transmitía lo que quería, marcando el camino con claridad y determinación
- Liderazgo sin notoriedad, sabiendo estar a un lado cuando correspondía
- Preocupación por el buen trato a sus hombres. Les tenía mucho respeto, luchaba con ellos codo con codo (nunca mejor dicho) y por ello le respetaban
- Confiaba en los demás y confiaban mucho en él. Generaba mucha confianza
- En combate, sabe delegar y asigna responsabilidades
- Promueve el debate y dejaba expresar opiniones contrarias sin censura
- Terminaban triunfando sus puntos de vista por convencimiento de su criterio y sus buenas y creíbles argumentaciones, a veces, después de muy largos debates
- Gran poder de persuasión
- Táctico admirable
- Muy buena organización. Muy buen estratega
- Buena utilización de los medios disponibles. Explicaba todo en táctica: misión, objetivos a alcanzar y acciones concretas
- Habilidad política, con buen conocimiento de leyes y de las instituciones
- Habilidad negociadora, interna y externamente
- Aprovechó las disputas entre reyes indígenas (divide y vencerás) y, al mismo tiempo, sabía alcanzar buenas alianzas con pueblos indígenas
- Excelente uso de la información
- Gran poder de persuasión: aprovecha su relación emocional e íntima con Malinche, su mujer en américa, como interprete, confidente y asesora de diversos temas y decisiones. Tendrá incluso un hijo con ella
- Determinación en su gran objetivo. Tanto, que manda barrenar y hundir las naves para procurarse el mayor respaldo en la aventura. Lo hizo, además, con el apoyo de todos sus hombres

Sobre este último punto tan significativo en su liderazgo hay mucha literatura y análisis diversos de tal acción. Supo usar el miedo a su favor.

En su arribo a las costas de Veracruz en 1519 con la intención de conquistar el imperio Azteca y estando en un ambiente tan desconocido como hostil, superados, además, en número, pues solo iban 600 hombres con él, Cortés supo que el miedo, tarde o temprano, invadiría a su ejército y querrían retirarse.

Por ello, no les dio elección. Cortés pudo pensar que la mejor manera de motivar a su gente era de una forma permanente. El miedo estaba a la espera en todo momento y lugar por lo que la mejor estrategia tanto en el campo de batalla como fuera de él para que sus subordinados no se vieran aterrorizados por lo que los rodeaba era tener la mayor determinación sobre su propósito.

Transmitir esa determinación solo se puede hacer con una potente visualización que agite emocionalmente las almas a quien se quiere trasladar ese coraje, valentía y arrojo. Cortés encontró la imagen y sensación más impactante: hundiendo las naves en las que habían llegado, no dando opción al regreso. Dejando solamente la opción de ir hacia adelante al objetivo.

Una decisión que es usada como ejemplo en infinidad de cursos de liderazgo alrededor del mundo y forma parte del gran bagaje de la historia mundial de los grandes líderes.

Hundir las naves. La decisión que cambio la historia. En una empresa tan fuerte no hay que dejar opción de retirada. Los soldados, cuando vieron sus naves hundidas detrás de ellos, marcharon hacia el interior del territorio con mayor confianza y determinación.

De esa manera tan poderosa, Hernán Cortés les hizo entender que se trataba de ganar o morir, no había posibilidad de retirada ni rendición y, si querían volver a casa, habría que ganar.

Dos años después, contra toda posibilidad, los españoles lograron conquistar el imperio Azteca gracias a esa decisión. Decisión y acción tomada por Cortés, en parte, para ayudar a sus tropas a superar sus miedos.

Ésta es una lección importante para cualquier líder y para cualquiera que desee conseguir los mayores logros en las mayores incertidumbres. Al tomar una decisión tan enérgica el poder transformacional que tiene en los colaboradores es rápida, coherente y absoluta.

Tener miedo en situaciones de gran incertidumbre y preocupación nos hacen tender a *"tirar la toalla"* y rendirnos. Ello es entendible, pero si, desde el primer momento, dejamos esa posibilidad de lado, no nos quedará más remedio que ir hacia adelante.

Rendirse, pues, es una solución no concebible en personas con pasión, con ideales, con objetivos potentes, con gran determinación sobre su vida y obra. Esto es lo que Cortés les transmitió a sus soldados, acercarse a la victoria solamente se puede hacer con disciplina y determinación absolutas hasta conseguir realmente lo que se quiere. La retirada no es la solución a un problema que requiere soluciones permanentes o para conseguir un gran sueño.

Se trata de transformar el miedo en energía. El mismo miedo que los soldados tenían al entrar en el campo de batalla y los habría hecho retirarse, es el mismo que los iba a impulsar a ganar la guerra dándolo todo.

Se realiza, así mismo, un compromiso, que es generado por la Fuerza Transformacional de Cortés, pero que luego emerge de los propios colaboradores de éste, capitanes e incluso tropa. Este compromiso implícito y también explícito hacía la acción obliga a obtener la victoria. El líder se asegura de que el coraje es Fuerza Transformacional que mueve la voluntad y genera disciplina poderosa contra el miedo.

Nuestros miedos son parte de nuestras creencias limitantes y éstas son, a menudo, lo que nos frena a nuestro objetivo. El miedo es, en muchas ocasiones, el motivador más fuerte de todos. Saber usar el miedo como energía transformadora puede llevar a tener muy cerca la victoria. Si bien, es tan potente que, no se puede tener y generarse atrevidamente en grandes retos desajustados con mínimas habilidades pues declinaríamos con toda seguridad en el intento. No puede ser usado con continuidad en nuestra vida, esto atentaría contra nuestros deseos de una vida mejor.

"Hundir las naves" para que no quede otra salida que seguir adelante sin otro camino posible hace que el miedo que antes nos aplacaba, ahora nos impulse a conseguir lo que queremos.

5.3.6. Liderazgo Jacinda Ardern. Primera ministra de Nueva Zelanda

> *"Sean fuertes, sean amables"*
> Jacinda Ardern
> Primera Ministra de Nueva Zelanda.

Jacinda Kate Laurell Ardern (Hamilton, 26 de julio de 1980) es la primera ministra neozelandesa. Líder del Partido Laborista, asumió el cargo el 1 de agosto de 2017. Al asumir su cargo, fue la jefa de gobierno más joven del mundo con 37 años.

Se graduó en la Universidad de Waikato en 2001 y llegó a trabajar en el Reino Unido como asesora de política del Primer Ministro del Reino Unido Tony Blair.

En 2008, fue elegida Presidenta de la Unión Internacional de Juventudes Socialistas y se convirtió en líder del partido laborista el 1 de agosto de 2017. En las elecciones generales de 2017, el Partido Laborista ganó y Jacinda se convirtió en la actual primera ministra de Nueva Zelanda.

Ideológicamente, es socialdemócrata, progresista y feminista. Sobre cuestiones sociales, es partidaria del matrimonio entre personas del mismo sexo, y apoya la liberalización de las leyes sobre el aborto.

El gobierno de Ardern estableció, así mismo, como sus cinco prioridades presupuestarias mejorar la salud mental de la población, reducir la pobreza infantil, afrontar la desigualdad de las etnias maorís y de las islas del Pacífico, avanzar hacia la era digital, así como llevar a la economía neozelandesa a una era sustentable de bajas emisiones de carbono.

Ciertamente, la apuesta progresista de esta líder necesita apreciarse en un contexto de país desarrollado, que las encuestas generales suelen incluir junto con los nórdicos de Europa entre los de pueblos más satisfechos con su vida cotidiana.

Su liderazgo comenzó a sobresalir cuando fue muy elogiada a nivel internacional por la respuesta firme y de integración en los atentados terroristas de Christchurch del 15 de marzo de 2019, el ataque salvaje contra dos mezquitas que dejó un sangriento balance de medio centenar de muertos.

La figura de la primera ministra, merced a aquella brutal experiencia, ha sido puesta como ejemplo de liderazgo, por parte de los más reconocidos expertos mundiales en esta materia. Talento, destreza y humanidad para gestionar una crisis brutal demostrando inteligencia emocional y política y firmeza desde el primer momento. *"Puede que usted nos haya elegido a nosotros, pero nosotros a usted lo rechazamos y lo condenamos'* dijo Jacinda Ardern, ataviada con un pañuelo negro, el mismo día de los atentados y mirando fijamente a la cámara.

Aquella misma mañana, se reunió en el mismo lugar de los hechos con miembros de la comunidad musulmana para expresarles sus condolencias y poder abrazarles, tocarles, sentirles. Una imagen dio la vuelta al mundo y conmovió a todos. Firmeza y calidez humana dirían refiriéndose a ella esos días tan intensos. *"Ellos son nosotros"*, dijo, en referencia a los inmigrantes objeto de este ataque islamófobo y racista, y se negó en todo momento a pronunciar el nombre del sospechoso.

Desde todos los rincones del mundo se pide otorgar a la política neozelandesa el Nobel de la Paz. La revista 'Crisis', de la Asociación para el Progreso de las Personas de Color, dijo de ella: *"Elegancia, Dignidad, Valentía, los líderes verdaderos sí existen"*. Ardern ha moldeado un consenso diferente, demostrando acción, cuidado y unidad. Una líder humana, llena de bondad e inteligencia política.

Empatía e instinto natural, a pesar de su precocidad, a pesar de su juventud. Empatía como su principal fortaleza. La revista Times la incluyó en 2019 como una de las 100 personas más influyentes del mundo. Forbes la considera la 29 mujer más poderosa de la tierra. Es el liderazgo que diferencia a la primera ministra de Nueva Zelanda del resto del mundo en la batalla contra el Coronavirus.

Jacinda Ardern anunció la cuarentena en Nueva Zelanda con un discurso en televisión a la que siguió una larga conferencia de prensa en donde respondió a todas las preguntas. En esa misma comparecencia afirmó que Nueva Zelanda estableció *"el confinamiento más contundente y práctico del mundo hasta el momento"*, y destacó que *"va un paso por delante, ya que es el único país de Occidente con un objetivo marcado de erradicación"* de la enfermedad.

La clave de su discurso y de tener la capacidad de llegar a su gente está en habilidad para dotar de significado y la empatía a sus palabras y dar lo mejor de sí mismos. Ser capaz de instar a los ciudadanos neozelandeses a *"permanecer en sus hogares para salvar vidas"*, a la vez de dar un sentido y un propósito a la petición pública. Reconoció abiertamente las dificultades que afrontar y mostró empatía mientras pedía a los ciudadanos a quedarse en sus casas.

La rueda de prensa en la que anunció el confinamiento del país. el 23 de marzo es, en sí misma, un ejemplo claro de las habilidades comunicativas de la política neozelandesa. Con un discurso cuidadosamente elaborado por ella, y un extenso turno de preguntas. En contraste con estrategias de homólogos de otros países importantes de occidente con discursos grabados y sin posibilidad de preguntas.

En este caso de la pandemia del Coronavirus, ha sido determinante en su capacidad de influir en los demás, en tener liderazgo, por tanto, la empatía con las dificultades para sus ciudadanos y el establecer contacto con ellos en términos sencillos y prácticos cada día.

Mientras Ardern solicitaba el cuidado de sus ciudadanos y daba a la situación de significado, otros líderes mundiales optaron por la vía de la *"obediencia obligada"*. Consiguió de forma rotunda que su país estuviera con ella al facilitar a su gente lidiar con el cambio necesario. Algo poco habitual y difícil de conseguir.

Parte del secreto son sus comparecencias de Facebook, combinadas con apariciones oficiales más serias, pero siempre con un lenguaje más emocional. Ardern, durante la crisis del Coronavirus, emitió directos en Facebook incidiendo sobre cuestiones de vital importancia y sobre aspectos y decisiones de especial atención, para conseguir aliviar la angustia de los neozelandeses mediante una comunicación transparente y directa al corazón: *"Sé que es descorazonador"* afirmaba mirando directamente a la cámara.

Mayor acierto, por su parte, fue el anuncio del nivel 4 de alerta al explicarlo con dos días de anticipación y estimulando a todos sus compatriotas a actuar por el bien común. Las intervenciones públicas de la primera ministra neozelandesa han sido liderazgo puro. Esto es, persuadir a la gente a adquirir responsabilidad compartida en sus problemas colectivos.

Jacinda Ardern, para muchos expertos en liderazgo, ha sido la líder más eficaz, a nivel mundial, en la lucha contra el Coronavirus donde la clave de su exitoso está en la comunicación y firmeza. Su liderazgo, además, ha destacado por la empatía, la compasión y el carisma, estando en todo momento a la altura de las circunstancias.

Cuando el Coronavirus llegó a Nueva Zelanda el 28 de febrero de 2020, la primera ministra tomó la decisión rápida y atrevida de eliminar la curva de contagios lo más pronto posible: *"Dale duro y dale pronto"* dijo apenas se registraron los primeros casos en el país. Ordenando rápidamente el confinamiento obligatorio de toda la población y el cierre de fronteras. Medidas tomadas desde una etapa temprana, buscando la *"eliminación"* del brote.

Ella misma se aisló en su casa y se comunicaba diariamente con los neozelandeses a través de las redes sociales. Allí, familiar, casera y natural enviando mensajes de tranquilidad y cercanía con la población. Esta empatía llegó rápidamente a la prensa internacional reconociendo su labor en el combate al Coronavirus: "*Sus mensajes son claros, consistentes, y de alguna manera, al mismo tiempo sobrios y tranquilizadores*".

Además, Ardern, se bajó un 20% de su sueldo al menos por seis meses. Si bien, es cierto, que la geografía de Nueva Zelanda favoreció para contener la enfermedad al estar integrada por dos grandes islas.

Jacinda Ardern ha mostrado al mundo un verdadero liderazgo humano: integridad, coherencia y humanidad. Cambiando el paradigma de cómo los políticos reaccionan ante una tragedia. Explicando, como haría una vecina comprensiva, las medidas del confinamiento. De las que, hasta ella misma se queja porque, como madre de una niña, también sufre por el confinamiento de los más pequeños.

El regalo de Ardern fue, así mismo, ceder el protagonismo y las verdaderas historias a quienes tienen que contarlas. Ha combinado el interés con el agradecimiento. Su gestión ha salvado vidas y ha sido capaz de transmitir que realmente se preocupa por sus ciudadanos. Y no presumiendo en ningún momento de tener la verdad o de que las medidas no podían tener fallos. Incluyendo incluso rectificación y disculpas. Y con cariño, entendido como comprensión para que nadie se sienta solo. El resultado de esa empatía es un alto nivel de confianza.

La revista Forbes, dijo de Jacinda: "*con su claridad y decisión están salvando a Nueva Zelanda de la tormenta*".

5.4. LA FUERZA DE VOLUNTAD. INCREMENTO DE CAMBIO

5.4.1. La Fuerza de Voluntad. Incremento de cambio

4. LA FUERZA DE VOLUNTAD

- Incremento de cambio: hacer efectividad-autocontrol-automotivación-exigencia

La *Fuerza de Voluntad* es la determinación interna que nos lleva a vencer los obstáculos y a lograr nuestras metas. Desarrollar y reforzar la fuerza de voluntad se consigue con perseverancia, exigencia y disciplina. La mejor autodisciplina, es decir, la capacidad de renunciar a la gratificación inmediata y luchar por un gran objetivo.

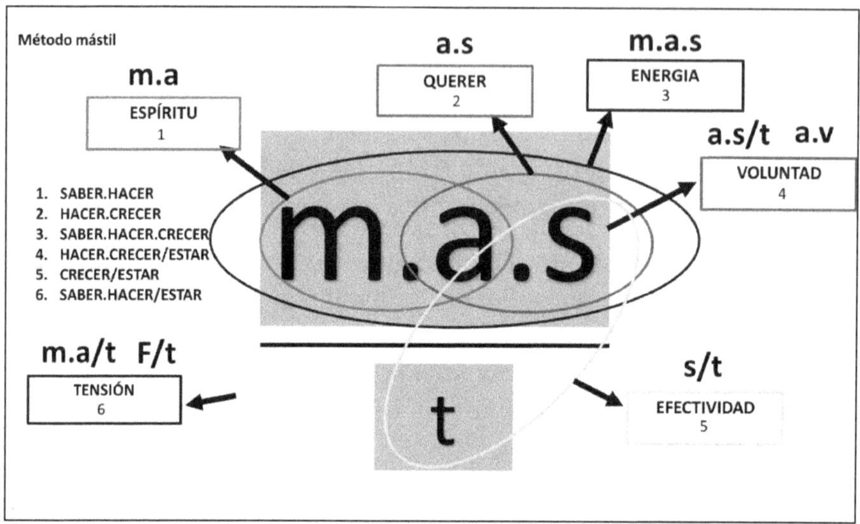

Fuerza de Voluntad es tener mirada sobre el largo plazo, más que por lo inmediato. El éxito en la vida tiene que ver más con capacidad de tolerancia a la demora, con capacidad de tolerancia a la frustración. Saber esperar, tener paciencia. La variable tiempo en esta fuerza es determinante.

HACER.CRECER ESTANDO, potencia el autocontrol, la automotivación y la exigencia. Se trata de incremento de cambio por constancia y disciplina. Perseverar haciendo con efectividad. Es inteligencia intrapersonal de mucha eficiencia por tener incluidos los factores de control personal y generación de motivación en uno mismo y en los demás. Una motivación mantenida en el tiempo, haciendo crecer a la persona con constancia. La mayor constancia del autocontrol y el incremento del cambio determinan cambios profundos en creencias. Incrementa las creencias potenciadoras y elimina o puede hacer decrecer las creencias limitantes.

5.4.2. Las Creencias

Las creencias son generalizaciones que hacemos del mundo que nos rodea y las convertimos en reglas por las cuales nos regimos. Actuamos conforme a las mismas como si fueran además verdaderas e inmutables. Una creencia es el sentimiento de certeza sobre el significado de algo. Es una afirmación personal que consideramos verdadera.

Las creencias son el motor de funcionamiento del individuo. Las personas actuamos, valoramos, juzgamos y pensamos en función de ellas. En la vida continuamente se dan situaciones de este tipo por lo que, las creencias, juegan un papel primordial en las interacciones personales y sociales.

Las creencias son juicios de valor que tiene el sujeto relacionados con su actuación en general o en algo concreto.

Así mismo, las creencias aparecen en relación a las posibilidades sobre la obtención de los logros; en su atribución personal del éxito y fracaso; y en cómo se valora el trabajo realizado en relación a los objetivos propuestos.

Creer es pensar que existe algo, actitud proposicional, deseo de ocurrencia de algo, reflexión sobre la trascendencia, nos mueve a continuar, es motivación a desarrollo. Y esto nos lleva directamente a incrementar cambio, a generar un sumatorio virtuoso de *efectividad + autocontrol + automotivación + exigencia*. Voluntad consciente. Fuerza de voluntad, en definitiva.

Solo se dan las creencias desde la fuerza de voluntad, desde la mayor alineación e integración de *constancia-disciplina + perseverancia-autocontrol + paciencia-aguante + hacer con efectividad.*

Creencia es Fuerza de Voluntad desde el autocontrol, automotivación y exigencia personal. La fórmula de la potencia que crea las fuerzas del poder del ser humano no aporta *Hacer.Crecer/Estar* derivada de *a.s/t* desde *P= m.a.s/t*.

Fuerza de voluntad o capacidad humana para esforzarse lo inexcusable para realizar toda acción que se pretenda. Fuerza vital y necesaria para decidir.

"Las creencias tienen el poder de crear y el poder de destruir".
Anthony Robbins.

"Una creencia es algo a lo que te aferras porque crees que es verdad".
Deepak Chopra.

Creer es pensar que existe algo, una actitud proposicional, un deseo de que ocurra algo e incluso reflexión sobre la trascendencia humana. Es algo que nos mueve a continuar en desarrollo y nos proyecta a la mayor motivación en seguir nuestro camino. Creer es fuerza de voluntad.

"La realidad no se puede representar por un campo continuo"
Einstein

Creencia según la Real Academia Española de la Lengua (RAE), es dar crédito a algo sin suficiente fundamento. Es también, conformidad, convicción, asentimiento, fe, confianza. Su antónimo más significativo es evidencia que, según la RAE significa certeza clara, manifiesta y tan perceptible, que nadie puede racionalmente dudar de ella.

Teniendo en cuenta estas definiciones, podría desprenderse de ello que lo únicamente positivo es evidenciar todo lo que se pueda. Y, bien, siendo cierto ello. Las creencias, se nos presentaran en el ser humano como algo muy positivo y auténticamente verdadero. Verdadero por efectivo para la persona y su devenir. Es una gran fuerza voluntad que nos aporta energía, atrevimiento, arrojo, carácter y coraje.

Un concepto con el que uniremos las palabras-conceptos de evidencia/creencia es el de eficacia percibida. Percepción de eficacia personal que según Marina influye en nuestro autoconcepto y nuestra autoestima. Por ello la importancia de las creencias personales, las creencias sobre nosotros mismos.

"Ningún aspecto del conocimiento de la persona influye tanto como la opinión que se tenga de la eficacia personal"
J. A. Marina

La percepción competencia se define como la apreciación que tenemos de nuestras capacidades competenciales sobre un área de conocimiento o sobre la realización y ejecución efectiva de una tarea dada.

En ese sentido el autoconcepto y la autoestima entran en juego pues se pueden ver alteradas positiva o negativamente según manejemos nuestra percepción y opinión sobre nuestros recursos específicos y generales.

Ello enlaza con la Teoría de la autoeficacia de Bandura que dice que las creencias de las propias capacidades, influyen en el modo de pensar, sentir, motivarse y actuar de las personas (Bandura, 1986). La autoeficacia es, según el autor, un constructo principal para realizar una conducta, ya que la relación entre el conocimiento y la acción estarán significativamente mediados por el pensamiento de autoeficacia. Bandura considera que el pensamiento influye significativamente a nivel cognitivo, afectivo y motivacional.

Veremos más delante de la importancia de todo esto para el sujeto y para la mejor acción sobre el aprendizaje de tareas y estrategias.

Las creencias son juicios y evaluaciones sobre nosotros mismos, sobre los demás o sobre el mundo. Es una generalización o proceso mediante el cual se establece una conclusión de índole universal desde una observación u observaciones particulares. Se trata de un sentimiento de certidumbre sobre algo que no sabemos si es verdadero con certeza.

Las creencias son generalizaciones que hacemos del mundo que nos rodea y las convertimos en reglas por las cuales nos regimos. Actuamos conforme a las mismas como si fueran las únicas y verdaderas.

Las creencias se adquieren de pequeños entre los 0 a los 7-8 años de edad. Se graban en nuestra amígdala (especializada en procesos emocionales) la cual guarda aquellos recuerdos que más impacto emocional tuvieron en nuestra vida como los traumas o nuestros momentos más felices. Constituye una especie de depósito de la memoria emocional. La creencia se mueve desde el subconsciente, a través de una convicción que tomamos como cierta, derivada fundamentalmente de la cultura, la experiencia y el modelado de las personas que nos han influido en nuestra infancia como son los padres, y profesores. No saber del todo si algo es cierto o si está en nuestro subconsciente como esquema mental rígido transmitido por dichos agentes psicosociales de primer orden, es lo que dificulta para tener una perspectiva sobre tal creencia para cambiarla o no según nos influya positiva o negativamente.

Nuestras creencias acerca de nosotros mismos y de lo que es posible en el mundo que nos rodea tienen un gran efecto sobre nuestra eficacia cotidiana. Todos tenemos creencias que nos sirven como recursos, son las llamadas creencias potenciadoras, y también creencias que nos limitan nuestra conducta, nuestras acciones, nuestros pensamientos y sentimientos. Ellas son las llamadas creencias rígidas o limitantes.

Tipos de problemas que transfieren las creencias limitantes

- La desesperanza: cuando una persona está desesperada siente o cree que no hay ya solución posible, que no existe ya esperanza alguna. Es una creencia sobre el resultado. Nos deja en inacción. Paralizados. Imbuidos en pensamientos negativos que nos desgarran.
- La sensación de impotencia: sensación de no poder con algo, o con nada. Percepción de inutilidad, insuficiencia y defecto. Es la falta de no poder hacer o concebir algo.
- La sensación de no valer lo suficiente: cuando creemos que no merecemos una cosa y ello nos hace dejar de luchar y enfrentarnos. El mayor agravia hacia unos mismo es cuando se lleva a una generalización extrema de "no valer para nada".

Las creencias, entonces, se forman a través de los valores, las experiencias, las expectativas y los estados internos referidos al conjunto de ideas y opiniones que una persona tiene sobre sí mismo y sobre su ecosistema psicosocial más próximo. Están unidas al sistema de valores del sujeto y constituye un paso intermedio hacia su comportamiento, pues son concretas y cercanas a la conducta.

Se construyen o se desarticulan en cierto período de tiempo por experiencias que uno va teniendo a lo largo de toda su vida y de la forma en como éstas son interpretadas e interiorizadas a la identidad personal.

Según Dilts (2003), a partir de las creencias formamos estructuras en nuestros pensamientos, acciones y palabras. Las creencias son, por tanto, juicios y valoraciones sobre nosotros mismos, los demás y el mundo que nos rodea. Así como interpretamos y sentimos el mundo, lo vemos, y construimos lo que creemos es la realidad. A veces la única realidad. En muchos casos, una realidad que nos hace daño y nos domina.

Se consideran generalizaciones fuertemente fijadas a nuestro sistema de valores e influyen directamente sobre nuestras experiencias y, peor aún, en nuestras expectativas.

Las creencias se instalan en nuestra mente a través de la intensidad de la experiencia y la repetición. A veces, una sola experiencia con gran valor emotivo negativo puede ser un episodio traumático o un miedo intenso. En otros casos, la repetición en el tiempo de tal experiencia, aunque no sea muy impactante, puede también fijar una creencia que nos condicione nuestra forma de vivir.

Las creencias, así mismo, pueden tener un efecto de complacencia sobre nuestros comportamientos y desviarnos la atención de unas áreas en vez de otras. De este modo, un sujeto que cree que todo le sale mal, no aprovechará oportunidades que se le presenten, aunque sean fáciles de realizar en ejecución, ya que considerará que no merece la pena ningún esfuerzo y tomará instintivamente decisiones dictadas por esa creencia.

Por el contrario, si un sujeto cree que todo le va a salir bien estará con una predisposición de gran eficacia a cualquier situación y logrará casi lo que se proponga.

La importancia de las creencias es tal, que pueden incluso provocar cambios fisiológicos en nuestro organismo. Las ultimas y novedosas investigaciones en neurociencia, así lo confirman. Y por la misma razón, las creencias limitantes se pueden cambiar, no son inamovibles ni se presentan o se perciben igual para todas las personas. Por ello, debemos trabajar en centrarnos en la modificación de los cimientos y estructuras que soportan dichas creencias.

Con persistencia, constancia, ilusión, tranquilidad, ganas, esfuerzo y ayuda externa profesional, se pueden conseguir cambios significativos y determinantes en la persona.

Las creencias limitadoras y potenciadoras

El poder de las creencias es tan grande que, cuando están muy fijadas en la identidad del individuo, son muy difíciles de cambiar. En mayor o menor grado tenemos creencias positivas que nos sirven como recursos, como fuerza de voluntad, y creencias limitadoras o negativas que nos impiden alcanzar nuestras metas. Trataremos de ello en este apartado.

Las creencias limitadoras, rígidas o negativas, se pueden dividir en tres grupos:

a) Creencias desesperantes: creemos que el objetivo no es alcanzable, hagamos lo que hagamos.

b) Creencias de impotencia: creemos que el objetivo es alcanzable pero no para nosotros.

c) Creencias de ausencia de mérito: creemos que no merecemos el objetivo deseado por alguna razón.

Creencias como "Soy un inútil jugando, todo se me da mal", "Lo he intentado todo y nunca conseguiré meter un penalti", "Es imposible que baje esta marca, soy muy lento", "No merezco que me quieran, soy egoísta y demasiado orgulloso".

Hay que evitar todas estas creencias pues solo contribuyen a limitar nuestras capacidades, y por ello debemos cambiarlas por otras que sean de sentido contrario que nos aporten esperanza, seguridad y sentido de pertenencia.

En ese sentido, no hay unas creencias más verdaderas que otras, por lo que algunas tienden a resultar más efectivas si las hacemos nuestras a la hora de enfrentarnos a nuestros objetivos en un proceso de cambio consiente. Lo que debemos, desde el principio, realizar es auto-programación de creencias para mayor éxito en desintegrar la creencia que nos limita.

Por tanto, debemos creer en soluciones a nuestros problemas y escoger lo que perseguimos como resultado. Elegir lo que queremos creer, elegir nuestras propias creencias.

El cerebro y las creencias

Las creencias están conectadas con el sistema límbico emocional, sistema situado en la base del cerebro llamado *"reptiliano"* e incluye varias estructuras como el hipotálamo, el hipocampo o la amígdala. Es el sistema encargado de controlar las emociones, los instintos y los sistemas básicos de autorregulación. Y tiene una estrecha conexión con el sistema endocrino y con el sistema nervioso central.

Las creencias actúan en nosotros como instintos poderosos en forma de pensamientos, sentimientos y acciones. Neurológicamente, las creencias se asocian a zonas profundas del cerebro que controla las funciones fisiológicas básicas como son el ritmo cardiaco, la temperatura y la presión sanguínea. La mecánica racional del hemisferio izquierdo nos fuerza a tener respuestas a todas nuestras preguntas e inquietudes, aun cuando estas estén fuera de nuestra comprensión.

La existencia de respuestas permitirá completar nuestro propio rompecabezas mental, independientemente de si somos más o menos felices y plenos con estas respuestas. Lo único importante para el hemisferio izquierdo es que la pieza se fije dentro del rompecabezas. Lo demás carece de importancia para el hemisferio izquierdo y constituye el ámbito de acción del hemisferio derecho.

Es en el hemisferio derecho donde se da valor a esta nueva creencia, se asigna una emoción y un sentimiento, se jerarquiza dentro del sistema de creencias y pasa a formar parte de nuestra propia identidad. De esta forma somos inconscientes de esta nueva creencia, aunque influirá en nosotros y condicionará nuestras acciones cotidianas.

El poderoso efecto emocional que producen las creencias es, por tanto, muy grande y por ello nos paraliza o nos impulsa hacia adelante con gran fuerza de voluntad. Se puede alcanzar el éxito si se imagina algo de una forma tan vívida como si hubiera tenido la experiencia real o tener un gran fracaso si creemos vívidamente que eso será así. La explicación está en que nuestro cerebro no puede establecer la diferencia entre algo imaginado vivencialmente y algo experimentado en la realidad. Con una intensidad emocional y una repetición suficientes (fuerza de voluntad), nuestros sistemas nerviosos experimentan algo como real, aun cuando no haya ocurrido todavía. De ahí la importancia de las dinámicas y ejercicios de práctica en imaginación y visualización para la generación de creencias positivas o para la desensibilización sistemática regresiva de creencias negativas.

Más aún, la mente puede utilizar el cerebro para generar, "moléculas de emoción" y liberarlas en el sistema mediante ejercicios de autoconciencia. El uso apropiado y deliberado de la conciencia puede proporcionar salud a un cuerpo enfermo y ocasionar que un cuerpo sano enferme.

Durante el proceso de aprendizaje condicionado, las rutas neurales establecidas entre los estímulos y las respuestas conductuales se estructuran para asegurar un patrón repetitivo. Estas rutas estructuradas son los hábitos y se arraigan mejor con gran fuerza de voluntad.

Elementos significativos en el cambio de creencias

1) El sistema de autoprotección de las creencias. Estrategias inconscientes que se ponen en marcha para evitar que la creencia sea puesta en cuestión ya que inconscientemente se considera a la creencia como algo necesario para sobrevivir. Estas estrategias de protección son principalmente tres:

a) Ante creencias de identidad dolorosas la persona se queda en blanco o se siente confusa, bloqueada o cambia de tema.

b) Tendencia a tratar de explicar lo que le pasa al otro como una demostración de la veracidad de nuestras propias creencias.

c) Intentar justificar nuestra conducta, lo que hacemos cuando actuamos guiados por la creencia, pero que en realidad nada tienen que ver con lo que está pasando.

Estas estrategias son auténticos obstáculos para definir la creencia limitante. Para superar estas dificultades es necesario afrontar cada una de ellas para ayudarla a ser consciente de los mecanismos inconscientes.

Una vez superado el sistema de autoprotección definimos verbalmente la creencia limitante. Esto es fundamental para poder hacer el proceso de cambio de creencias. Necesitamos poner la creencia en palabras mediante una frase sencilla que exprese y represente su estructura profunda.

La creencia debe tener tanta fuerza de convicción que parezca una realidad objetiva. Se consigue más y mejor cuanta más fuerza de voluntad tenemos.

2) Respetar la necesidad de sentirnos coherentes. Proceso de cambio de creencias "ecológico psicosocial" que significa que ha de ser coherente con los diversos aspectos de la vida de la persona. Que, esencialmente, sea tan positivo para nosotros como para las personas que nos rodean. La nueva creencia tiene que estar en sintonía con el valor o propósito de la antigua creencia. Y este propósito tiene que estar "a favor" del resto de valores de la persona. En el corazón de la creencia, tanto limitante como potenciadora, hay un valor o propósito.

3) La información no verbal.

El lenguaje no verbal será determinante en el mejor cambio de la nueva creencia: cómo nos movemos, cómo miramos, nuestros movimientos oculares, nuestro tono de voz. Cuando una creencia está activa se expresa mediante todo ese sistema de comunicación.

4) El papel de los niveles lógicos.

Los niveles lógicos básicos son el contexto, la conducta y las habilidades. Los intentos de cambiar una creencia solo funcionan modificando dichos niveles y cuestionando el núcleo de la creencia, imprescindible para abrir la creencia al cambio.

El proceso de cambio de las creencias.

A veces, un proceso de cambio de creencias comienza cuando se llega al umbral de dolor, al límite en nuestra capacidad de sufrimiento. En ocasiones, en muchas ocasiones, esto es del todo necesario para tener la conciencia plena de que es esencial un proceso de cambio. Un cambio urgente y profundo. De esta manera el proceso de cambio tendrá la fuerza necesaria. Se cambia las creencias limitantes cuando se tienen suficientes motivos dolorosos para hacerlo. Se ha adquirido una gran fuerza de voluntad.

La actitud necesaria será por tanto la de estar abiertos a dudar de dicha creencia negativa. Y tener la actitud resuelta y decidida de estar abiertos a creer en la nueva creencia, en la creencia potenciadora que nos hará despegar. Sólo de esta forma se pone en marcha el proceso de cambio de creencias.

La mayoría de las personas que se enfrentan a un proceso de cambio para mejorar personalmente piensan que este será muy difícil y que les costará mucho esfuerzo o, en cualquier caso, lo pasarán mal al abandonar sus antiguos hábitos y creencias. Pero el proceso de cambio está en constante actualización. Lo hacemos a diario y de manera inconsciente y, en multitud de ocasiones, tiene éxito.

El proceso de cambio no se realiza a base de reprimir o atacar las creencias limitantes, sino enfrentándonos a ellas, con mucha fuerza de voluntad. La carga genética de todo ser viviente no sólo no determina las condiciones biológicas en la que se va a desarrollar, sino que ni siquiera es el factor condicionante fundamental. Lo que más condiciona al organismo vivo es su entorno físico y energético. La mente, en cuanto energía, y el cuerpo, en cuanto materia, están relacionados de una forma inherente, por naturaleza.

Proceso de cambio de creencias:

1. Identificación de la creencia limitante y formulación declarativa de la creencia.
2. Concienciarnos de los efectos nocivos y de si uno desea realmente cambiar de creencia.
3. Identificación del estado deseado con una representación clara en sub modalidades y declaración de creencia.
4. Identificación y puesta en marcha de recursos necesarios para realizar el cambio verdadero: estado interno, fisiología, información y habilidades.
5. Identificación y solución de las siguientes interferencias:
   - Ver si se quiere o no se quiere cambiar.
   - Ver si se hace idea de su comportamiento después del cambio.
   - Ver oportunidades de puesta en marcha de recursos necesarios para el cambio y si es posible hacer ese cambio.

Condiciones para que el cambio sea perdurable

1. Hay que creer, algo tiene que cambiar. No verbalizar en condicional.
2. Tenemos que vernos como la fuente del cambio. Vernos cambiados.
3. Tenemos que creer verdaderamente que se puede cambiar. Imaginar y ver que se pueden cambiar y cumplir objetivos, sueños y deseos.

Mente consciente y mente subconsciente

Los actos de la mente subconsciente son de naturaleza refleja y no están controlados por la razón o el pensamiento. Desde el punto de vista físico, esta mente está asociada con las actividades de todas las estructuras cerebrales presentes en los animales que no han adquirido conciencia de sí mismos durante la evolución.

La mente subconsciente es también auto refleja, un órgano sensorial de evolución reciente que observa nuestros comportamientos y emociones. La mente subconsciente también tiene acceso a la mayor parte de datos almacenados en nuestra memoria a largo plazo. Esto nos permitirá considerar la historia de nuestra vida cuando proyectamos nuestro futuro de forma consciente.

La mente subconsciente es extremadamente poderosa, observa y programa nuestros comportamientos. Los evalúa y decide cambiar la programación de forma deliberada. Podemos decidir cómo reaccionar a la mayor parte de las señales del entorno.

El subconsciente funciona en el aquí y ahora, por lo que los conceptos equivocados de nuestro subconsciente no son monitorizados y pueden llevarnos a comportamientos desafortunados. Cuando la mente mejora la salud mediante la sugestión positiva, se le denomina efecto placebo. Cuando esa misma mente está llena de pensamientos negativos, los efectos negativos producidos se conocen como efecto "nocebo".

Los pensamientos positivos y negativos no sólo tienen consecuencias en nuestra salud, sino también en todos y cada uno de los aspectos de nuestra vida.

"Tus creencias se convierten en tus pensamientos, tus pensamientos se convierten en tus palabras, tus palabras se convierten en tus actos, tus actos se convierten en tus hábitos, tus hábitos se convierten en tus valores, tus valores se convierten en tu destino".
Gandhi

Los pensamientos, la energía de la mente, influyen de manera directa en el control que el cerebro físico ejerce sobre la fisiología corporal. El proceso natural para cambiar creencias consiste en dudar de las creencias limitadoras, en estar más abierto a pensar que se pueden conseguir los objetivos.

Echando la vista atrás y analizando como a lo largo de nuestra vida ha ido cambiando, podemos comprobar que desarrollamos creencias y valores que nos sirven o que no nos sirven para continuar en nuestro caminar más productivo.

Las fases en cambio de creencias son:

1. Querer creer. Expectativa de establecimiento de una nueva creencia. La nueva creencia nos va a aportar elementos positivos para alcanzar nuestro objetivo.
2. Abiertos a creer. Creer es estar metido en el resultado. Hay que "pensar como sí". Pensar y sentir que estamos más cerca. Imaginar ya la vida teniendo esa creencia.
3. Creyendo ya. Propiedad de auto cumplimiento. No hay que dudar de esa creencia positiva y darla como verdadera.
4. Abiertos a dudar. Nuevas creencias pueden entrar en conflicto con otras creencias viejas, y ello hay que asumirlo como normal.
5. Recordar lo que creíamos. Cuando se cambian creencias, las antiguas no desaparecen, sino que, a menudo, se vuelven a recordar. De nuevo normalizar esta fase y aceptarla.
6. Confianza. Fase decisiva en el proceso de cambio de creencias. La confianza se relaciona con la esperanza y sobrepasa a la propia creencia.

Todas las fases contienen la necesaria capacidad humana para esforzarse lo inexcusable para realizarlo. Esto es, tener fuerza de voluntad. Fuerza vital y necesaria para decidir.

Características de las creencias

1. Las creencias actúan como filtros de percepción. Las creencias seleccionan la información decidiendo lo que queda dentro o fuera de la percepción y después el sujeto redefine lo seleccionado para que se ajuste al sentido de la creencia.
2. Las creencias dan estabilidad a la persona. Las creencias nos aportan seguridad acerca de cómo nos vemos a nosotros mismos y el mundo que nos rodea. Las creencias aportan sensación de coherencia res-

pecto al mundo que nos rodea y nuestro interior. Las creencias simplifican nuestra visión del mundo y de nosotros dándonos la sensación de un mundo manejable, sólido y estable.

3. Las creencias actúan como predicciones. Creencias en forma de pensamientos predictores que tienen muchas posibilidades de materializarse. Posible a través de las decisiones que tomamos guiados por la creencia.
4. Las creencias se resisten a ponerlas en duda. La creencia es, en esencia, y está muy anclada en anteriores experiencias de forma que ya no se presta atención a posibles cambios que puedan llegar sobre esa creencia.
5. Ocupan el lugar de la realidad. Las creencias la realidad por lo que creemos que es lo real. incluidos nosotros mismos.
6. Toda creencia tiene una intención positiva. Incluso la creencia limitante, además de los efectos negativos, tiene efectos positivos: sensación de seguridad y protección, evadir responsabilidades, protección de experiencias negativas. Búsqueda de placer y evasión del dolor, en definitiva.

Tipos de problemas en las creencias

1. La desesperanza. Cuando una persona está desesperanzada siente o cree que no hay ya solución posible.
2. La sensación de impotencia. Sensación de que tras las acciones hay un gran esfuerzo y aun así resulta difícil alcanzar el objetivo. Se sabe lo que hay que hacer, pero hay mucha incertidumbre sobre el resultado.
3. La sensación de no valer lo suficiente. Quien cree que no merece algo no se esfuerza por conseguirlo. Cuando creemos que lo merecemos, en cambio, luchamos por ello con todas las fuerzas.

Como se establece una creencia

Las creencias son esquemas mentales e interpretaciones de la realidad que es adquirido fundamentalmente en la primera infancia y que tiene que ver con la educación, con la transmisión de conocimientos, valores y patrones de conducta transferidos por profesores y padres fundamentalmente.

Lo que se me ha dicho repetidamente e inculcado con vehemencia puedo convertirlo en creencia, y como consecuencia voy a comportarme así perpetuándolo en el tiempo. A través de nuestra educación, de lo que nos inculcan nuestros padres, nuestra familia, de aquello que vivimos, nos vamos creando una serie de esquemas que sustentan nuestra forma de ver el mundo, a los demás y a nosotros mismos. Las experiencias que vivimos nos determinan.

En ocasiones, las creencias que nos vamos formando son acertadas y nos pueden ayudar a desenvolvernos. Son creencias potenciadoras, que nos ayudan a desarrollarnos, sentirnos bien y luchar por lo que queremos.

"Las creencias son una fuerza muy poderosa en nuestras vidas"
Robert Dilts

Una creencia lleva a tener un potencial de actuar, que lleva a actuar, lleva a resultados.

Por ejemplo:

- Creencia: creo que puedo terminar un maratón.
- Potencial: esta creencia crea el potencial o posibilidad de poderlo terminar.
- Acción: corremos el maratón.
- Resultado: lo terminamos.

Si la creencia hubiese sido "creo que no puedo terminar el maratón", ni siquiera hubiéramos tenido el potencial de comenzarlo, lo cual no hubiera llevado a ninguna acción ni a ningún resultado.

La característica de estas creencias es que son inconscientes y están influyendo en nuestro comportamiento y en nuestra vida y, la mayoría de las veces, sin darnos cuenta.

Tipos de creencias

- **Creencias sobre la causa.** Se tienen creencias acerca de lo que causa algo. ¿Cuál es la causa de que no consiga perder peso? La respuesta que des a la pregunta será una declaración de creencia.
- **Creencias sobre el significado.** Se pueden tener creencias sobre el significado. ¿Qué significa que no consiga perder peso? ¿Significa que soy débil? ¿Significa que soy un fracasado? Las creencias sobre significado se traducirán en comportamientos congruentes con la creencia.

  Si uno cree que las dificultades para perder peso se derivan de variar la dieta y entrenamiento, probablemente se trabajará para integrarlo; si uno cree que significa que se es débil, quizá no se haga ninguna acción.

- **Creencias sobre la identidad.** Las creencias sobre la identidad engloban causa, significado y límites. ¿Cuáles son mis límites personales? Cuando cambias tus creencias acerca de tu identidad, te conviertes de algún modo en una persona distinta.

  Las creencias pueden ser de significado, de identidad y de causa. Pueden referirse al mundo exterior, incluyendo a las demás personas, o pueden tener que ver con su propio "yo" y su identidad. Las creencias son en gran medida procesos inconscientes de pensamiento organizado, pues son principalmente inconscientes y resultan difíciles de identificar.

Las Creencias Potenciadoras y Limitantes.

- Las **Creencias Potenciadoras** nos potencian la confianza en nosotros mismos y en nuestras capacidades, permitiéndonos afrontar con éxito situaciones complejas.
- Las **Creencias Limitantes** nos restan energía y nos incapacitan para afrontar determinadas situaciones.

Creencias potenciadoras

Las creencias potenciadoras, nacen de la imaginación, nacen de la creatividad, de crear un mundo mejor para nosotros o adecuado a nuestro sentido de lo que es la felicidad. Nos apoyamos para ello en nuestras habilidades, aquello que se nos da bien y atrapamos nuestras actitudes, deseos, ambiciones para tender puentes que nos lleven hasta nuestra autorrealización.

Todo parte de la imaginación. Si lo podemos ver y crear mentalmente, si lo puedes sentir se puede luego finalmente a cabo. Solo hay que construir creencias poderosas, creencias capaces de convertir ideas en creencias que nos transportan a nuestro mundo ideal. En esto se basa la ley de la atracción. Atraer hacia nosotros aquello que queremos en nuestra vida, creándolo primero en nuestra imaginación con creencias potenciadoras, luego sintiéndolo para terminar, reflejándolo en proyecto real.

Te capacitan para conseguir lo que imaginas, te elevan, te hacen ser superior, te hacen fuerte, te hacen tener suerte, llegar donde quieres. Es el filtro limpio y claro con lo que ves la realidad.

Las creencias potenciadoras, pues, son aquellas creencias que mejoran el rendimiento, que motivan y ayudan a lograr los sueños. Las creencias son literalmente puertas gigantes que abren el potencial, la capacidad y los talentos, lo único que se necesita es analizar, desafiar y cambiar las creencias que nos limitan por creencias potenciadoras, aquellas que motivan y ayudan a lograr los objetivos.

Si queremos reescribir nuestro código de la realidad, debemos tener una buena razón para transformar lo que creíamos como bueno o malo del pasado. Cambiar nuestras creencias es más que una simple cuestión de tomar la decisión de cambiar, o de poner la voluntad de hacerlo. Cambiar nuestra creencia, invita a cambiar nuestra identidad. Para cambiar nuestra percepción tenemos que salir de nuestra zona de confort, del lugar que nos hace estar seguros en el mundo, para cambiar nuestras creencias precisamos un detonante, al menos, tan fuerte como nuestra propia seguridad. La diferencia entre una creencia y un valor, está en que las creencias se sustituyen y los valores se cambian de orden de preferencia.

Las creencias se sustituyen no se eliminan debido a que nuestro cerebro es incapaz de sentir el vacío. Todo es un proceso de cambio desde que tenemos una Creencia Limitante hasta que la convertimos en creencia potenciadora. Eso favorece la actitud positiva y desarrolla nuestra actitud proactiva. Es fundamental que nuestra creencia se mantenga estables ante los ataques del entorno.

Creencias limitantes

Son aquellas creencias que nos hacen sentirnos poco valiosos y socavan nuestra autoestima y ello pasa cuando tenemos creencias limitantes, que en muchas ocasiones se dieron por aquello que nos dijeron padres o educadores, quedó fuertemente arraigada en nuestro subconsciente y así creamos nosotros la idea de lo que podíamos o no conseguir o para qué valíamos y para que no. En otras ocasiones nuestras propias experiencias nos hicieron llegar a conclusiones erradas de nosotros mismos.

Martin Seligman, en *"Optimismo adquirido"* muestra cómo las creencias limitadoras pueden destruir prácticamente cualquier aspecto de nuestras vidas. Nos aporta lo que llama *"meta-creencias"*, creencias sobre el problema en sí.

Seligman describe tres tipos de meta creencias:

1) La permanencia: creer que un problema es para siempre y por tanto no podemos hacer nada para cambiarlo.

2) La omnipresencia: creer que este problema estropea *"toda mi vida"*.

3) Lo personal: creer que el problema sucede por ser como soy (*"Eso me pasa por ser tan…"*).

Estas meta-creencias son problemas añadidos a la propia creencia limitante y han de ser abordadas en el proceso de cambio de las mismas. Ni siquiera somos conscientes de las mismas, lo que complica la posibilidad de cambiarlas.

Los sujetos desarrollamos con frecuencia creencias limitadoras acerca de qué somos capaces, por lo que nos incapacitan y evitamos volver a intentarlo surgiendo el temor al fracaso, al sufrimiento, dudas y no sentirte bien consigo mismo. Como no se ha alcanzado éxito en el pasado, creemos que no podremos alcanzarlo en el futuro.

La mayoría de quienes dicen una y otra vez seamos realistas está viviendo en realidad en el temor, en el miedo de volver a fallar y así es mejor crear la creencia limitante y no volverlo a intentar. Muchos grandes inventos surgieron por no ser realistas sus creadores. No siempre hay que ser realista.

Estas creencias limitantes actúan por debajo de la racionalidad y tienen un gran poder de arrastrarnos a comportamientos indeseados. Ocurre incluso aunque racionalmente estemos convencidos de lo contrario.

Las creencias nos guían hacia el dolor o hacia el placer. Buscamos placer para evitar el dolor, pero curiosamente esas situaciones pueden ser placenteras a corto plazo y dolorosas a largo plazo.

La mayoría de nosotros no decidimos conscientemente en qué vamos a creer y nuestras creencias se basan a menudo en una mala interpretación de experiencias pasadas. Así mismo, una vez que adoptamos una creencia, olvidamos que sólo se trata de una interpretación. Cuidado pues con considerar nuestras creencias como si se tratara de realidades, cuando son negativas. Las creencias tienen el poder de crear y de destruir. Los seres humanos tenemos una imponente habilidad para tomar cualquier experiencia de nuestras vidas y crear un significado que nos incapacita o que puede salvar literalmente nuestras vidas.

Se ha demostrado que las creencias afectan a nuestro sistema inmunológico. Y, lo que es más importante, que pueden darnos la resolución para emprender una acción, o debilitar y destruir nuestro impulso. Impiden conseguir lo que deseas, permanecer paralizado, tener el mismo miedo a las mismas cosas, poner las mismas excusas, no conseguir resultados.

Las creencias limitadoras básicamente son aquellas que no permiten que progrese. En ese sentido lo que se busca es deshacerse de este tipo de creencias, hay muchas formas de hacerlo, pero la más importante de todas es la primera: reconocerlas.

Nuestras creencias con respecto a las heridas emocionales no resueltas pueden producir efectos físicos que pueden hacernos daño, e incluso matarnos. Las creencias que tenemos arraigadas pueden ser tanto nuestras como heredadas de nuestros antepasados, ahora bien, tenemos la posibilidad de curarlas y evitar que se sigan transmitiendo a las generaciones venideras. Si no somos conscientes de tus creencias limitantes, entonces nunca podremos deshacernos de ellas y, como consecuencia, siempre daremos dos pasos hacia adelante y tres pasos hacia atrás.

Tu mente siempre luchará por evitar el dolor y buscar el placer. Si en tu mente, conseguir algo te causará dolor o evitará que consigas placer, nada de lo que hagas valdrá la pena porque encontrarás una forma de sabotearte a ti mismo.

Las creencias limitadoras suelen tener que ver con:

- Posibilidad. Creemos que alcanzar el objetivo es imposible.
- Capacidad. Creemos que no somos capaces de lograrlo.
- Merecimiento. Creemos que no nos merecemos conseguirlo.

Liderazgo compartido y creencias

Es difícil hablar de liderazgo compartido sin hablar de creencias. Una norma que se utiliza en los procesos de liderazgo compartido es convertir en temporal cualquier creencia negativa y convertir en permanente cualquier creencia positiva. Desde el punto de vista del liderazgo compartido es vital tener en cuenta las creencias del coachee, ya que serán el filtro que determine la consecución de su objetivo.

Una persona puede tener presente una serie de creencias que le hará rendirse en los malos momentos o mantenerse centrado en los momentos de grandes éxitos.

Hay muchísimos sujetos de éxito por tener estas creencias, las incorporan en su vida y son coherentes con ellas.

Los sujetos con creencias positivas son coherentes y poseen:

- Coherencia entre sus valores y las decisiones que toman en su vida.
- Coherencia entre aquello que quieren y aquello que hacen para conseguirlo.
- Coherencia entre el nivel de ambición de sus objetivos y el nivel de compromiso con sus medios

El Dr. Bruce Lipton con su obre *"Biología de la Creencia"* vincula las creencias y la biología. Lipton se centró en los patrones químicos y electromagnéticos a través de los cuales la energía en la forma de nuestros pensamientos y creencias puede afectar nuestra biología, incluyendo el genoma humano.

Es una realidad que en la actualidad la humanidad está atravesando crisis de todos los tipos y en diferentes ámbitos, estamos dirigiéndonos a la extinción y destrucción del medio ambiente, comprometiendo la vida de plantas, animales y gente en el planeta.

La ciencia ha encontrado de responsable a la conducta humana y Lipton analizó el por qué se ha ido en dirección incorrecta llegando a la conclusión que el mundo está basado en la creencia de la ciencia, buscamos la verdad en la ciencia y tomamos esa verdad científica para crear un mundo basado en esa verdad.

Cuatro creencias erróneas que al ser tomadas como verdaderas están produciendo la destrucción de nosotros mismos y nos está dirigiendo a nuestra propia extinción:

1. Creemos que la biología está controlada por la física Newtoniana
2. Los genes controlan nuestra vida
3. La supervivencia de los más aptos
4. La evolución es un proceso al azar

Según Lipton, si se puede cambiar la mente, se puede cambiar el cuerpo y, por tanto, controlar la salud. Asegura también, que los genes no controlan la biología, la vida está controlada por las percepciones del mundo, si cambio mi percepción cambio mi biología, el control no está en los genes sino sobre los genes, son las señales las que controlan al gen. La función de la mente es crear coherencia entre lo que crees y la realidad. La creencia envía la química, el cerebro libera neuroquímicos según la percepción, si cambio mi percepción cambio la química.

El gran aporte del Dr. Lipton:

a) El ser humano tiene la capacidad de enviar poderosos mensajes a partir de nuestros pensamientos positivos y negativos, por ende, nuestro cuerpo puede cambiar realmente si reeducamos nuestra forma de pensar.

b) Los seres humanos como organismos vivos, tampoco estamos determinados por nuestros genes, sino condicionados por el entorno y sobre todo por nuestras «creencias», somos dueños absolutos de nuestro destino.

c) La mente es energía. Cuando piensas, transmites energía, y los pensamientos son más poderosos que la química. Las propias creencias se convierten en un campo energético, una transmisión, y esta se transforma en una señal que es capaz de cambiar el organismo.

d) Nuestras creencias interactúan con la infinitud de probabilidades del universo cuántico, y éstas afectan a las células de nuestros cuerpos, contribuyendo a la expresión de diferentes potenciales genéticos.

e) El subconsciente es millones de veces más poderoso y más importante que la mente consciente. Utilizamos el subconsciente el 95 % por ciento del tiempo con los hábitos que tengo desde mi niñez, mientras que los pensamientos positivos y el conocimiento sólo funcionan el 5% del tiempo, por esta razón los pensamientos positivos no son suficientes.

f) Somos lo que la "programación" de nuestra mente subconsciente perciba que seamos.

g) El subconsciente se puede reprogramar. Al cambiar estos programas erróneos en el subconsciente, puedes recrear toda tu vida. La información del subconsciente se recibe en los primeros seis años de vida, eso que aprendiste en esos años se convierte en el conocimiento fundamental de tu vida. Por tanto, hay muchos estudios que demuestran que las enfermedades que tenemos de adultos, como el cáncer, tienen que ver con la programación y el entorno que vivimos en los primeros años de vida.

h) La manera de reprogramar es repetir y repetir hasta que se crea un hábito.

i) Todo sigue igual hasta que no cambias el subconsciente. Técnicas de psicología basadas en la energía como la hipnosis o el Psych-K son una manera de cambiar el subconsciente, es como un aprendizaje rápido.

j) La mente consciente es creativa y la subconsciente trata todos los hábitos. Si le enseñas al subconsciente algo diferente, se lo enseñas también a la consciente, pero no al revés.

5.4.3. Las inteligencias de la Fuerza de Voluntad

"La función principal de la inteligencia es dirigir bien el comportamiento, aprovechando, para ello su capacidad de asimilar, elaborar y producir información".
J. A. Marina, 2010.

Como dice Marina en su libro *"La educación del talento"*, no es lo mismo el tener inteligencia que aplicar la inteligencia en el sentido de qué se hace con ella. En ese sentido, el gran talento utiliza bien las destrezas y capacidades para dirigir la acción hacia una vida lograda. Sabe aprovechar los recursos sociales y culturales que hay a su alcance e intenta que ese entorno sea lo más rico posible, justo y estimulante posible. Yo soy yo y mi circunstancia (Ortega y Gasset) y, si no mejoro mi circunstancia, no mejoro yo.

Se proponen, en la obra de Marina, lo que él llama las dos inteligencias de la Fuerza de Voluntad (Marina, 2010):

- Inteligencia Generadora: fuente y matriz de toda nuestra vida consciente
- Inteligencia Ejecutiva: que dirige la acción

Desde estas dos concepciones y dicotomías de la inteligencia, se cita a Sternberg y su inteligencia exitosa (talento) el cual propone las características de un talento básico:

1. Saben automatizarse, no dependen de motivaciones externas
2. Aprenden a controlar sus impulsos
3. Saben perseverar, pero también saben cambiar de objetivo
4. Juegan bien sus cartas
5. Traducen pensamiento en acción
6. Se proponen objetivos concretos
7. Completan las tareas
8. Tienen iniciativa
9. No tienen miedo al fracaso
10. No dejan las cosas para "mañana"
11. Aceptan las críticas justas
12. Rechazan la autocompasión
13. Son independientes
14. Tratan de superar las dificultades personales
15. Se concentran en sus objetivos
16. Tienen capacidad para aplazar la auto gratificación (tolerancia a la demora)

17. Saben ver al mismo tiempo el bosque y los arboles
18. Tienen buen nivel de autoconfianza
19. Equilibran el pensamiento analítico, el creativo y el practico

Detectar el tipo de inteligencia en que destaca el alumno, para facilitar su desarrollo y ayudarle a alcanzar los fines vocacionales y aficiones que se adecuen a su espectro de inteligencia. (Gardner. Inteligencias múltiples)

La inteligencia generadora, tiene que ver, entonces, con los sentimientos evalúan la situación y tienen una función adaptativa. El progreso desde esta concepción es la suma de habilidades innatas, proyecto y entrenamiento. Donde la inteligencia humana es creadora porque descubre continuamente posibilidades de la realidad: pedagogía de la posibilidad.

Muchos de los problemas emocionales y psicológicos son aprendidos, resultado de la experiencia fundamentalmente en edades tempranas. Aportamos desde aquí cinco principios sobre el aprendizaje:

1. Todos los procesos mentales son neuronales
2. Los genes condicionan las conexiones neuronales
3. La experiencia modifica la expresión genética
4. El aprendizaje cambia las conexiones neuronales
5. La psicoterapia (y la educación) altera la experiencia genética

Los procesos biológicos del cerebro originan acontecimientos mentales, así como los factores sociales modulan la estructura biológica del cerebro. (Vigotsky, el lenguaje por interacciones sociales). El inconsciente es instintivo y hay que adiestrarlo con socialización, con incremento de madurez, con tendencia al gran talento.

Debemos hacer que el niño sienta que progresa, porque es el mejor premio para que siga avanzando. Creación de situaciones de éxito, que termine su día de actividad pensando y sabiendo que algo ha hecho bien, que se vaya con más autoestima.

La autoestima se relaciona directamente con las grandes competencias emocionales (Salovey):

1. El conocimiento de las propias emociones
2. La capacidad de controlarlas
3. La capacidad de motivarse uno mismo: mental + fisiológica + verbal (pensamiento + acción + lenguaje)
4. Reconocer las emociones ajenas (empatía)
5. Control de las relaciones humanas

La competencia se define como conjunto de conocimientos, actitudes, procedimientos y destrezas necesarias para responder a una situación de cierta complejidad. Motivación de competencia, entonces, es el deseo de tratar competente y eficazmente con el ambiente.

Y aquí aparecen los esquemas emocionales, que son mecanismos productores de sentimientos. Son estructuras neuronales llenas de información adquirida por la experiencia. Esquema interpretativo de la realidad. En la mayoría de los casos inculcados por los adultos de influencia a través de la transmisión por esquemas mentales rígidos.

De esta manera, si cambio los esquemas emocionales cambiare mi modo de interpretar afectivamente lo que me pasa.

La inteligencia generadora se compone, a su vez, de los siguientes esquemas emocionales:

1. Situación real del organismo (metáfora de globo aerostático)
2. Los deseos y proyectos (metáfora del faro)
3. Las creencias sobre el mundo y las personas. Nuestra interpretación de la realidad. Nuestra representación del mundo (metáfora del mapa)
4. Las creencias sobre nosotros mismos y sobre nuestra capacidad para enfrentarnos a los problemas. El estilo afectivo. (autoconcepto + autoestima + autoconfianza) (metáfora de la brújula)

Donde la autoconfianza se puede especificar con la integración de seguridad básica unida a adquisición de competencias y sumada al sentido de la dignidad propia. Es importante, en esta parte, que los niños tengan experiencias reales de éxito. Para que el niño sepa realizar una óptima gestión emocional (manejar la brújula) debe mejorar el estilo afectivo de interacción personal:

- Establecer relaciones de apego estables y seguras
- Fomentar la autoconfianza
- Proporcionarles ejemplos cercanos de enfrentamiento a problemas y de respeto
- Que vea y sienta la necesidad de la dignidad de las personas.

Así mismo, padres y profesores son, fundamentalmente, los referentes emocionales del niño, por lo que es necesario:

- Ser consciente de sus emociones
- Ver la emoción como una oportunidad para la enseñanza

- Escucharle con empatía y valorar sus sentimientos
- Ayudar al niño a verbalizar sus emociones
- Fijar límites mientras se le ayuda a resolver el problema

Y enseñar siempre:

- Autonomía: no depender excesivamente del juicio ajeno
- Actitud proactiva
- Autoconfianza
- Asertividad
- Optimismo
- Tolerancia a la frustración

En todo este proceso, la memoria es la esencia de nuestra inteligencia generadora. Las ideas las pensamos, en las creencias vivimos que diría Ortega y Gasset. Si cambias tú modo de pensar, cambiaras tu modo de sentir y tu forma de actuar.

Por su parte desde la inteligencia ejecutiva es desde donde se producen las destrezas en el niño: inhibir el impulso, deliberar, decidir, ejecutar. Siguiendo este proceso, la libertad es la posibilidad de decir no. Tener asertividad y fuerza de voluntad. Deliberar, entonces, supone buscar.

Cobra especial importancia en este período la capacidad de retrasar la recompensa y la capacidad de soportar el esfuerzo. Adquirir de forma permanente tolerancia a la demora y tolerancia a la frustración. Un pobre control de impulsos en la infancia es un buen predictor de conductas desajustadas.

La inteligencia ejecutiva es la inteligencia de autorregulación emocional como habilidad para anular un impulso al servicio de una meta. Y donde las virtudes de la acción pasan por alcanzar altas cotas de perseverancia, emprendimiento y riqueza de proyectos.

El buen carácter debe estar formado por el conjunto de fortalezas psicológicas y morales.

La enseñanza de la inteligencia generadora y de la inteligencia ejecutiva debe estar dirigida a facilitar la realización del proyecto individual y del proyecto social que son la felicidad subjetiva y la felicidad objetiva. La felicidad objetiva es la que aparece como gran proyecto de la inteligencia, necesariamente compatible con el resto de la sociedad. Y la felicidad subjetiva sería ese estado agradable, de felicidad cotidiana, de donde no quiero salir porque estoy muy a gusto. Muy relacionado, en este sentido, con el placer y las ganas que te produce algo. Por ello es cada vez más necesario estar socialmente vinculados en cuanto seres humanos sociales, ya que la interacción de las inteligencias produce fenómenos de racionalidad emergente.

5.4.4. El método de Autodisciplina de los Navy Seals para liderar y vencer

El método de los Navy Seals está basado en su compromiso desde de disciplina personal y actitud ética. Su método requiere de gran autodisciplina, liderazgo y fuerza de voluntad. En los Navy Seals hay que llegar a ser compañero de equipo antes que líder.

Determinante del método Navy Seals es el Kokoro, término y concepto que significa fundir cuerpo y mente en acción. Es el estado de fluencia estar equilibrados en sincronía con nuestro interior y con la naturaleza.

La clave para obtener resultados extraordinarios es cambiar los hábitos viejos por nuevas formas de pensar, actuar y creer. Se trata de crear carácter, autocontrol y crecimiento en las cinco montañas de los Seals: física, mental, emocional, intuitiva y espiritual.

Para conseguir el éxito entonces hay que unir valores y objetivo, blindar la misión, hacer hoy (ya), fortalecerse mental y emocionalmente, innovar y tener siempre sentido de anticipación.

Se trata de realizar proyecciones mentales reales para crear deber creer y hacer que ocurra. Fundamental de la adquisición de fuerza de voluntad. Donde blindar la misión implica:

- Seleccionar objetivos de gran valor retos
- Explorar todas las opciones
- Comunicar la visión a los demás
- Implicarse a tope en la misión

Otra condición esencial en el método Navy Seals es comunicar la visión de los demás. Las imágenes deben ser claramente insertadas en el plan de misión y de acción. Describir lo mejor posible el plan para hacer sentir el proyecto. Los desafíos deben estar muy estructurados y se presentan en el largo plazo, en el alto rendimiento y en el reto en sí mismo

Para todo ello emocional y mental que procure y proporcione una espiral ascendente. Para ello disciplina, dinamismo y determinación que generan las cinco competencias del método Navy Seals de Fortaleza Mental. Las Cinco montañas del ex Seals Taylor:

1. Autocontrol
2. Observación. Estado de alerta
3. Resiliencia emocional
4. Metas efectivas
5. Visualización intensa

> *"Los Seals tienen la capacidad de automotivarse, son ambiciosos,*
> *inconformistas y decididos"*
> Scott Taylor. Ex Seals.

Se preparan mentalmente para resistir todo tipo de negatividad, toxicidad, abatimiento, desmotivación o cualquier síntoma de fracaso y desmoralización. Mentalmente buscan desarrollar la disciplina personal y mejorar la capacidad de concentración, la paciencia y la humildad.

En el aspecto físico trabajan el cuerpo para que pueda ser capaz de resistir todo tipo de climas, climas tan adversos como las junglas del Sudeste Asiático, la fría tundra del Ártico, el desgastante desierto árabe, incluso los entrenan para soportar torturas y maltratos.

En el plano espiritual, buscan su crecimiento interior, conocerse a sí mismos y a su propia naturaleza para ser primero buenos compañeros y después encontrar a ese líder que llevan dentro.

Poseen la capacidad de controlar sus emociones y sus acciones ante cualquier circunstancia, lo que los hace diferentes. Ante la adversidad perseveran y nunca renuncian. En los momentos más difíciles están preparados para mantenerse con la mayor fortaleza mental y física.

El Decálogo del método de los Navy Seals especifica de forma excelente la referencia de fuerza de voluntad en liderazgo compartido:

1. Concordancia líder-equipo en objetivos, misión, tareas e instrucciones.
2. No hay un mal equipo con un buen líder y el esfuerzo de todos.
3. El ego es un peligro.
4. Trabajo en equipo. Trabajar unidos es la única vía del éxito.
5. Lo simple es lo mejor.
6. Descentraliza el mando. Los detalles de la ejecución se dejan a las personas en el terreno.

7. Necesaria la planificación.
8. Liderar hacia abajo y hacia arriba.
9. Toma de decisiones sin miedo. Los errores son aprendizajes continuos que trazan el camino hacia la victoria.
10. La disciplina genera libertad. Cuanto más se conozcan las instrucciones para una misión, mejores decisiones se tomarán.

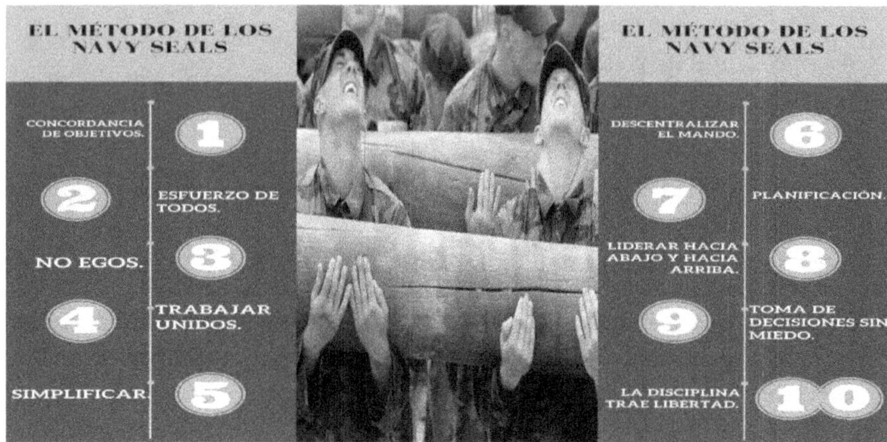

El resultado final es extraordinario. Si se carece de un compromiso interno con el autocontrol, el crecimiento y el incremento de cambio aportado por la fuerza de voluntad, ni la mejor teoría te ayudará a lograr el éxito personal o de tu equipo.

Las Cinco montañas del programa del ex Seals Taylor, representan el desarrollo de competencias en los terrenos físico, mental, emocional, intuitivo y espiritual; la integración de esas competencias da como resultado un crecimiento más equilibrado de la persona en su totalidad. En pensar como los mejores guerreros centrandonos fundamentalmente en lo mental, lo emocional y lo intuitivo.

El Método de los SEAL está basado en su compromiso de desarrollar plenamente disciplina personal y actitud ética. Donde kokoro significa *"fundir cuerpo y mente en la acción"*. Implica que estamos equilibrados y centrados, cosa que nos permite operar en sincronía con nuestro ser interior, con los demás y con la naturaleza. Cuando nos comprometemos con el desarrollo integral y nos guiamos por kokoro, somos plenamente conscientes y poderosos. Tenemos integridad a todos los niveles, personal, de equipo y de organización, tenemos las tres esferas de la fuerza de voluntad.

5.4.5. La asertividad

La conducta asertiva requiere de fuerza de voluntad. Controlar nuestra forma de comunicarnos pasa por tener autocontrol de nuestros actos, de nuestra relación interpersonal. Se trata de tener un comportamiento de comunicación madura en el que la persona no sea agresiva ni se somete a la voluntad de otras personas, sino que exprese sus convicciones y defienda sus derechos. Esta forma de comunicación se necesita mucho en estos momentos de distanciamiento social en la Nueva Normalidad.

La asertividad permite decir lo que uno piensa y actuar en consecuencia, haciendo lo que se considera más apropiado para uno mismo, defendiendo los propios derechos, intereses o necesidades sin ofender a nadie, ni permitir ser violentado o incomodado y evitando situaciones que causen ansiedad.

La asertividad es una actitud intermedia entre una actitud inhibida y la agresiva, que además de reflejarse en el lenguaje hablado se manifiesta en el lenguaje no verbal, como en la postura corporal, en los gestos del cuerpo, en la expresión facial y en la voz.

Una persona asertiva es más tolerante, acepta los errores, propone soluciones factibles sin ira, se encuentra segura de sí misma y frena pacíficamente a las personas que les atacan verbalmente. Es un estilo de comunicación abierto a las opiniones ajenas, dándoles la misma importancia que a las propias. Parte del respeto hacia los demás y hacia uno mismo, aceptando que la postura de los demás no tiene por qué coincidir con la propia y evitando los conflictos sin por ello dejar de expresar lo que se quiere de forma directa, abierta y honesta.

Tener habilidades sociales y comunicación asertiva es un componente esencial para el equilibrio en las relaciones humanas. Más aún en estos momentos de nueva forma de interacción en el que debemos autocontrolar formas cercanas de interacción y además, controlar ciertas interacciones de los demás que nos invadan nuestro espacio personal o incluso que lo agredan. Agresiones que en algunos casos pueden llevar a contagios víricos mortales.

Asertividad es autoafirmación, es la expresión íntegra de mis sentimientos. Se asertivo es expresar las opiniones y defender los derechos sin imposición ni sometimiento, y sin provocar rechazo en los demás, a los que escucha y atiende. Tiene comunicación fluida y solución de conflictos, genera un clima favorecedor de relaciones armónicas y satisfactorias.

Clave, entonces en esta Nueva Normalidad, donde los espacios personales y la interacción están condicionadas por el distanciamiento social preventivo, es una adquisición de habilidades sociales que nos aporten el conjunto de competencias y conductas necesarias para afrontar esta nueva práctica en las relaciones interpersonales.

Comunicación asertiva es saber decir no. Es la respuesta oportuna y directa, que respeta la posición propia y la de los demás, que es honesta y mesurada para con los involucrados. En este sentido, los niños por excelencia son muy asertivos, van directo a sus necesidades y sentimientos, y se caracterizan por ser descriptivos en sus percepciones u opiniones, de ahí que no hagan juicios o evaluaciones de la conducta de los otros, solo la describan. De ellos hay que aprender.

La comunicación asertiva es manifestar la negativa con serenidad, no con enfado ni agresivamente, es repetir las expectativas de forma persistente, es evitar dejarse convencer por argumento irrelevantes, es comunicarnos casi exigiendo con afectividad que se admita y acepte la verdad, sabiendo que los demás también tienen su verdad, pues tener identidad asertiva es saber que lo primero son las personas y después las ideas.

Por ello hay que salvar las llamadas barreras en la comunicación que tienen carácter psicológico (emociones, valores, hábitos de conducta, percepciones, físicas) y carácter semántico (símbolos por palabras, imágenes y acciones con diferentes significados).

En esta nueva situación de interacción por distanciamiento social conviene pues seguir unas pautas a seguir para ganar asertividad y para adquirir entendimiento del nuevo orden espaciotemporal.

Puedo cambiar mi modo de pensar. Tengo derecho a cometer errores porque la pauta ensayo-error está inscrita en mi biología (rectificar es de sabios). Debo vigilar y priorizar mis objetivos, viviendo el aquí y el ahora sin referencias al pasado, sin culparme, ni preocuparme gratuitamente pensando en un futuro por muy incierto que sea.

Tengo que celebrar cuanto hago, pensarlo y sentirlo sin martirizarme por lo que me falta por hacer. Y, siempre, convirtiendo mi vida, cada circunstancia o problema en oportunidades de crecimiento y aprendizaje. Busco equilibrio en mi conciencia, en mis sentimientos y en mis emociones.

5.5. LA FUERZA EXISTENCIAL. EFECTIVIDAD DE CAMBIO

5.5.1. La Fuerza Existencial. Efectividad de cambio

5. LA FUERZA EXISTENCIAL

- Efectividad de cambio: hallarse en lugar-no pensar facilidad

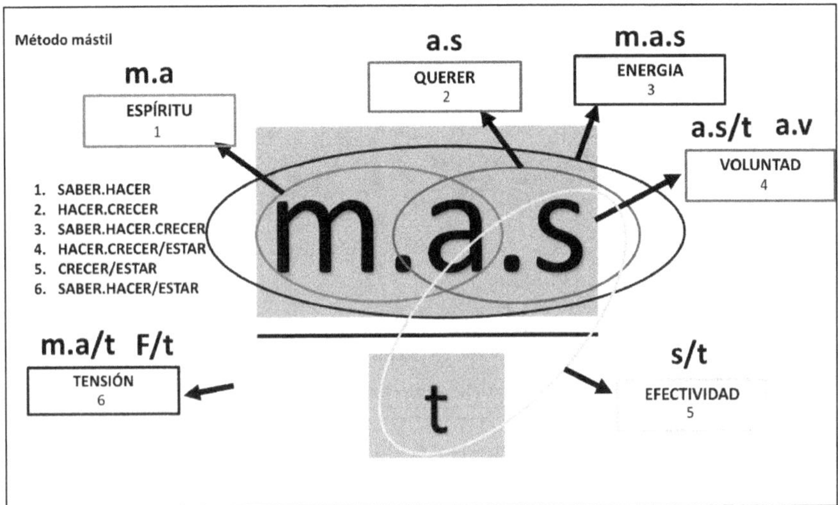

La *Fuerza Existencial* se genera del cociente **espacio** y **tiempo** y, por tanto, es pura velocidad de acción, es un estado en el que la persona se encuentra completamente absorta en una actividad. Acciones, pensamientos y movimientos se suceden para su propio placer y disfrute. No existe el sujeto conscientemente.

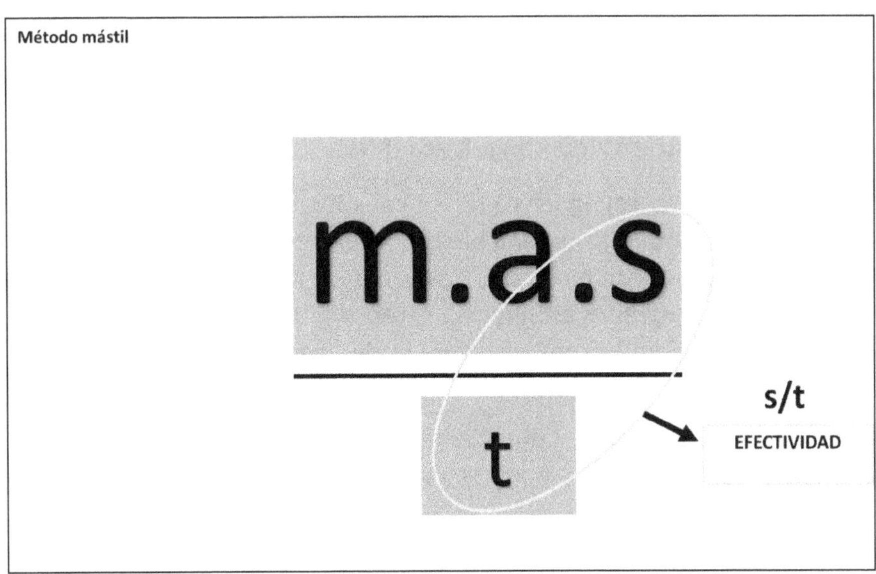

Con *Fuerza Existencial* el ser humano se deja llevar y mientras sucede la acción el tiempo vuela, todo ocurre sin pausa. Todo el ser está envuelto en esta actividad. La persona utiliza sus destrezas y habilidades llevándolas hasta el extremo. Pleno estado de fluidez estando absorto en el espacio y el tiempo.

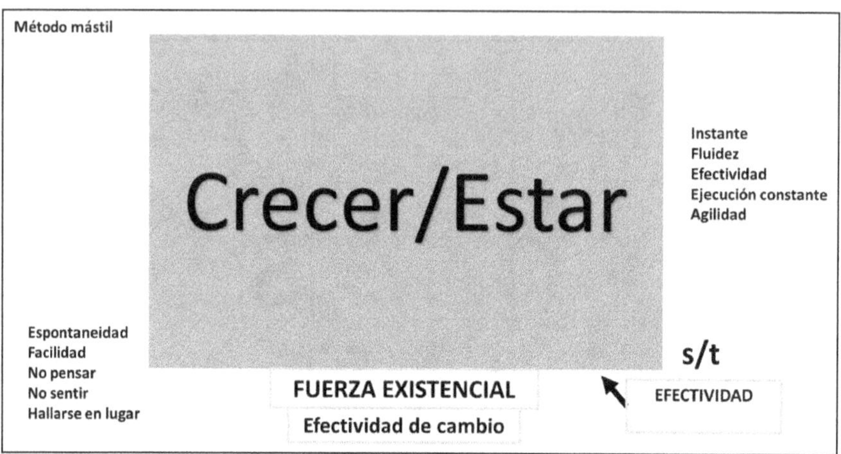

La *Fuerza Existencial* es total efectividad de cambio. Es puro instante y fluidez. La ejecución se convierte en agilidad mental y de ejecución. **CRECER ESTANDO** propicia espontaneidad y facilidad para la acción sin ser pensada. No se siente lo de alrededor, ni siquiera la persona se siente a ella mismo. Está del todo *"enchufado"*, en el mayor estado de fluidez, de estado de rendimiento óptimo. La relación de efectividad de cambio con el pensamiento, lenguaje y acción, hace necesaria la contribución de la programación neurolingüística y el estado de "flujo" para entender mejor la *Fuerza Existencial*.

5.5.2. La Programación Neurolingüística (PNL)

La Programación Neurolingüística (PNL), constituye un modelo de la comunicación y de la conducta humana basado en el conocimiento de que el lenguaje determina en gran medida el desarrollo de los circuitos neuronales y por lo tanto se programa en nuestro cerebro gran parte de nuestra conducta. La fisiología del cerebro por medio del lenguaje fortalece las conexiones neuronales.

Es una ciencia que trata de cómo el cerebro codifica el aprendizaje y la experiencia. Un proceso que analiza la excelencia en el comportamiento humano para que sea referencia en el desarrollo de otras personas. Es por tanto un excelente instrumento para la gestión de la conducta en cualquier ámbito: educativo, familiar, organizacional, deportivo, etc.; ya que utiliza modos conscientes e inconscientes de relacionarse y comunicarse con otras personas.

La PNL ha desarrollado ideas y técnicas que nos permiten identificar y describir pautas en la conducta verbal y no verbal en las personas. Nos ha aportado unas herramientas que sirven para alcanzar nuestros objetivos y mejorar la calidad de vida.

La Programación neurolingüística (PNL) integra 3 grandes elementos:

1. El establecimiento de rapport y la comunicación con la otra persona
2. El modo efectivo de recoger la información acerca del universo mental de otra persona
3. Estrategias para producir cambios en la conducta

El lenguaje crea de forma activa en el cerebro de las personas imágenes mentales y circuitos neuronales un aprendizaje significativo. La programación neurolingüística, por tanto, es el estudio de cómo afecta el lenguaje y la acción al sistema nervioso central.

Las palabras originan representaciones internas y desencadenan procesos mentales. Por lo que necesitamos usar las palabras correctas para generar el mejor resultado del proceso mental. De esta manera la PNL se configura como un método de comunicación efectiva aplicable a distintos ámbitos donde se desarrolla el ser humano.

Según algunos autores (Carter, 1998) *"la adquisición del lenguaje transforma el paisaje del cerebro de forma significativa"*. Incluso después de haber adquirido el lenguaje, las palabras pueden seguir alterando la estructura física del cerebro, los surcos y circuitos neuronales. Las palabras bien elegidas activan de forma eficaz, al igual que un fármaco, áreas del cerebro, tanto en quien las emite como en quien las escucha. Por lo tanto, lo que decimos y cómo lo decimos puede producir cambios en la conducta del oyente.

El aprendizaje de las estrategias y herramientas de la PNL nos puede ayudar a:

- Desarrollar competencias de relación y de influencia por medio del rapport o acompasamiento con os demás
- Utilizar pautas lingüísticas fácilmente identificables para potenciar la comunicación

- Reconocer las pautas motivacionales de las personas, para responder a su conducta de manera más efectiva.

Es un aprendizaje que modifica conductas, emociones, creencias y valores, mediante los sentidos y el lenguaje para alcanzar el mejor desarrollo personal. No es direccional, sino bidireccional: se trata tanto de aprender, de cómo de aprehender (agarrar) y de cómo desaprehender.

Las técnicas de la PNL relativas a la mejora de la comunicación se han aplicado a proyectos de enseñanza y aprendizaje como los de Jacobsen (1983), Grinder (1991) y Blackerby (1996), y se ha comprobado que constituyen modos muy efectivos de mejorar la motivación de las personas, y con ello, su conducta, su aprendizaje y su desarrollo personal.

Los pioneros de la PNL son Grinder y Bandler y sus ámbitos de aplicación son:

- Terapia personal, familiar, de empresa, de liderazgo compartido
- Los negocios para la mejora de objetivos, rendimientos y ventas
- Salud: depresión, fobias, miedos y adicciones.
- Arte y teatro
- Educación: aprendizaje, fracaso escolar, creatividad, memoria
- Ámbito jurídico
- Comunicación

Cimientos de la PNL

En cuanto a la base donde se sustenta o los llamados cimientos de la PNL son 4:

1) Los pilares
2) Las presuposiciones
3) Las premisas
4) Las reglas de la mente

1) Pilares de la PNL.

   Objetivos:

   - Medible (cuanto)
   - Alcanzable (cuando, donde)
   - Realista (que, cual)
   - Tangible (como, métodos)

- Específico que, quien, con quien)
- Satisfactorio (que cubra necesidades, para que, por que, valores)

Agudeza visual. VAK. Visual, Auditivo, Kinestésico

Flexibilidad. Disposición al cambio

Compenetración

2) Presuposiciones

1. *el mapa no es el territorio*. Mi verdad no es la certeza absoluta ni siquiera la verdad. El mapa es mi verdad, mi realidad, pero no la realidad. Mapa es el conjunto de creencias, valores, conductas, emociones de un ser humano. Mapa es unión de experiencias y formación esenciales a la identidad del ser humano interiorizadas por su relación con el medio.
2. *flexibilidad*
3. *toda experiencia tiene una estructura*
4. *toda conducta tiene una intención positiva*
5. *mi conducta no es mi identidad*

El lenguaje se aprende e instala para alcanzar objetivos. La mejor comprensión del pasado, de su historicidad y de su experiencia será definitivo en la mejor reprogramación neuronal. Dar significado positivo a hechos pasados con conceptualizaciones verbalizadas y auténticas es una de las claves de la fuerza existencial. El Viaje del Héroe, visto en el capítulo de Liderazgo Compartido, tiene que ver con ello.

La aceptación y el perdón son, en esta etapa, determinantes. Relacionado también con la Palanca de Arquímedes, del mismo capítulo Liderazgo Compartido.

3) Premisas

Gestión de emociones. Tomar conciencia de donde estoy y a donde voy

4) Las reglas de la mente

Asertividad como regla de la mente es responsabilidad de respetar el proceso del otro y mi propio proceso. Actitudes de confianza, amistad, conformación, cariño, cuidar, confianza, comunicación.

Siete leyes:

1. Ley del mínimo esfuerzo
2. Ley de atracción: la mente busca satisfacción
3. Ley de la rectificación: cambiar acciones, cambiar conductas
4. Ley de la conservación de la especie: adaptación y cambio
5. Ley del esfuerzo decreciente: trabajo y esfuerzo
6. Ley de la evolución constante
7. Ley del equilibrio

5.5.3. Los Niveles neurológicos

Herramientas del proceso de cambio con PNL como Fuerza Existencial

A. Programación: niveles neurológicos y metaprogramas

B. Neuro: sistema representacional, estrategias (VAK: Visual, Auditivo, kinestésico), emociones y anclaje.

C. Lenguaje (comunicación): calibración y rapport, trance, metáfora, metamodelo (preguntas, metapreguntas y reencuadre)

A. Programación

La programación hace referencia al proceso que sigue nuestra mente para organizar sus estrategias operativas o formas de pensamiento. Es el método para modelar la mente a través del lenguaje.

Se establece con la programación de conductas, emociones, creencias y valores, a través del lenguaje verbal y no verbal, así como con el sistema neuro-representacional, que es la forma de sentir y percibir la realidad desde lo visual, auditivo y kinestésico. Observar, escuchar y sentir. Se trata de estructurar la conducta para facilitar el aprendizaje. Pensamientos y emociones configuran la conducta y la actitud a través de los sentimientos.

La Fuerza Existencial ayuda a que la inconsciencia se convierta en consciencia, en autoconocimiento. Existen filtros a partir de la inconsciencia.

Se realiza para ejercer un cambio a través de:

a. La toma de conciencia
b. La modificación de hábitos
c. La confianza
d. La motivación
e. La comunicación
f. La creatividad

- ¿Por qué?: para cubrir necesidades de autoestima, de relaciones y de sentido de vida
- ¿Con qué?: con técnicas y herramientas (aptitudes) y disciplina y esfuerzo (actitudes) por ello aquí se une a la Fuerza de Voluntad.
- ¿A quién trasciende?: a nosotros mismos, a nuestra familia y amigos, a nuestro entorno de trabajo, a la propia sociedad, en suma.

La personalidad se define como suma de temperamento (genético) + carácter (aprendido). Experimentar el modelaje. Los valores por grado de priorización de conducta-acción convergen en experiencias, por referencias de modelos, por interiorización. Las actitudes unidas a la emoción, habilidades y pensamientos posibilitaran el mejor plan de acción.

Los metaprogramas se relacionan directamente con los niveles neurológicos desde el estímulo y la acción, con iniciativa e intuición en modo proactivo y, observando y reaccionando, en modo reactivo.

En cuanto a los procesos, se afrontan o eluden los problemas con interacciones con los demás. Las opciones de creatividad en este sentido se determinan en:

- Procedimientos: ejecutar proyectos

- Cambio: igualador (gestionar cambios) / diferenciador (crear cambios)

- Reacción: sentimental (emocional), elección (neutro), pensamiento (racional).

La Inteligencia emocional desde los metaprogramas se precisa en el sumatorio de aprender + esfuerzo + paciencia.

B. Neurológico

Hace referencia al sistema nervioso y a la actividad mental que es origen de toda acción o conducta. Todos tenemos recursos. Desde el modelaje podemos aprender a incorporar recursos de otros. Modelos competentes y modelos cercanos. A mayores recursos, mayor flexibilidad.

Debemos tener la capacidad de procesar con todos los sentidos. Aquí entra en juego el VAK, lo visual, lo auditivo, lo kinestésico (sentido, olfato, gusto). Es lo que se llama la aplicación del filtro sensorial a la información que nos llega del exterior. El filtro es nuestra percepción y depende de la capacidad de desarrollo de nuestros sentidos. En el proceso interno de codificación de la información, se establece una representación interna que se hace consciente a través de preguntas sobre el pasado, la educación y la experiencia (quién he sido), sobre preguntas de las creencias, valores e identidad personal (¿quién soy?), y con preguntas referentes a lo que yo puedo ser (quién puedo llegar a ser).

Sistema representacional:

- ruta neuronal: percepción, entorno
- mapa: construimos la realidad =/= realidad
- expresión, experiencia: interna/externa

C. Lenguaje

Es la exteriorización de la actividad neurológica y del pensamiento humano a través de la Fuerza Existencial por medio de la palabra y por el lenguaje no verbal. Nos comunicamos siempre. No hay posibilidad de *"no comunicación"*.

Hay que observar en los demás la Fuerza Existencial de uno mismo. Efecto de espejo. No hay fracasos en la Fuerza Existencial, hay resultados. Siempre hay feedback, para el cambio. Intención positiva.

Sinestesia: lenguaje verbal + lenguaje no verbal (LNV + LV)

- LNV: gestos, micro gestos, voz
- LV: predicado

La conducta se expresa a través del lenguaje verbal por la forma del predicado y del lenguaje corporal o no verbal por las posturas, movimientos, gestos y voz, principalmente. Importante, tener la mayor agudeza sensorial desde el sistema representacional, percibiendo nuestra forma de sentir y la de los demás. Por lenguaje verbal y no verbal. Hacer consciente lo inconsciente.

- ObservarV
- EscucharA
- Sentir K

Cuadro de los niveles neurológicos

ORDEN	1	2	3	4	5	6
Niveles neurológicos	Entorno (lugar-tiempo)	Comportamiento-Conducta (hago)	Capacidades-Habilidades (soy capaz)	Creencias-Valores (creo)	Identidad (soy)	Espíritu (trasciendo)
Teoría psicológica	Ecología-Sociocultural	Conductismo	Cognitivismo-Constructivismo	Humanismo	Psicoanálisis	Psicología alternativa
Grado de liderazgo	MONITOR	ENTRENADOR	MAESTRO	TUTOR-MENTOR	CONSEJERO PERSONAL	GUÍA ESPIRITUAL
Estilo de soporte	Cuidado del medio	Refuerzos de conducta	Conocimiento-intelecto	Inspiración	Individuo	Visionario
Objeto de liderazgo	Contexto	Acción	Competencia	Valores	Misión	Visión
Posición del coach	Poder aprender	Querer aprender	Saber aprender	Demostrar aprendido	Ser excelente	Innovar-Trascender
Acción del coach	Habituar	Instruir	Enseñar	Formar	Educar	Alumbrar-Revelar
Proceso de aprendizaje	Incompetencia inconsciente	Incompetencia consciente	Competencia consciente	Competencia consciente-in	Competencia inconsciente	Comp. Trascendental. Consciencia Espiritual
Pregunta de vida	DONDE?	QUÉ?	CÓMO?	POR QUÉ?	QUIEN?	CUANTO?

Herramientas a utilizar

1) **Entorno**: Psicogeografía, Sociograma, Metapersona, Cartógrafo, Metáforas.
2) **Comportamiento**: Feedback, Contraste, Anclaje.
3) **Capacidades**: Preguntas VAK, Visualización, Circulo excelencia, Modelado, Aprendizaje cooperativo.
4) **Creencias**: Moldeamiento, Acción de valores, Establecimiento Objetivos, Autoafirmaciones, Creencias limitantes.
5) **Identidad**: Fuente de recuperación, Escucha activa, Veo-siento.
6) **Espíritu**: Sueño activo, Despertar.

5.5.4. Estado de fluidez existencial

Estado de fluidez o de "Flujo", es el estado mental en el cual las personas se sienten concentradas en una tarea y disfrutan con ella en grado extremo, desconectando de todo lo que está alrededor y perdiendo casi por completo la sensación de tiempo y espacio. Esta noción de experiencia óptima o estado de "flow" fue popularizada por el psicólogo y autor del libro Flow, Mihaly Csikszentmihalyi profesor de psicología en la Universidad de Claremont (California).

El término "flow" se eligió porque era utilizado por las personas de las muestras estudiadas en las investigaciones para describir esta clase de experiencias y por su corta pronunciación (Csikszentimihaly, 1998).

Csikszentmihalyi identificó varios aspectos que caracterizan a las personas que están muy motivadas, o como él denomina, en un estado de flujo.

- Hacen las cosas porque les parecen divertidas
- Ponen el foco no en lo que hacen sino en cómo lo hacen
- Tienen claras las metas intermedias del proceso
- Equilibran perfectamente las dificultades y sus destrezas
- Excluyen las distracciones
- No tienen miedo al fracaso
- Distorsionan su sentido del tiempo
- La actividad se convierte en autotélica

Fluir, en una actividad o tarea, es sentirse completamente en sintonía con lo que se está haciendo, saber que uno es fuerte y capaz de controlar su destino al menos por un momento, y conseguir un sentido del placer independiente de los resultados.

Se trata de un estado psicológico óptimo (ERO), en el que los sujetos consiguen abstraerse completamente en la ejecución de su propio rendimiento, hasta el punto de llegar a experimentar sus propias sensaciones, percepciones y acciones de una forma extraordinariamente positiva y aparentemente lograr efectuar un buen rendimiento de tarea en forma casi automática.

Cuando hablamos de estado de flow, se pueden emplear otros términos como:

- estar en la zona
- sentir "éxtasis", "plenitud"
- experimentar un sentimiento superior
- estar totalmente centrado.
- fluir
- es una burbuja
- focalizado
- sosegado
- ideal
- imparable
- en sintonía
- flotando
- en la brecha
- no importa nada más
- supervivo
- control total
- satisfacción completa
- ritmo óptimo
- en la onda

Fluir nos permite mejorar nuestro desempeño y crecer a nivel personal:

- es un estado psicológico que implica control mental y atencional.
- demanda energía para invertir en la concentración.

El modo en que percibimos nuestro potencial para desarrollar estas destrezas en los marcos específicos en los que participamos tiene una profunda influencia en lo que finalmente realizamos y cómo nos sentimos acerca de ello.

Tanto desafíos, como habilidades, son elementos que se pueden entrenar y subjetivos.

- A medida que mejoramos las habilidades, los desafíos van en aumento.
- Sentimos que hay un equilibrio entre ambos cuando creemos que podemos lograr la meta que nos hemos marcado nuestra mente está concentrada en esa actividad concreta y damos lo mejor de uno mismo.
- Cuando los desafíos y habilidades van más allá de las posibilidades del nivel de la persona, partimos hacia la fluencia.
- El equilibrio permite sentir disfrute y calidad óptima.
- Podemos generar desafíos desarrollando aquellas áreas por las que tengamos interés. Crear y encontrar oportunidades para actuar y perfeccionar la actividad.

Claves que aporta Csikkszentmihalyi:

- **Olvidarte de ti mismo**. Es la atención del yo. Cuanto mayor es la atención que invertimos en el cuerpo y en su actividad, menor es la que queda para pensar en salvar nuestra imagen o impresionar a los otros. En este punto, olvidas la parte de la conciencia que cuestiona o juzga. No ser consciente de uno mismo nos lleva a la no preocupación de las críticas, ni por nosotros mismos ni las provenientes de los demás.
- **Dejar a los demás que se preocupen de sí mismos**. Comparar implica invertir energía en los demás y en detrimento de la de uno mismo. Atención ineficaz. Ni podemos ni debemos controlar lo que los otros hacen, tan solo responsabilizarnos de nuestra parte.
- **Aceptar el ambiente como algo determinado de antemano**. Son factores que además no podemos controlar y no dependen de uno mismo. La presencia de otras personas, las interacciones sociales, todo ello influye en el marco social de la actividad que realizamos, pero no debemos estar atento a ello.
- **Concentrarse en el proceso**. Prestar atención a la estrategia, técnica y acciones en la actividad y marcarse metas para ello.

Componentes fundamentales del estado de flujo

La experiencia de fluir de acuerdo a los expertos está compuesta por nueve componentes fundamentales:

1. Equilibrio desafío-habilidad
2. Fusión acción- atención
3. Metas claras
4. Feedback sin ambigüedad
5. Concentración en la tarea encomendada
6. Sensación de control
7. Pérdida de la conciencia del propio ser
8. Transformación del tiempo
9. Experiencia autotélica

1. **Equilibrio desafío-habilidad**. Esta es la razón fundamental de la fluencia, la base en la que se centra pasa por un reto que constituya una verdadera motivación, para que sea verdadera Fuerza del Querer, que despierte el interés al punto de encender la pasión por conquistarlo en el tiempo que sea necesario, sin embargo, tiene que ser un reto que siempre se mantenga en las posibilidades de alcanzarlo, que sea consciente de que el entrenamiento y esfuerzo adecuado lo puede alcanzar. Que se convierta en un verdadero desafío.

2. **Fusión Acción-Atención**. Experimentar la fusión acción-atención significa la posibilidad de que mente y cuerpo se unan en uno. Este proceso ocurre sin ser forzado, y ocurre cuando se llega a estar absorto en la actividad que se está realizando, lo cual es posible en complementación del anterior componente. Cuando se logra dominar el desafío confiando en habilidades, se logra dominar la acción-atención.

3. **Metas Claras**. En cualquier ámbito de la vida, y más aún en situación de riesgo en distanciamiento social, es necesario tener las metas claras, y el plan de acción para dirigirnos a esa meta. Esto permitirá tener un punto de palanca, ante cualquier despiste que se pueda tener en el proceso. Las metas claras dirigen la acción y aportan un objetivo, de forma tal que sepamos exactamente lo que debemos hacer, además de tener el conocimiento de en que punto del proceso nos encontramos y si estamos cumpliendo con las metas de proceso que orientan nuestro camino.

4. **Feedback sin ambigüedad**. El feedback es un elemento clave dentro del proceso de lograr fluir. Constantemente debemos recibir

feedback interno y externo. Dentro del interno pueden ser el propio cuerpo, las sensaciones y las emociones, entre otras. En la parte externa está el entorno, la normativa sociorelacional existente como el distanciamiento social. Es necesario saber cómo van las cosas, mientras se está realizando la acción.

5. **Concentración en la tarea encomendada**. Es necesario concentrarse en lo que se tiene que hacer. La concentración es básica en la fluencia, alejar todos los pensamientos extraños que puedan interferir y evadirte de la situación en la que estás en el momento. En periodos de estrés social existen muchos factores que pueden desconcentrar la ejecución cotidiana de interacción social efectiva y adecuada.

6. **Sensación de control**. La sensación de control proviene de tener la seguridad en las capacidades que se tienen para la tarea encomendada. Es la virtud de no caer en la ansiedad que genera la Nueva Normalidad en tiempos de distanciamiento social.

7. **Pérdida de la conciencia del propio ser**. La pérdida de la conciencia del propio ser pasa por concentrar la atención en lo importante, en lo que se está haciendo. No debe quedar energía para pensar o preocuparse de cualquier otra cosa que sea nuestra tarea o acción.

8. **Transformación del tiempo**. La fluencia tiene el poder de liberarnos del poder del tiempo. Que sea una experiencia plena, donde el tiempo se reproduce en otra dimensión, pues pasa muy rápido y a la misma vez muy lento.

9. **Experiencia Autotélica**. Es estar *"en la zona"*, *"estar enchufado"*. Un sentimiento donde todo fluye, aparece sin necesidad de ser forzado.

Lograr la experiencia de fluir en nuestra cotidianeidad, supone un ejercicio de conocimiento profundo, que debe comenzar por lograr identificar tus creencias limitantes como punto de partida para lograr acallar las voces que continuamente tienden a decir que hacer y cómo hacer en forma acusadora.

Se trata de potenciar un sentimiento de fuerza, control sin esfuerzo, rendimiento máximo y superación del ego limitado. El tiempo casi desaparece, y con él los conflictos emocionales. Se trata de aprender a ser creativos y alcanzar la genuina calidad de vida en la ejecución fácil. Adquirir Fuerza Existencial desde el resto de la Fuerzas del Poder.

La satisfacción de una tarea correctamente ejecutada es un factor motivador para la persona. Favorece el rendimiento de la actividad pues genera una satisfacción en la persona y se va retroalimentando constantemente.

Las tareas que son de bajo nivel de reto y poca demanda de habilidad pueden generar apatía ya que van tremendamente ligadas a la rutina. Si la persona posee poco nivel de habilidad y la tarea es altamente retadora generará en la persona elevados niveles de ansiedad ya que se percibe y sabe poco capacitado para afrontar la tarea.

Cuando alguien está en *"estado de flujo"* entiende su trabajo como una diversión de la cual disfruta profundamente sin tener consciencia del esfuerzo que le pueda suponer. Está súper motivado. Tiene una gran Fuerza del Querer a partir de la aplicación de Fuerza Existencial.

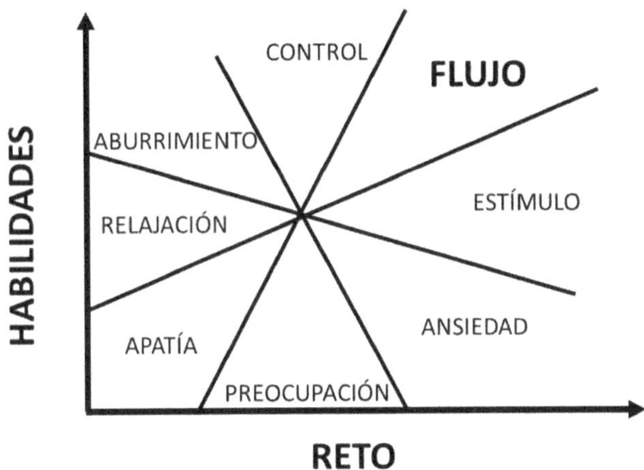

Las tareas de personas altamente cualificadas que supongan poco reto generan un estado de aburrimiento ya que su capacidad no precisa de reto. El estado de flujo óptimo se da cuando las personas con alta capacidad en una tarea son expuestas a situaciones o tareas de alto reto.

Experimentamos estados de fluidez cuando estamos totalmente concentrados en afrontar un desafío o descubrir algo nuevo. Fluimos cuando nuestra conciencia está ordenada y todo se mueve en la misma dirección. Podemos experimentar estados de fluidez en cualquier sitio y en cualquier momento.

Según el autor podemos llegar a alcanzar este estado mediante un entrenamiento de la atención. Pero este esfuerzo que le estamos pidiendo a nuestro cerebro no debe ser forzado ya que eso implicará un mayor desgaste y por tanto se activarán muchas áreas no necesarias del cerebro que nos impedirán alcanzar este nivel de flujo.

Tener pleno estado de fluidez es estar absorto en el espacio y el tiempo como factor de la Fuerza Existencial. Un estado en el que la persona se encuentra completamente absorta en una actividad para su propio placer y disfrute, durante la cual el tiempo vuela y las acciones, pensamientos y movimientos se suceden unas a otras sin pausa. Todo el ser está envuelto en esta actividad, y la persona utiliza sus destrezas y habilidades llevándolas hasta el extremo. La persona está en *"flow"* cuando se encuentra completamente absorbida por una actividad durante la cual pierde la noción del tiempo y experimenta una enorme satisfacción.

La forma de estructurar las óptimas interacciones sociales, precisa de lo que podemos denominar como clima motivacional contextual. En ellos deben darse situaciones caracterizadas por la relación interpersonal, la evaluación pública y retroalimentación normativa sobre tareas que ayuden a que aparezca un estado de implicación personal. El clima motivacional situacional es el responsable de la aparición del estado de implicación referido a criterios de éxito. Estos entornos que enfatizan el proceso de aprendizaje, la participación, el dominio de la tarea y la resolución de problemas tienden a fomentar la aparición de una implicación a la tarea.

5.5.5. El Diálogo interno

Diálogo interno es existencialidad. Diálogo interior es espiritualidad.

Denominamos diálogo interno al conjunto de conversaciones que mantenemos con nosotros mismos cuando ejecutamos una acción determinada.

Es una comunicación con nuestro yo interno en estado de ejecución y lo queremos diferenciar, por tanto, del diálogo interior o reflexión que se produciría en estado de no desplazamiento, de no necesidad de toma de decisiones en un tiempo concreto ni para una acción concreta.

El diálogo interior es el que se produce desde la posición de fuerza espiritual y por ello ya lo hemos tratado anteriormente en su capítulo correspondiente. *Diálogo interior es espiritualidad y **diálogo interno es existencialidad.***

El diálogo interno es el diálogo que se produce de forma espontánea por las diversas experiencias personales que todo ser humano deportivo, en este caso, se hace continuamente. Está enfocado a la toma de decisiones, en la mayoría de los casos, en tiempo corto y muy determinado. Está guiado por nuestro subconsciente cuando realizamos ciertas acciones.

Ese diálogo interno puede ser estéril o prolífico, destructivo o constructivo, obsesivo o tranquilo dependiendo de cómo lo planteemos. Si tenemos un mundo interno sano y, ese diálogo será positivo y proporcionará iluminación en nuestra interpretación de la realidad. Si una persona, por el contrario, posee un mundo interno oscuro y deshecho, el diálogo que establecerá consigo mismo se convertirá en una obsesiva repetición de problemas.

Por todo ello, la relación con uno mismo mejora al ritmo del grado de madurez alcanzado por cada persona. Las valoraciones que nos hacemos de forma madura, tanto sobre nuestra realidad como sobre la ajena, generará valoraciones más realistas y ajustadas. Los sujetos maduros saben no exagerar los obstáculos que encuentra ante los proyectos que se propone. Su diálogo interno es sereno y objetivo, de modo que nada les desconcierta. Mantiene una relación consigo mismo que afectiva y exigente a la vez. Raramente se crea conflictos internos, porque sabe solventar sus preocupaciones buscando la solución adecuada. Tiene confianza en sí mismo y, si alguna vez se equivoca, no se vence ni pierde su equilibrio interno.

Una persona madura y equilibrada tiende a mirar siempre con afecto la propia vida y la de los otros. Contempla toda la realidad con deseo de enriquecimiento interno y descubre siempre algo bueno en el objeto de su visión. Es más optimista, más alegre, más humano, más cercano a la realidad, tanto a la del resto de personas como a la de las cosas.

La manera en la que nos hablamos a nosotros mismos, por lo tanto, es determinante, más aún en tiempos de distanciamiento social y Nueva Normalidad. Exigiéndonos al máximo podemos dar lo mejor de nosotros mismos, pero sin martirizarnos. Es clave la importancia que tiene nuestro diálogo interno, tanto en la vida como en la tarea concreta que hagamos. Sólo mejorando nuestro diálogo interno podemos comprendernos, alentarnos y decirnos lo que precisamos, en energía y acciones. La forma en que nos comunicamos con nosotros mismos influye en gran medida en la consecución de tus resultados.

En este diálogo se funda nuestra conciencia, pero también nuestra fuerza de voluntad, nuestra capacidad para sobreponernos a las dificultades, para perseverar en nuestras metas y para alcanzar lo que deseamos. Nuestro diálogo interno debe ser, por tanto, constructivo y alentador. El diálogo interno positivo aporta energía y vitalidad para la vida.

Análisis del diálogo interno

Nuestra mente no para de charlar con nosotros mismos. Sobre todo, en situaciones y escenarios sociales que generan cierto estrés. Esto, en principio, es algo normal, siempre que controlemos ese estrés. El problema está cuando lo utilizamos para criticarnos a nosotros mismos, para pelear con nuestros pensamientos, nuestras sensaciones e incluso con nosotros mismos. Escuchamos en nuestra mente palabras como:

- *"Que cansado estoy"*
- *"Ya estoy otra vez con lo mismo"*
- *"No seas vago"*
- *"Nunca lo conseguiré"*
- *"Soy un desastre"*
- *"No valgo para nada"*

En realidad, dentro de nosotros viven muchos personajes, y algunos de ellos los reconocemos e identificamos con nosotros mismos, a veces demasiado. Cuando hacemos de una parte de nosotros una sombra de lo que somos, esta sombra se dedica a criticarnos todas aquellas partes que no nos gustan.

El problema de un diálogo interno negativo es que termina por hacernos mucho.

Técnicas para mejorar el dialogo interno

El diálogo interno es esa voz que nos habla a todas horas, para bien o para mal, eso dependerá de la conciencia y aprendizaje que tengamos de esa voz en nuestra mente, nuestros pensamientos y nuestra conducta. El diálogo interno convierte pensamientos en afirmaciones constantes, positivas o negativas y éstas, a su vez, se transforman en creencias, también positivas o negativas que influirán de esa manera en nuestro comportamiento. Así que, para atraer hacia nosotros todo lo bueno, hay que asegurarse de no tener pensamientos, afirmaciones o creencias que limitando nuestra atracción auténtica.

Si sembramos la costumbre de gestionar el diálogo interno de manera más positiva, conllevará los beneficios como mejora de la autoestima, mejora del autoconocimiento, así como pensamientos efectivos. La clave reside en cambiar ese diálogo interno una vez analizado. Ser conscientes de nuestros pensamientos y ser consciente de que lo que hacemos es importante.

Esto significa que el tono de voz con el que nos hablamos se puede cambiar para bien. Siendo conscientes de nuestros propios pensamientos, los podemos cambiar en tono de voz crítica por un tono más sereno y positivo.

Cambiar expresiones negativas y construirnos otras positivas y alentadoras que nos generan mayor autoestima y autoconfianza:

- "que cansado estoy" sustituir por "mi cuerpo necesita recuperarse"
- "ya estás otra vez con lo mismo" sustituir por "es normal que piense en eso"
- "no seas vago" sustituir por "he trabajado duro todo el día y toca descansar"
- "nunca conseguiré esto" sustituir por "casi siempre acabo las cosas que me propongo"
- "soy un desastre" sustituir por "no soy perfecto, pero me esfuerzo"

Técnicas para poder controlar nuestro diálogo interno

Para silenciar

1. Cuestionar lo que pensamos.
2. Identificar lo negativo y analizarlo de manera objetiva y sosegada.
3. Dirigir los pensamientos de la manera más positiva y efectiva para nosotros. No permitir que nos abrumen los pensamientos negativos. No permitir que nuestra mente funcione en modo de piloto automático.
4. Aplicar la técnica del contraste. Transformar todo lo negativo en positivo.
5. Desafiar las creencias. Elegir una creencia, desafiarla, y generar evidencias que rompan eso que creemos.
6. Utilizar la atención dirigida o presencia plena con estrategias de concentración y meditación.

Para confiar

- Querernos un poco más
- Aprender a relajarnos.
- Dialogar con nosotros mismos diciéndonos todas las cosas positivas que tenemos en nuestras vidas
- Buscar evidencias de que estamos consiguiendo tales cosas. Buscar pensamientos de presencia y descartar los de carencia. Si orientamos los pensamientos hacia lo positivo, emitiremos vibraciones más positivas y atraeremos pensamientos semejantes.
- Relajarnos. Lo importante es que durante un rato dejemos de lado el diálogo interno.

Acciones para el dialogo interno constructivo

- Crear un contenido positivo de nuestra consciencia eliminando el ruido de pensamientos automáticos negativos
- Aportar consciencia a nuestra acción
- Ser constructivos en nuestra actitud: realmente construimos nuestra realidad
- Vivir con plenitud y mantener esta acción
- Relacionarnos con nosotros mismos consciente en el aquí y ahora
- Llevar a la práctica la autoestima en el momento presente
- Aumentar el grado de eficacia de nuestras acciones, y de percepción de eficacia
- Aprovechar mejor el tiempo vital
- Comprensión de la vivencia meditativa llevada a la vida cotidiana
- Convertir situaciones difíciles, en retos y oportunidades
- Reforzar el autoconcepto
- Ser dueños de nuestra vida en todo momento

Un diálogo interno positivo es un piloto automático para el éxito, algo que nos permite vivir mejor y confiar en nosotros mismos y en nuestra habilidad para llevar a cabo nuestros proyectos. El diálogo interno, cuando está bien estructurado y apunta hacia el triunfo nos permite continuar y seguir adelante a pesar de imperfecciones y caídas. El diálogo interno positivo es una habilidad que se crea con el tiempo.

Las creencias limitantes (falta de Fuerza de Voluntad) se adhieren a nuestro carácter, y determinan los resultados que tenemos. Por ello, es necesario analizarse y tomar decisión consciente de cambiar los pensamientos negativos por unos que no limiten nuestra conducta y tendencia a mejorar.

Los seres humanos, somos muy dados a la costumbre y ello puede ser la clave del éxito. Prepararnos con influencias positivas repetidas hacen que nuestra costumbre se torne positiva y nos ayude a conseguir el éxito. Hay que dejar de lado el conformismo.

Se trata de moldear y crear nuevos hábitos, hábitos positivos y constructivos que permitan crecer como persona y dar lo mejor de uno mismo a nuestra circunstancia.

5.6 LA FUERZA TEMPORAL. MOMENTO DE CAMBIO

5.6.1.La Fuerza Temporal. Momento de cambio

6. LA FUERZA TEMPORAL

- Momento de cambio: presente intemporal

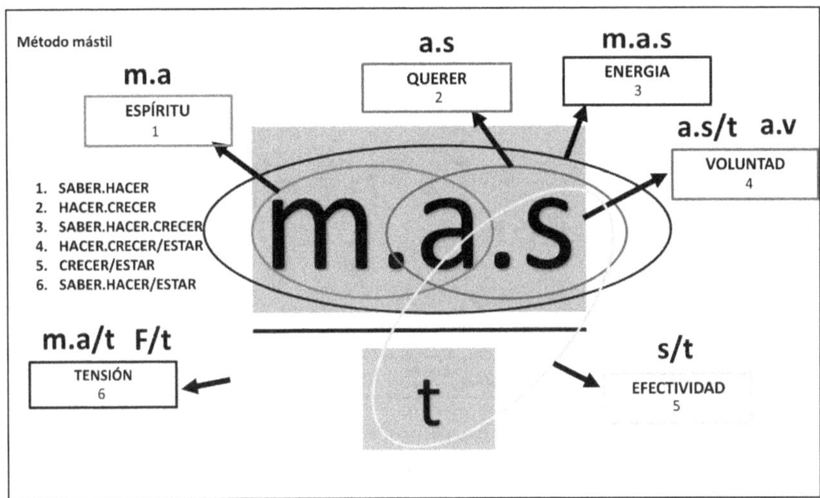

La *Fuerza Temporal* es tensión, es la presión de una fuente de energía. Es fuerza en un tiempo determinado. Es instante de transformación.

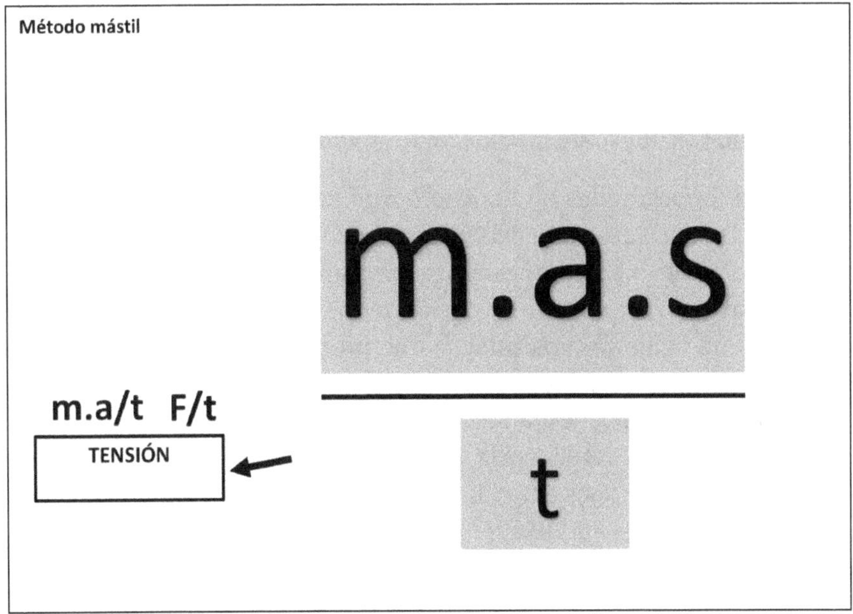

Tensión que deriva luego en activación y generación de estrés positivo para que el momento de cambio sea eficaz y productivo como parte de la potencia de la persona en proceso de crecimiento.

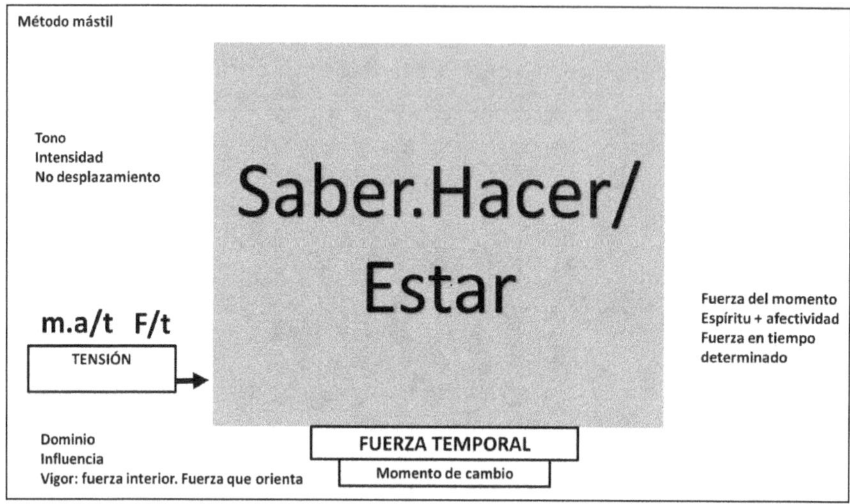

SABER.HACER ESTANDO, crea en el ser humano una *Fuerza Temporal* que es el momento de cambio. Es la tensión, el tono, la intensidad del momento.

Espíritu unido a **afectividad** generan un **tiempo** determinado, explícito y una influencia de **vigor** que orienta nuestra conducta con dominio y liderazgo, interiormente y hacia afuera. El momento de cambio está totalmente relacionado con la inteligencia emocional.

5.6.2. Competencias emocionales en la Nueva Normalidad

Inteligencia Emocional es un concepto que popularizó el psicólogo norteamericano Daniel Goleman en 1995 a través del libro "*La inteligencia emocional*", best seller de ventas durante varios meses en todo el mundo. Sin embargo, las teorías que reúne dicho libro no son realmente originales, sino el conjunto de una nueva psicología, que preconiza la percepción y las habilidades de los sentimientos y las emociones en contra de una excesiva valoración de la inteligencia analítica y racional que miden los test convencionales. En síntesis, Inteligencia Emocional es saber manejar los propios sentimientos y reacciones ante las circunstancias y las personas con las que se relaciona uno: "*Las habilidades interpersonales son las que nos permiten relacionarnos con los demás, motivarles, inspirarles, persuadirles, influirles y tranquilizarles*", indica Daniel Goleman. Esta nueva psicología permite sacar lo mejor de uno mismo y de los demás, mejorar las relaciones intrapersonales e interpersonales y salir siempre airoso, íntegro, incluso cuando las cosas se tuercen y no conseguimos aquello que deseamos.

La experiencia emocional ha desempeñado un papel fundamental en la evolución de la especie humana. Son las emociones las que permiten afrontar las situaciones verdaderamente difíciles. El bagaje emocional ha sido determinante en la supervivencia de la especie, hasta tal punto que las emociones han terminado integrándose en el sistema nervioso central en forma de tendencias a las acciones innatas y automáticas.

La reacción emocional es prácticamente instantánea, por lo que el mecanismo racional que produce los pensamientos no llega a alcanzar a lo emocional. La mente emocional se caracteriza por su rapidez, en detrimento de su precisión, mientras que la mente racional tiene la capacidad de emitir respuestas más elaboradas. Las serotoninas, endorfinas y adrenalina son agentes bioquímicos que el organismo libera para provocar ciertas reacciones.

Aplicar las razones emocionales permite vivir mejor las razones emocionales permite vivir mejor.

Sentimientos y pensamientos

Nuestro pensamiento depende de nuestro estado emocional, porque las emociones inclinan a la acción hacia una dirección. Para Goleman el sentimiento es la experiencia particular de la emoción. Lo que importa a la mente emocional es como se perciben las cosas. La mente racional es capaz de descubrir las conexiones lógicas entre las causas y sus efectos. La mente racional puede cambiar una creencia por otra, porque razona apoyándose en evidencias objetivas.

La mente emocional, por su parte, considera sus creencias como realidades o verdades absolutas. En la mente emocional prevalece el pasado sobre el presente. Por esto el coach debe guiar hacia un estado emocional más propicio al cambio.

La fuerza temporal proporciona la posibilidad de generar emociones que nos motiven, que motiven a los demás. Se crean estados de flujo para generar eficacia y creatividad. Conciben placer inmediato e instantáneo por lo que se hace y concentración. A veces el coach debe imponer un mapa ajeno para que entre en estado motivacional. Incluso la memoria depende de nuestro estado de ánimo y este ánimo puede generar recuerdos más o menos positivos en función de su estado.

La autoestima.

La forma de percibir lo que nos sucede determina en gran medida el éxito o el fracaso en una acción; es lo que los expertos denominan "realidad percibida". En primer lugar, hay que aprender a estimarse a sí mismo, tener amor propio, porque el concepto de uno mismo es el destino o, más exactamente, tenderá a serlo. Si uno no se estima a sí mismo, no podrá querer a los demás.

Pero quererse a sí mismo no significa consentirse todos los caprichos y abandonarse sin control a los deseos que se tengan. Para conseguir resultados en todos los campos es necesaria una buena dosis de disciplina, de fuerza de voluntad, tanto para ejercer la autoestima como para perseverar en el tiempo y en el esfuerzo hasta obtener las metas deseadas. La autoestima requiere además tener la capacidad de renuncia y elección, de saber aplazar los deseos momentáneos de satisfacción inmediata en favor de otros muchos mayores en el futuro, y a la vez, saber elegir de entre las muchas posibilidades, la más acertada al momento y a la ocasión.

Es en definitiva una inteligente mezcla de libertad, flexibilidad, capacidad de aprender de las situaciones negativas y de los propios errores; no hundirse ni dejarse abatir cuando llegan las situaciones adversas, que llegarán, incluso a los más preparados. La vida tiene que ver con grandes retos y exigencias personales, que requieren de la mayor fuerza temporal y fuerza del querer. A mayor libertad, mayor responsabilidad. La disciplina, genera libertad.

"Entre los distintos aspectos del conocimiento de sí mismo, quizá ninguno influya tanto en la vida diaria como la opinión que se tenga de la propia eficacia personal"
Albert Bandura

El autocontrol.

Si no se controla lo que se hace, uno queda a la contingencia de sus propios impulsos, reacciones y de la influencia consciente o inconsciente que los demás ejercerán sobre la persona. No hay que reprimir las emociones ni los sentimientos, sino canalizarlos adecuadamente.

Ya Baltasar Gracián en el año 1647 alababa este concepto de autocontrol:

"La finalidad principal de la prudencia es no perder nunca la compostura. Las pasiones son los humores del ánimo; cualquier exceso en ellas perjudica a la prudencia; y si el mal llega a los sabios, la reputación peligrará. Uno debe ser tan dueño de sí que ni en la mayor prosperidad ni en la mayor adversidad nadie pueda criticarle por haber perdido la compostura. Así será admirado como superior".
Baltasar Gracián

Daniel Goleman lo expresa así: *"Ser consciente de lo que uno siente es el primer paso para conseguir un cierto autocontrol. No se trata de reprimir los sentimientos sino de canalizarlos adecuadamente".*
Daniel Goleman

Por su parte, un maestro en la práctica oriental del zen aconseja que *"hay que tener conciencia de lo que sentimos para saber qué pensamos, qué decimos y qué hacemos".*

La perseverancia es uno de los factores importantes incluidas tanto en la fuerza temporal como en la fuerza de voluntad. La variable tiempo determina la necesidad de alargar en el espacio temporal nuestro estado de conciencia y contención de los actos. Hay que ser constante y mantener el esfuerzo de forma continuada, pero con estrategia e inteligencia. Muchas personas abandonan antes de alcanzar lo que desean.

Perseverancia no significa cabezonería, ni mucho menos falta de estrategia. Insistir no siempre es lo recomendable para solucionar los problemas o emprender acciones de éxito. Pero lo cierto es que muchas veces no se consigue lo que se desea porque abandonamos antes de tiempo, porque no existe una verdadera apuesta personal y un autocompromiso por conseguir lo que deseamos. Perseverancia y persistencia se relaciona con la razón y con procesos psicosociales ecológicos, tanto para uno mismo como para los demás. Cabezonería, terquedad, obcecación, obsesión y testarudez se relacionan necesariamente con falta de razonamiento y con agresión psicosocial hacía uno mismo e incluso hacía los demás. Es una conducta del todo viciosa y negativa para la persona.

Las cosas realmente valiosas de la vida exigen esfuerzo, tienen su precio. El fundador de McDonald´s, Ray Kroc ya dijo que *"perseverancia y determinación son las únicas virtudes omnipresentes".*

Por su parte, Bill Gates nos dice:

"La determinación es un ingrediente importante del éxito, pero no le des demasiada importancia. La determinación por sí sola no garantiza nada. Debes estar motivado por algo más que el puro deseo de conquista".
Bill Gates

Capacidad de motivar. Capacidad aportar fuerza del querer.

Los grandes motivadores unen las voluntades y esfuerzos de todos. Propician fuerza del querer desde su fuerza transformacional. Todo el mundo quiere a su lado alguien que entusiasme e ilusione, que les motive y anime a mejorar. Todos escogemos seguir a personas positivas, entusiastas, que saben ver el lado bueno de las cosas, incluso de las aparentemente negativas.

El auténtico líder transformador es así mismo potenciador de la fuerza temporal y sabe crear a su alrededor una sinergia para que todos alcancen lo que desean, explicándoles cómo hacerlo y cuáles son las mejores opciones. El motivador es portador de fuerza transformacional, fuerza del querer y fuerza temporal. Un integrador de esfuerzos y voluntades, descubridor, en muchos casos, de talentos. Hay que dejar de lado el interés propio en beneficio del interés común y lograr metas comunes.

Lao Tse en su obra Tao Te Ching:

"El hombre sabio se coloca en el último lugar y, sin embargo, es el primero. Porque no piensa en sí mismo, por eso sobrevive. Es gracias a su desinterés como su propio interés se realiza".
Lao Tse

Desarrollo de competencias emocionales

El desarrollo de competencias emocionales para el liderazgo compartido en este Momento de Cambio tiene el objetivo de dar respuesta a la necesidad de maduración emocional del ser humano y de la sociedad a la que pertenece, algo necesario y fundamental en esta Nueva Normalidad. El propósito tiene, por tanto, doble vertiente:

- Por un lado, la aplicación de la inteligencia emocional se hace imprescindible pues proporciona mejoras generales en la interacción social en tiempos de distanciamiento social. Hace que se madure emocionalmente de forma más rápida y segura. Permite tomar conciencia de las emociones en este entorno, comprender los sentimientos de los demás, tolerar las presiones y frustraciones, acentuar la capacidad de trabajar en equipo y adoptar una actitud empática y social. Se trata de potenciar las competencias emocionales en relación con la nueva forma de relación post-confinamiento.

- Por otra parte, las instituciones deben velar por el bienestar psicosocial y de salud física de los todos nosotros, embarcados en una situación de interrelación personal que demanda, en la mayoría de los casos, un requerimiento socioemocional muy elevado.

La situación social y las competencias emocionales están tan interrelacionados, que hace posible conseguir que los individuos insertos en esta nueva realidad estén más motivados, que controlen sus impulsos, tengan iniciativa, sean responsables y sepan manejar la frustración y el estrés de la mejor manera.

En este sentido, la inteligencia emocional es esencia y la competencia emocional es presencia, es aplicabilidad y practicidad de la inteligencia emocional. Diversas investigaciones con sugieren que la autovaloración positiva estimula el sistema emocional y motivacional de tal forma que las creencias positivas sobre sí mismo se asocian con un mayor afecto positivo y una persecución de objetivos importantes. Desde este punto de vista, una mayor autoestima puede funcionar como amortiguador de situaciones generadoras de estrés y ansiedad. Algo del todo necesario en la Nueva Normalidad con esta situación de interrelación condicionada por el distanciamiento social.

El objetivo es desarrollar y potenciar las competencias emocionales básicas y específicas relacionadas con la nueva forma de relacionarnos que impone la prevención a contagios víricos: habilidades de afrontamiento para el estrés y la ansiedad; habilidades de afrontamiento para superar situaciones de frustración y ansiedad y por consiguiente potenciar un mejor estado de salud y bienestar (optimismo, minimizar lo negativo, disfrutar de las relaciones de apoyo mutuo).

Los contenidos comprenden un conjunto de habilidades que permiten comprender, expresar y regular de forma apropiada los fenómenos emocionales. Incluye conciencia emocional, control de la impulsividad, trabajo en equipo, cuidarse a sí mismo y a los demás. Esto facilita desenvolverse mejor en las circunstancias de la vida tales como procesos de aprendizaje, relaciones interpersonales, solución de problemas y adaptarse mejor al contexto. Los contenidos básicos coinciden del todo con el planteamiento dimensional de Goleman (1995) que propone 5 factores:

1. Autoconciencia emocional
2. Autocontrol de las emociones
3. Automotivación
4. Empatía
5. Habilidades sociales

Donde las competencias socio-emocionales específicas de cada factor a desarrollar son:

1. Autoconciencia emocional
    - Autoconocimiento personal general
    - Conocimiento de las fortalezas y debilidades personales
    - Toma de conciencia de las propias emociones
    - Capacidad de percibir sentimientos y emociones
    - Identificación y etiquetado de emociones y sentimientos
    - Conocimiento y utilización del vocabulario emocional
    - Capacidad de expresión emocional en grupo
    - Conocimiento de la interacción emoción-pensamiento-comportamiento
    - Autoconciencia de valores morales y ética personal y grupal
2. Autocontrol de las emociones
    - Conciencia y capacidad de autocontrol y regulación emocional
    - Aumento de la tolerancia a la frustración
    - Aumento de la tolerancia a la demora
    - Autocontrol de la impulsividad (ira, violencia, comportamientos de riesgo)
    - Habilidad para afrontar emociones negativas
3. Automotivación
    - Competencias para auto-generar emociones positivas
    - Potenciar la Autoestima: tener una imagen positiva de sí mismo
    - Potenciar la capacidad para automotivarse y tener una actitud positiva
    - Potenciar el afrontamiento de retos
    - Potenciar la capacidad de auto-eficacia emocional (aceptación de la experiencia emocional)
4. Empatía
    - Respeto por los demás: intención de aceptar y apreciar las diferencias individuales y grupales y valorar los derechos de todas las personas.
    - Potenciar un comportamiento pro-social y de cooperación

- Aumento de la comunicación receptiva
- Compartir emociones
- Conseguir un verdadero comportamiento de asertividad: capacidad para defender y expresar los propios derechos, opiniones y sentimientos, sin herir el de los demás.
5. Habilidades sociales
    - Asumir la responsabilidad en la toma de decisiones
    - Potenciar su capacidad de crítica constructiva
    - Capacidad de identificar apoyos y recursos
    - Aumento de las habilidades sociales básicas: escuchar, dar las gracias, pedir un favor, pedir disculpas, actitud dialogante, etc.
    - Capacitar para la resolución de problemas interpersonales y sociales. Capacidad de negociación.
    - Mejora de la comunicación interpersonal horizontal y vertical.
    - Capacidad para fijar objetivos positivos y realistas.
    - Mejora de la capacidad de influencia. Conciencia y generación de autodisciplina y liderazgo.

La competencia es el conjunto de conocimientos, capacidades, habilidades y actitudes necesarias para realizar actividades diversas con un cierto nivel de calidad y eficacia.

La forma de desarrollar las competencias emocionales debe ser en todo momento activa, participativa, experiencial y apoyada en las oportunidades y experiencias que nos da la cotidianeidad. Se trata de practicar la habilidad con feedback continuo. Transferir la habilidad a las situaciones de la calle. Esto implica asignar tareas para realizar en todos los microcontextos donde nos desenvolvemos y especialmente en entornos reducidos donde el espacio personal es menor y debe respetarse la distancia social sugerida.

La inteligencia emocional en el la Nueva Normalidad es, por tanto, muy importante ya que:

a) A nivel emocional: propicia la mejor orientación al logro de los objetivos, la identificación de valores sociales y personales, la autovaloración, el trabajo en grupo, el liderazgo, la empatía, el control de las reacciones y emociones negativas y la autodisciplina.

b) A nivel físico: para saber organizarse, no obsesionarse con el espacio personal, tener momentos de descanso, gestionar el tiempo y los hábitos adecuados de alimentación.

c) A nivel social: para saber relacionarse mejor en todos los espacios y situaciones, y con todas las personas que forman parte de nuestro entorno comunitario y sociolaboral.

d) A nivel racional: mayor entendimiento de la situación que vivimos con la mejor aceptación de todo ello.

Por lo tanto, con un incremento de la Fuerza Temporal, fuerza circunstancial, situacional. Con saber y sentir el momento de cambio, conseguiremos:

- Tener relaciones más positivas
- Conocer cuáles son nuestras emociones y reconocerlas en los demás
- Tomar decisiones responsables
- Modular y gestionar la emocionalidad.
- Clasificar sentimientos y estados de ánimo.
- Desarrollar la tolerancia a la frustración.
- Desarrollar la tolerancia a la demora. Saber esperar. Tener paciencia
- Adoptar una actitud positiva ante la vida. Adquirir escucha activa y empatía
- Saber resolver conflictos. Tener asertividad
- Adquirir autodisciplina social y personal

"Las personas con habilidades emocionales bien desarrolladas tienen más probabilidades de sentirse satisfechas y ser eficaces en su vida, y de dominar los hábitos mentales que favorezcan su propia productividad, su capacidad de concentrarse en el trabajo y de pensar con claridad ".
Daniel Goleman

5.6.3. El método basado en la persona de Carl Rogers

Carl Rogers desarrollo su trabajo a través de la Terapia Humanista con el fin de ayudar a las personas con problemas de índole psíquica. Gran parte de sus ideas tuvieron un lento desarrollo a partir de sus experiencias, debido a una niñez separada de la sociedad que más tarde en su época de estudios universitario fue variando lenta, pero satisfactoriamente en el desarrollo de su trabajo posterior, relacionado con el servicio y desarrollo de la persona.

Al inicio de su trabajo reconoce al yo, estableciéndolo como algo vago y ambiguo. Por lo que el individuo al hablar de sus problemas y se refiere a ellos como algo desconocido. Dejándolo como un elemento importante definiéndolo como un auto concepto dentro de un patrón organizado y consistente de características del yo.

Es aquí luego de variedad de trabajos Rogers desarrolla el método centrado en la persona lo que implica el cómo dirigimos a los otros y preparándolo a reconocer y dar soluciones a diferentes problemas. En su trabajo utiliza tres categorías con las que se adquiere el desarrollo integral de la persona. Estas permiten un alto desarrollo del ser humano completo, abriendo sus sentimientos. Adquiriendo más empatía, autenticidad y a no ser posesiva.

Es Fuerza Temporal, fuerza del momento *espíritu + afectividad*, fuerza en tiempo determinado. Dominio, influencia, vigor, fuerza interior, fuerza que orienta a la persona en su proceso de desarrollo. Es y está en su *momento de cambio*.

Este es un método desarrollado por Carl Rogers y, es por esta razón, que a veces es llamada asistencia, ayuda o terapia Rogeriana.

Con el centramiento en la persona podemos poner a todo ser en desarrollo, en condiciones de crecer, desenvolverse y trabajar sobre cualquiera de los problemas que tenga. Todo acercamiento que verdaderamente ayude a las personas, debe involucrar estar trabajando en esta misma forma.

La primera cualidad es empatía. Es, tal vez, la más importante de todas las formas de acercamiento. La persona se siente aceptada y comprendida. Dos cosas son necesarias en este paso: que la empatía sea aceptada, y que sea conocida por el cliente. Ambas son destrezas que se pueden y deben aprender por parte del coach o asesor y hacen una enorme diferencia en la relación entre el cliente y el consejero o terapeuta.

La segunda cualidad es la autenticidad, sinceridad. Si la empatía tiene que ver sobre la escucha al cliente, la autenticidad se basa sobre la escucha a uno mismo. Si realmente me sintonizo con mi interior y me entero de todo lo que está sucediendo en mi interior. Esto significa estar abierto a mi propia experiencia, sin interrumpir nada de lo que ocurre. Y esto significa dejar de ver una forma en que el cliente puede obtener beneficios de esto. La sinceridad es más firme que la empatía porque implica mucho autoconocimiento, lo cual, puede realmente ser obtenido por completo con un completo y profundo proceso de ayuda.

La tercera es no ser posesiva, tener cercanía y calidez. Esto significa que el cliente debe ser percibido en toda su humanidad. En una atmósfera así, se desarrollará la confianza y la persona se sentirá capaz de abrirse a sus propias experiencias y sentimientos.

Se trata, con este acercamiento, de que las personas sean capaces de hacerse cargo de sus propias vidas y realmente ser ellos mismos completamente funcionales.

Rogers, en su trabajo, evidencia una clara preocupación por la vivencia de las experiencias pasadas para definirse a sí mismo para terminar de lograr con ello una redefinición del autoconocimiento del sujeto.

En su propuesta resalta tres categorías de relevancia:

1. la empatía reconocida y vivenciada por el cliente, que brinda una mejor recepción entre el paciente y el terapeuta
2. la autenticidad que desarrolla el cliente frente a sus mensajes internos, pudiéndose oír y aceptarlo sin recelo
3. la calidez que irradiamos hacia los otros como un ser humano integro

Los fundamentos Rogerianos, del método centrado en la persona, establecen un marco de referencia mediante el cual las personas pueden idear y modificar la opinión que tienen de sí mismos y a través de esta visión y de su nivel de autoconocimiento permitir desarrollar internamente un renovado y positivo autoconcepto y autoestima del cliente que recibe la terapia o el asesoramiento.

El momento de cambio, articulado desde una orientada fuerza interior produce tono emocional e intensidad de autoconocimiento positivo terminando por fortalecer el espíritu unido a afectividad.

El camino del Ser es fuente central de energía en el organismo humano. Tendencia a la realización, a la actualización, al mantenimiento y enriquecimiento del organismo. Sintonizamos con una potente tendencia creativa del universo.

El sujeto, como ser integrado, supera a la dualidad mente-cuerpo y el psiquismo como la suma de funciones. La persona descrita como totalidad indivisible y trascendente. Posibilidad de despliegue de las potencialidades por capacidad de actualización. No hay nada en nosotros bueno o malo, simplemente es. La aceptación y despliegue de todos los aspectos de nosotros mismos depende de nuestra integridad, desarrollo pleno y congruencia.

Ser en el mundo. Somos en el mundo y, por lo tanto, estamos en permanente integración, interrelación y transformación a raíz de un contacto con el medio. La constitución de sí mismo es consecuencia del vínculo con los demás.

Debe de haber un predominio de lo subjetivo, forma de percibir lo que determina mi relación con la realidad. Conozco de acuerdo a mis creencias. El vínculo de persona a persona nos modifica a ambos, estar con el otro nos modifica. El vínculo significa una transformación. Donde hay encuentro, no hay manipulación.

La configuración de la estructura experiencial determina el vínculo basado en enfoque centrado en la persona y desestima los diagnósticos tradicionales, no clasifica, ni predefine. Estar abiertos a la experiencia implica suspender juicios y valoraciones. La forma en la cual se "*organiza*" el encuentro está determinada por lo que acontece, por el estar presente.

La conciencia vuelta sobre sí misma, es la capacidad de "discriminación sin representación consciente". Posibilidad humana de experimentarse a sí mismo, ser "testigo" de sí mismo, muy diferente a la conciencia moral. Despliegue de la tendencia que nos actualiza precisamente desde esta actitud contemplativa y de aceptación que inhibe los prejuicios.

Lo fenomenológico, descripción y corroboración perceptual es "realidad experiencial" y me dejo impresionar por la subjetividad del otro, sin querer cambiar su significado. Trato de determinar si mi comprensión del mundo interno del cliente es correcta, si estoy viendo esto como él está experimentando esto en éste momento.

Las realidades psíquicas constituyen el marco de referencia interno. No buscamos saber si es real o verdadero, aceptamos que su verdad interna es verdad para él.

Ser en el mundo como individuo consciente de su pertenencia al universo, capaz de actuar desde el lugar de un ser responsablemente libre, en busca de sentido. Ser humano comprometido solidariamente como forma de funcionamiento y en respuesta de sentido.

La conducta de una persona es causa y efecto simultáneamente. Causa-efecto tiene sentido por facilitar la comprensión. La comprensión empática y una comunicación profunda con gran significación. La habilidad de comunicar la compresión empática permite manejar nuestros sentimientos sin dejarnos conducir por ellos en el comportamiento, afirmándolos.

El comportamiento asertivo hace respetar nuestros derechos de una forma que no viola los derechos del otro:

- Irreversibilidad de la transformación
- Importancia del concepto de proceso: la psicoterapia como un proceso. Es un recorrido, una tendencia evolutiva.
- Ser persona: cuando se refiere a persona, un yo en proceso de una mayor integración.
- Validación positiva incondicional: aceptación del ser del otro. Validación referida a su ser y a su experiencia, no implica aprobación o rechazo de su conducta.
- Estar presente íntegramente: en el vínculo, congruente, cálido y aceptante.
- Libertad y creatividad: con principios filosóficos.

5.6.4. La terapia focalizada en la emoción (TFE)

La terapia focalizada en las emociones (TFE) es un tratamiento experiencial empírico (Elliott, Greenberg & Lietaer, 2004) que integra elementos de las prácticas centradas en el cliente (Rogers, 1961) y Gestalt (Perls, Hefferline, & Goodman, 1951) con la moderna teoría de las emociones y una metateoría dialéctico-constructivista. El enfoque fue originalmente llamado terapia de proceso experiencial (EP) (Greenberg, Rice & Elliott, 1993) reflejando un enfoque humanístico experiencial.

"La TFE sostiene que las emociones mismas tienen un potencial adaptativo innato que si es activado puede ayudar a los clientes a cambiar estados emocionales problemáticos o experiencias personales no deseadas".
Greenberg, L., Elliott, R., Pos, A.

La emoción, en su esencia, es un sistema adaptativo que se ha desarrollado para ayudarnos a sobrevivir y vivir. Las emociones están conectadas a nuestras necesidades más esenciales. Nos alertan, preparan y guían en situaciones importantes, para que podamos llevar a cabo acciones que hagan concretar nuestras necesidades.

En la TFE el mecanismo central del cambio es el procesamiento emocional y los procesos emergentes de dar sentido. El cambio ocurre al dar sentido a las emociones propias a través de la toma de conciencia, la expresión, regulación, reflexión y transformación de la emoción en el contexto de una relación empáticamente que facilita dichos procesos. Los principios del cambio emocional son:

1. Toma de conciencia y simbolización de la experiencia emocional básica en palabras
2. Expresión de la emoción para superar la evitación y experimentarla fuertemente y expresar emociones previamente coartadas
3. Regulación de la emoción facilitando la habilidad para tolerar y regular la experiencia emocional
4. Reflexión sobre la experiencia emocional para encontrar el sentido de experiencia y asimilar por narrativa permanente. Lo que hacemos de nuestra experiencia emocional nos hace lo que somos. La reflexión nos ayuda a crear un nuevo significado y a desarrollar una nueva narrativa para explicar la experiencia
5. Transformación de la emoción por la emoción. Transformación de emociones desadaptativas primarias como el miedo y la vergüenza (Greenberg, 2002). Un estado emocional desadaptativo puede ser transformado anulándolo, al activar otro estado emocional más adaptativo.

La TFE activa la emoción durante el tratamiento para producir un cambio profundo en el funcionamiento automático de los esquemas emocionales, que son frecuentemente la fuente del problema.

No hay que considerar que existan emociones positivas o negativas, más bien lo que me gusta más o menos. Lo cognitivo, lo conductual se queda corto y la implementación con tratar la emoción y transformarla es importante y necesario.

Argumentar lo vivido para desplegar las emociones y contarlas con una gramática. Hay que especificar y definir la emoción para empezar a abordarla. La psicología cognitivo-conductual tiene una concepción mecánica de la emoción y la emoción es progreso, nuestra historia se despliega cuando damos o sentimos cariño desde lo emocional.

El modelo experiencial o procesual de gestión emocional se multiplica cuando se integra por práctica personal. Hay que sentir lo negativo también. Esta es una premisa fundamental de la TFE. Existe yo objeto y yo sujeto, pero determinado desde lo cognitivo-conductual y la psicodinámica.

Debemos tender a la actualización de persona como organismo complejo, sistémico y reflexivo en continuo proceso de equilibrio y autorregulación dentro de una dimensión existencial.

Somos experiencia y necesitamos dar significado a lo que nos pasa. Estado propositivo continuo o de estabilización e intencionalidad. Vivir la emoción con un propósito. Experiencia emocional unida a manejo de la emoción. El cuerpo es una parte fundamental para ello.

Por esto, la importancia de las competencias diagnósticas. Diagnóstico de proceso donde la empatía es el pilar básico. Sin empatía no existe un proceso adecuado de focalización de la emoción. La experiencia intrapersonal es muy importante y llevar a ello desde la empatía, definitivo.

Lo emocional es una información muy rápida y potente. Parte del interior contextualizado e informa del estado de nuestras necesidades desde ese contexto. La emoción es un motivador. Continuamente estamos aprendiendo a emocionarnos. Es necesario sentir lo que nos emociona para transformarlo. El dolor hay que vivenciarlo para poder cambiarlo.

El esquema de emoción se basa en que el yo está incluido en el mundo por la experiencia. El estado emocional presente provoca esquemas del mismo tipo. Activación del yo según el esquema que luego se desactiva: organizadores de la experiencia. Los esquemas de emoción permiten la reorganización.

Las personas se organizan según sus interpretaciones. Hay que detectar las incongruencias por lenguaje verbal y lenguaje no verbal. Nuevos esquemas de emoción por nuevas experiencias. Terapia verbal y corporal.

Se trata de crear esquemas para mayor riqueza personal. proporcionar significado simbolizado. Hablar de sí misma de modo conectado, de su yo en el mundo.

El esquema de creencias sobre los conceptos e identidades se basa en la simbolización, en poner nombre a las cosas que se sienten:

- A nivel de pensamiento no se presenta el esquema completo
- Activar esquemas de emoción para que interactúen. El lenguaje de la emoción es más corporal
- Como activar emociones en otro...por significados, por lo corporal, etc.

Las vías de acceso a la emoción pasan por recorrer desplegar cómo se vive la emoción. Las vías de entrada son múltiples. Hay que detectar cuál es la típica del sujeto y cuál le falta. Ver y saber el perfil típico de la persona. Algo similar a la observación del sistema representacional de la PNL.

La meta del proceso, es la reorganización emocional. Cuál es la emoción más nuclear y los esquemas más desadaptativos. Qué esquema queremos cambiar. Para ello hay que activar todos los elementos del esquema.

Poder experimentar todas las emociones negativas internas posibilita vivenciándolas el mayor crecimiento y madurez emocional. Una manera de transformar las emociones es completarlas, recorrer su camino entero.

Evitar la evitación:

- consciencia
- expresarlo
- incrementar la regulación emocional
- reflexionar sobre la emoción
- cambiar la emoción con emoción
- experiencia interpersonal

Terminando por realizar una nueva síntesis emocional, parecida a enfrentarte a un perro que te quiere morder. Generalización por reflexión, introspección, no de forma automática. Esa parte del proceso depende de lo nuclear, de que sea esa emoción la que se trabaje, no la persona en su globalidad.

Se trata de generar significado desde lo experiencial. Comprenderse, posibilitar autoempatía. Ofrecer maneras de facilitación, entendiendo y metiéndote en el otro. Una buena escucha activa que evoque la emoción en la persona.

La empatía se presentará aquí como una zona intermedia entre los dos. Frontera de contacto. Empatía, hecho visualizado y sentido de la relación.

Los modos intencionales de respuesta empática son: seguimiento, evocación, exploración y afirmación:

- No abrir el mapa es no gestionar las emociones
- Puedo enfadarme sin llegar a tener ira.
- Expectación: nerviosismo positivo. Expectación, porque necesito lograr algo.
- Interrelación vs no relación
- Dar razón del aprendizaje

5.6.5.La tensión emocional: atención, activación, estrés, ansiedad y miedo.

La atención

La atención es una variable decisiva para detectar e interpretar las demandas de cada situación y tomar las decisiones oportunas. La atención es decisiva en todo lo que conlleva: estar alerta, recibir y asimilar información, analizar datos, tomar decisiones, actuar a tiempo y actuar con precisión.

La atención tiene influencia en la autodisciplina y el liderazgo y adquiere una enorme importancia en la interrelación personal en tiempos de distanciamiento social:

- puede ayudar a ver detalles diversos
- es clave en momentos de mayor actividad.
- puede contribuir a un análisis más adecuado de lo sucedido.

Debemos intentar que la atención sea automática para controlar y neutralizar las interferencias atencionales.

El nivel de activación

Es la respuesta fisiológica y cognitiva determinada positivamente por la Fuerza del Querer o negativamente por el estrés. El nivel de activación influye en los dos aspectos centrales de la autodisciplina y el liderazgo: la toma de decisiones y la ejecución motora, ya que afecta al funcionamiento mental y físico de las personas.

Su control constituye uno de los objetivos fundamentales, tal vez el más importante, en la forma de interrelacionarnos actualmente. El extremo inferior a la activación corresponde a un estado de máxima calma y relajación en el que el estado de alerta, la tensión y la excitación se encuentran prácticamente ausentes. Tanto la ausencia de activación como la activación demasiado elevada perjudicarán la forma de socializarnos, mientras que un cierto nivel de activación lo favorecerá notablemente. La práctica continuada, autoevaluando la propia activación, desarrolla una habilidad para identificarla y cuantificarla con la fiabilidad apropiada.

De todas formas, el nivel de activación óptimo no será necesariamente el mismo siempre, sino que dependerá de la situación, tarea a realizar, toma de decisiones, nivel de atención requerido, etc., de tal forma que debemos aprender a identificar el nivel más apropiada en su caso particular.

La activación también puede medirse de forma objetiva a través de variable psicofisiológicas (tasa cardiaca) estableciendo una relación concreta del nivel de activación a través de estas medidas.

La activación puede manifestarse de distintas formas:

- manifestaciones psicofisiológicas (tensión muscular, tasa cardiaca) (a través de aparatos)
- manifestaciones conductuales directamente observables (impulsividad en acción, aceleración de voz, etc.)
- manifestaciones cognitivas o actividad mental encubierta (pensamientos, imágenes, auto diálogos internos, etc.)

De las formas de manifestación apuntadas anteriormente destacaremos las psicofisiológicas y las manifestaciones mentales. La ansiedad conlleva activación, pero también conlleva, en muchos casos de forma positiva, un aumento de la Fuerza del Querer e interés por el reto o la hostilidad. Esto es, la activación negativa y la activación positiva.

La activación negativa suele estar propiciada por:

- el miedo al fracaso
- la incertidumbre
- dudas sobre cómo actuar
- insatisfacción y frustración

Tanto la activación negativa como la positiva pueden ser beneficiosas o perjudiciales, por exceso o por defecto, según las circunstancias en que nos relacionemos. Con la activación negativa generamos mayor estado de alerta y atención con mayor facilidad, pero también estamos expuestos a pasarnos y rebasar la línea que lleva al estrés perjudicial. Con la activación positiva está determinada por la motivación y la autoconfianza aumentamos la activación de forma más segura, aunque más lentamente. Las dos formas son necesarias en la Nueva Normalidad por lo que deberemos desarrollarlas para su correcta utilización.

Factores de influencia del nivel de activación:

- Sobre la atención: un aumento del nivel de activación favorece que se produzca una mayor selectividad atencional, lo que contribuye a centrar nuestra atención en los estímulos más relevantes.
- Sobre la toma de decisiones y la interpretación de la información: la activación elevada puede bloquearnos mentalmente, dificultando la toma de decisiones o, por el contrario, acelerarles tomando determinaciones impulsivas e incorrectas.

- Sobre la tensión muscular y la movilización de energía física: una tensión mayor o menor que la apropiada en cada músculo y para cada tarea perjudicará la ejecución y por tanto cualquier acto que hagamos. En cuanto al grado de tensión muscular, deberemos utilizar la dosis apropiada de energía en cada momento.

Concluyendo, podemos decir que, el nivel de activación óptimo es aquél que corresponde al mejor estado de activación que favorece el mejor estado físico y mental.

Estrés, ansiedad y miedo

El estrés es la respuesta del organismo de movilización de recursos fisiológicos y psicológicos para poder hacer frente a situaciones externas e internas que resultan amenazantes. Es por tanto una respuesta adaptativa que puede resultar beneficiosa para la salud.

Cuando el organismo percibe la presencia de una situación amenazante, se pone en estado de alerta y busca los recursos necesarios para hacer frente a tal demanda. Si no se dispone de estos recursos aparecerán reacciones como la ansiedad, ira incontrolada, depresión o/y agotamiento psicológico.

La puesta en funcionamiento de recursos para controlar estos efectos, supone la movilización de un extra de energía física y mental que en algunos casos estabilizará al organismo, pero en otros el desgaste de energía agotará inevitablemente el rendimiento y tal vez la salud.

Situaciones potencialmente estresantes en la Nueva Normalidad:

- Incertidumbre respecto al futuro
- Incertidumbre respecto a la renovación de contratos laborales
- Adaptación a convivir en los diversos microentornos
- Estilo de vida atípico (distanciamiento social)
- Deficientes relaciones entre iguales

Debemos tener en cuenta estos factores para favorecer el autocontrol de esta carga psicológica desde la autodisciplina y organizando nuevos recursos y nuevas habilidades de conducta. Es decir, hacerse más fuertes psicológicamente mejorando las posibilidades de interrelación social.

No obstante, el estrés en sí mismo no es ni bueno ni malo; es algo con lo que debemos contar y que debemos controlar en la dirección adecuada para nuestro rendimiento. De esta manera el estrés puede ser beneficioso si se controla convenientemente:

- Gracias a este estrés, estaremos más alerta y motivados por los retos y conductas de liderazgo y autodisciplina.
- A partir de aquí si el estrés aumenta considerablemente, llegará un momento en que dejará de ser beneficioso para convertirse en perjudicial.
- El estrés perjudicial coincide con la activación de creencias, valores y actitudes más estables en la persona que propician una visión sesgada de la realidad y por tanto de las experiencias que nos pueden provocar estrés y de los propios recursos disponibles, haciendo ineficaz nuestra capacidad de afrontamiento.

El estrés post-confinamiento tiene que ver con la mala valoración que se realizan de lo vivido hasta ahora unido a la incertidumbre de la nueva situación social. Por ello habrá que elegir el momento más oportuno para realizar la evaluación y de la manera más objetiva posible para que el análisis sea más productivo.

El afrontamiento activo, la búsqueda de soluciones racionales, el autocontrol, y la re-evaluación positiva reducen claramente la vulnerabilidad ante focos de estrés.

Respuestas al estrés.

Esta fase hace referencia a las respuestas fisiológicas y psicológicas ante los procesos de percepción de la situación. Estas respuestas son fruto del posible desequilibrio entre las demandas y la capacidad autopercibida para dar una respuesta efectiva. Cuando el desequilibrio es significativo, se produce:

- Sensación de amenaza
- Incremento de los niveles de ansiedad estado
- Incremento de los estados cognitivos de ansiedad (preocupación; variación en los niveles de concentración y atención) y de los estados fisiológicos (manifestaciones somáticas y físicas; incremento de la tensión muscular).

Consecuencias a nivel de conducta

Tiene que ver con los cambios y modificaciones de determinados comportamientos como fruto de las fases anteriores. Dependiendo del resultado obtenido (adaptativo o desadaptativo), estas consecuencias siempre van a servir de bucle para la primera fase.

Las respuestas amenazantes tienen por objetivo la movilización de recursos fisiológicos y psicológicos para evitar o hacer frente a la situación amenazante.

Dentro del estrés diferenciamos el *eutrés* y *distrés*. El *eutrés* es el "estrés positivo", es decir, aquel estrés asociado a respuestas emocionales positivas. Por el contrario, *distrés* se relaciona con el *"estrés negativo"*, y es el equivalente al término "estrés" utilizando en el lenguaje común. A nivel de conducta sociorelacional, determinados niveles de estrés pueden beneficiar los procesos de salud y las interacciones de distanciamiento social. Por el contrario, el exceso en los niveles de estrés puede ser contraproducentes.

El Agotamiento psicológico

Aunque se dispongan de recursos para afrontar el estrés, no quiere decir que se resista el exceso de estrés. En los procesos de estrés, existe una movilización de energía, física y mental superior al nivel base o normal. Esta movilización de recursos es especialmente elevada en el contexto de incertidumbre. En este ámbito puede haber una movilización puntual y adaptativa, o una movilización prolongada temporalmente o desadaptativa. Cuando la movilización es prolongada temporalmente, aparece el agotamiento.

El control de esa movilización de recursos debe ser controlada a través de autodisciplina sociorelacional. Algunas medidas para intentar prevenir el agotamiento son:

- Tener suficientes descanso
- Microcontextos de baja intensidad en distanciamiento social
- Alimentación adecuada.
- Complementos vitamínicos
- Meditación y práctica de Dialogo Interior

Interactuar en distanciamiento social genera numerosas situaciones amenazantes. Sin embargo, estas situaciones amenazantes no siempre provocan problemas de estrés. Desde esta perspectiva, todos podemos estar sometidos a los mismos estresores y sin embargo algunos sufrir problemas de estrés y otros no. Este efecto diferencial, se debe en parte a dos variables psicológicas:

- Denominación correcta: *"Situaciones potencialmente estresantes"*.
- Importancia de la personalidad y las diferencias: interacción entre situaciones amenazantes y características individuales.
- Estrés y características individuales.
- Diferencias en intensidad, frecuencia y severidad del estrés.

Ansiedad y agotamiento emocional

Es importante potenciar los procesos de autodisciplina desde la organización del propio entorno. Es importante que prestemos atención a nuestra propia competencia emocional y de interacción con los demás e intentar tener más empatía y solidaridad.

En el caso de menores que han estado expuestos a un confinamiento muy duro y a vivir de repente en una nueva realidad social con interacciones muy acotadas, el aumento de la ansiedad se ha elevado y ha podido desencadenar:

- Propensión a un nivel elevado de rasgos de personalidad.
- Baja autoestima.
- Bajas expectativas de ejecución.
- Preocupaciones frecuentes sobre el fracaso.
- Preocupaciones frecuentes sobre las expectativas de los adultos y la evaluación social de los demás.
- Menor diversión percibida.
- Menor satisfacción con la propia ejecución.

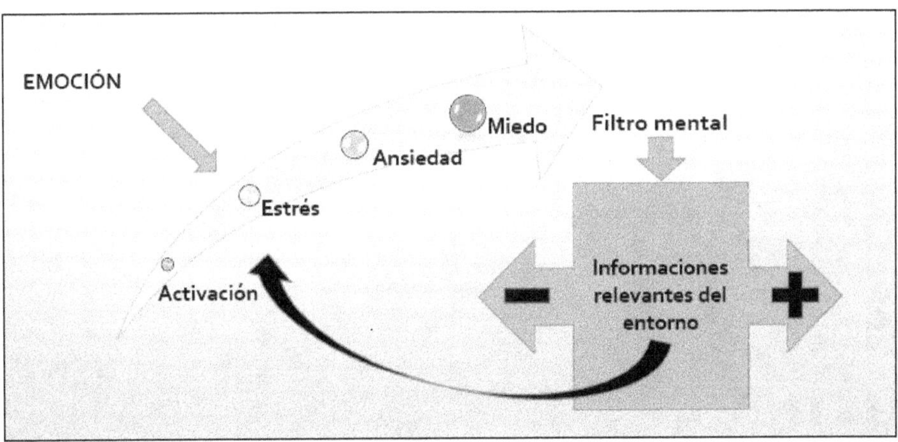

Cuando se produce una falta grave de control de estrés aparece la ansiedad, con unos efectos negativos que se relacionan tanto con factores fisiológicos, como factores mentales y de capacidad de una socialización adecuada. En este momento las informaciones relevantes del entorno, valoradas como positivas y negativas por parte del sujeto, pasan el filtro cognitivo y unido a las experiencias pasadas pueden terminar generando miedo. Miedo que, en muchos casos, en el ámbito de relaciones personales, puede ser desajustado y pernicioso para la persona y para la socialización.